U1069754

Research on China's Macro-Economy and It's Reform

中国宏观经济与发展改革研究

国家发展和改革委员会宏观经济研究院
研究报告文集

(2015)

朱之鑫　主编

中国计划出版社

图书在版编目（CIP）数据

中国宏观经济与发展改革研究：国家发展和改革委员会宏观经济研究院研究报告文集.2015/朱之鑫主编.—北京：中国计划出版社，2015.11

ISBN 978-7-5182-0269-0

Ⅰ.①中…　Ⅱ.①朱…　Ⅲ.①宏观经济—研究报告—中国—2015　Ⅳ.①F123.16

中国版本图书馆 CIP 数据核字（2015）第 242725 号

中国宏观经济与发展改革研究

国家发展和改革委员会宏观经济研究院研究报告文集（2015）

朱之鑫　主编

中国计划出版社出版
网址：www.jhpress.com
地址：北京市西城区木樨地北里甲 11 号国宏大厦 C 座 3 层
邮政编码：100038　电话：（010）63906433（发行部）
新华书店北京发行所发行
北京京华虎彩印刷有限公司印刷

787mm×1092mm　1/16　17.5 印张　302 千字
2015 年 11 月第 1 版　2015 年 11 月第 1 次印刷

ISBN 978-7-5182-0269-0
定价：52.00 元

版权所有　侵权必究
本书封面贴有中国计划出版社专用防伪标，否则为盗版书。
请读者注意鉴别、监督！
侵权举报电话：（010）63906404
如有印装质量问题，请寄本社出版部调换

编委会成员名单

主　编　朱之鑫

副主编　陈东琪　马晓河　任伟民　王昌林　吴晓华

编　委　于慧利　史育龙　毕吉耀　宋　立　张长春
汪　鸣　杨宜勇　高国力　黄汉权　银温泉
韩文科　臧跃茹

前　言

2014年，面对全球经济复苏艰难曲折、主要经济体走势分化、国内经济下行压力持续加大、多重困难和挑战相互交织的复杂严峻形势，党中央、国务院继续坚持稳中求进的工作总基调，创新宏观调控思路和方式，深化改革开放，加大结构调整力度，织密织紧民生保障网，创新社会治理，克难攻坚，经济社会发展总体平稳，稳中有进，完成了全年经济社会发展主要目标任务。我院深入贯彻落实党的十八大和十八届三中、四中全会精神，紧紧围绕服务中央宏观决策的中心任务开展研究工作，取得了一批研究成果。现将部分优秀研究成果汇编形成《中国宏观经济与发展改革研究——国家发展和改革委员会宏观经济研究院研究报告文集（2015）》。

全书共分五篇。第一篇经济发展与宏观调控，全面阐释新阶段进一步深化经济体制改革的方向、举措和动力；第二篇国际经济与中外合作，深入分析世界关系发生深刻变化对中国的影响和中国的战略抉择；第三篇产业发展与社会事业，重点解析力促产业转型发展的新形势下如何创新社会事业发展方式方法；第四篇改革创新与城镇发展，着重探讨经济社会重点领域改革发展的战略与步骤；第五篇交通能源与市场风险，着力探索若干重点市场投融资方式创新及其风险防控的政策设计。

本书汇编的研究成果，对很多现实问题的认识和理解有待实践的不断检验，竭诚欢迎社会各界人士和广大读者提出宝贵意见和建议。

二〇一五年六月

加快转变经济发展方式①
（代序）

朱之鑫

同志们：

按照中组部和国家行政学院的安排，我和大家一起学习《加快转变经济发展方式》这本教材。我们先思考以下3个问题：一是什么是经济发展方式；二是为什么要加快转变经济发展方式；三是怎样才能加快转变经济发展方式。

第一个问题，什么是经济发展方式？对于从事经济工作的领导干部来说，这个概念都不陌生。所谓经济发展方式，是指推动经济发展的各种要素投入及其组合的方式，具体来讲，就是依靠什么要素、借助什么手段、通过什么途径、怎样实现经济发展。与经济发展方式相关的一个概念就是经济增长方式。1995年，党的十四届五中全会提出，要促进经济增长方式从粗放型向集约型转变，这是中央文件第一次正式使用“经济增长方式”的提法。2007年，党的十七大报告明确提出，要加快转变经济发展方式。从“增长”改成了“发展”，虽然只是两个字的差别，但却是理论上的重大突破，实践上的重大创新，反映了我们党对经济发展问题认识的深化。一方面，转变经济发展方式更好地体现了科学发展的理念。经济增长方式主要是就经济增长本身的投入产出而言的。经济发展方式的内涵更丰富、更全面，经济发展不但包括经济增长，而且要求结构不断优化、资源利用效率不断提高、生态环境不断改善，在这个基础上实现增长。经济发展方式所强调的不仅是提高经济增长的效益，还包括经济结构的优化、经济增长与生态环境的协调、经济成果的合理分配等等。用发展来代替增长，深刻地反映了破解经济发展深层次矛盾的要求。另一方面，转变经济发展方式更好地体现了抓主要矛盾和突出问题的要求。就转变增长方式来抓转变增长方式，很难收到预期效果，必须从本源上抓好产业结构和需求结构的调整，抓好自主创新能力的提高，不断增强

① 本文为国家发展改革委宏观经济研究院院长朱之鑫同志于2015年8月在国家行政学院为全国干部学习培训教材《加快转变经济发展方式》所做辅导报告。

消费需求、服务业发展以及科技进步对经济增长的带动作用。用发展来代替增长，可以更好地体现我国经济发展进入新常态的新要求。

第二个问题，为什么要加快转变经济发展方式？对这个问题可以从两方面来回答。一方面，根本解决不平衡、不协调、不可持续的深层次矛盾，要求加快转变经济发展方式。20世纪90年代中期以来，我国就开始推动经济发展方式的转变，虽然取得一些进展，但总体上没有实质性突破，增长方式粗放的问题依然存在。需求结构、产业结构、区域城乡等结构性矛盾依然突出，资源支撑、环境容量面临的压力越来越大，对经济持续健康发展形成严重制约，加快转变经济发展方式势在必行。另一方面，适应、引领经济发展新常态，应对各种风险挑战，要求加快转变经济发展方式。当前，国内外环境正在发生深刻变化，全球投资贸易格局、能源资源版图和治理体系面临深刻调整，新一轮科技革命和产业变革正在孕育，各国围绕市场、科技、资源、文化、人才的竞争更趋激烈，给我国带来历史性机遇和前所未有的挑战。我国经济发展进入新常态，处于经济增长速度换挡期、结构调整阵痛期、前期刺激政策消化期的“三期叠加”阶段，支撑经济发展的要素条件发生重大变化，传统比较优势正在弱化，数量型人口红利逐渐丧失，土地、劳动力等要素成本快速上升，技术引进的后发优势日渐消减，以往的发展方式已经不再满足新形势下的新要求，要适应、引领经济发展新常态，顺利跨越“中等收入陷阱”、实现“两个一百年”的奋斗目标，保持经济中高速增长，迈向中高端水平，推动实现更高质量、更有效率、更加公平、更可持续的发展，加快转变经济发展方式刻不容缓。

第三个问题，怎样加快转变经济发展方式？我认为，有两点很重要，一是发展理念，二是发展路径。发展理念是发展行动的先导。在今年7月20日的中央政治局会议上，习近平总书记对转变发展理念提出了明确要求，认识新常态、适应新常态、引领新常态，保持经济社会持续健康发展，必须有新理念、新思路、新举措。要以发展理念转变引领发展方式转变，以发展方式转变推动发展质量和效益提升，为“十三五”时期我国经济社会发展指好道、领好航。加快转变经济发展方式，首当其冲是要转变经济发展理念。应当看到，我们不少同志，现在谈起抓经济工作，想到的还是搞开发区、招商引资，大拆大建、上项目、铺摊子，通过高投入换来高增长，再以高增长支撑高投入。这种方式在以前要素资源不那么紧张、环境压力不那么大的时候，还可以行得通；但现在发展的环境、条件、要求和任务都发生了新的变化，高投入高增长的路子已经走不通了，如果我们还坚持那种粗放发展的思路，那么转变经济发展方式就会成为一句空话，这样的发展也是不可持续的。因此，要在经济工作中走出一条新路子，加快形成新的经济发展方式，就要按照适应、引领经济发展新常态的要求，加快转变思想观念，牢固树立科学发展理念，真正把增进人民福祉、促进人的全面发展作为发展的出发点和落脚点，把推动发展的立足点转到提高质量和效益上来。关于转变经济发展方式的路径，党的十八大做出了全面部署，提出了“四个着力”和“五个更多”。“四个着力”就是，着力激发各类市场主体发展新活力，着力增强创新驱动发展新动力，着力构建现代产业发展新体系，着力培育开放型经济发展新优势。“五个更多”就是，使经济发展更多依靠内需特别是消费需求拉动，更多依靠现代服务业和战略性新兴产业带动，更多依靠科技进步、劳动者素质提高、管理创新驱动，更多依靠节约资源和循环经济推动，更多依靠城乡区域发展协调互动，不断增强长期发展后劲。从当前面临的形势和任务来看，加快形成新的经济发展方式，重点要在8个方面下功夫，一是全面深化经济体制改革，二是实施创新驱动发展战略，三是扩大国内有效需求，四是推动产业结构优化升级，五是促进区域协调发展，六是推进新型城镇化，七是推动城乡发展一体化，八是全面提高开放型经济水平。

下面，我就从这8个方面作具体介绍。

一、全面深化经济体制改革

体制机制影响和制约着市场主体的行为方式，而市场主体的行为方式又决定了经济发展方式。多年以来，我国转变经济发展方式进程缓慢，深层次原因在于体制机制不健全、相关领域改革滞后。要坚持问题导向，围绕解决经济社会发展中的深层次矛盾和问题，进一步加大改革力度，攻坚克难，理顺体制机制，处理好政府和市场的关系，使市场在资源配置中起决定性作用和更好发挥政府作用，为加快形成新的经济发展方式提供制度保障。

（一）坚持和完善基本经济制度。坚持以公有制为主体、多种所有制经济共同发展，毫不动摇地巩固和发展公有制经济，毫不动摇地鼓励支持引导非公有制经济发展，这是我国宪法确定的基本经济制度，是中国特色社会主义制度的重要支柱，也是社会主义市场经济体制的根基。完善基本经济制度，重点要把握好两个方面。

一方面，要不断增强国有经济的活力、控制力和影响力。从20世纪80年代放权让利到90年代抓大放小、国有经济战略性重组，再到21世纪以来成立各级国资委深化国资国企改革，国有企业改革一直是城市经济改革中的重中之重，也取得了积极进展。截至2014年末，国有企业资产总额达到

102.1万亿元，当年营业总收入48.1万亿元，应交税金3.79万亿元，可以说，国有经济在推动经济发展、重大科技创新、维护国家战略安全和长远利益等方面，发挥着顶梁柱的作用。进一步发挥国有经济的主导作用，一是全面推进国有经济战略性调整，推动国有资本更多投向关系国家安全、国民经济命脉的重要行业和关键领域，重点提供公共服务、发展重要前瞻性战略性产业、保护生态环境、支持科技进步、保障国家安全。二是积极发展混合所有制经济，形成国有资本、集体资本、非公有资本等交叉持股、相互融合的混合所有制经济。三是推动国有企业完善现代企业制度，健全协调运转、有效制衡的公司法人治理结构，这是增强国有企业活力和竞争力、提高国有经济发展质量和水平的有效途径。四是完善国有资产管理体制，国有资本继续控制经营的自然垄断行业，要实行以政企分开、政资分开、特许经营、政府监管为主要内容的改革，进一步破除各种形式的行政垄断，推进公共资源配置市场化。

另一方面，要支持非公有制经济健康发展。近年来，非公经济发展势头良好，民间投资增速持续高于全社会投资增速，2014年民间投资占比达到64.1%，对拉动内需、促进经济平稳较快发展起到了重要作用。但也要看到，阻碍非公有制经济发展的因素依然较多，一些地方、一些行业还存在对非公有制经济的歧视性政策和不合理规定，大量中小微民营企业面临成本上升、融资困难、转型无门等问题，生存和发展形势比较严峻。对此，我们应该高度重视，在抓好已有政策落实的同时，根据形势的发展变化，从支持融资、提升服务、大力减负等方面入手，进一步完善支持政策，消除各种制度性障碍，营造有利于非公有制经济特别是中小微企业发展的政策和市场环境。

（二）加快完善现代市场体系。建设统一开放、竞争有序的市场体系，是使市场在资源配置中起决定性作用的基础。我体会，有4项改革比较重要。

一是建立公平开放透明的市场规则。这是完善现代市场体系的关键，重点是做好“一清除、两统一”。“一清除”就是清除市场壁垒，抓紧清理和废除妨碍全国统一市场和公平竞争的各种规定和做法，切实解决地方保护问题。“两统一”，一个是统一的市场准入，实行负面清单准入管理方式，在制定负面清单基础上，让各类市场主体依法平等进入清单之外的领域。另一个是统一市场监管，加大反垄断和反不正当竞争力度，健全社会信用体系，为市场主体公平、有序竞争创造良好的环境。

二是深化价格改革。2013年以来，价格改革取得重要进展。累计放开、下放了80多项商品和服务价格，中央定价项目缩减了80%左右。资源性产品价格形成机制更趋合理，居民用电、用水、用气阶梯价格全面推行，独立明晰的输配电价体系逐步形成，非居民用存量与增量天然气价格并轨，40%左右的天然气价格由市场形成，在27个省的80个县开展了农业水价综合改革试点。下一步，价格改革总的方向是，最大限度地缩小政府定价范围，最大力度地改革定价规则，最大限度地实现公开透明，更好地发挥价格杠杆作用，促进资源节约、节能环保，推动经济转型升级和生态文明制度建设。同时，放宽价格管制，也要根据经济运行情况和社会承受能力，有步骤、有顺序地推进，处理好价格改革与防通胀、惠民生的关系。

三是放宽土地等生产要素的市场准入。土地制度改革，重点是在符合规划和用途管制的前提下，建立城乡统一的建设用地市场。这里值得注意的是，由于土地与国家粮食安全问题休戚相关，我国人多地少的基本国情决定了，深化农村土地制度改革、完善土地市场，必须以保障国家粮食安全为前提，稳妥审慎，切不可急功近利、急于求成。

四是加快完善金融市场体系。重点是扩大金融业对内对外开放。大力发展民营银行，健全多层次资本市场体系，提高直接融资比例。加快推进利率市场化，完善人民币汇率市场化形成机制，推动资本市场双向开放。同时，始终坚持把金融稳定放在优先位置，着力防范金融风险，更好地发挥政府在金融监管、风险防范和保持金融稳定中的作用。

（三）加快转变政府职能。这是处理好政府和市场关系的关键，重点是解决好政府干预过多和监管不到位的问题，提高政府的管理效率和管理水平。新一届政府成立以来，国务院部门取消和下放了近600项行政审批事项，全部取消非行政许可审批类别。连续两年修订政府核准的投资项目目录，中央层面核准的企业投资项目减少了76%。通过商事制度改革，2014年新登记注册市场主体达到1293万户，新增注册资本超过19万亿元，接近翻一番，大众创业、万众创新热情高涨、活力迸发。

下一步，要按照简政放权、放管结合、优化服务“三管齐下”协同推进改革的要求，进一步深化政府职能转变。一是减少审批。继续取消下放一批行政审批事项，精简一批中介评估事项，减少重复评估，最大限度减少政府对市场的不合理干预和对市场主体的不合理管制，最大限度减少政府对微观事务的管理，最大限度避免行政手段对资源配置的干预。二是加强监管。运用大数据、云计算、物联网等现代信息技术，探索实行“互联网+监管”模式，推动信息资源在部门之间、层级之间的开放共享、互联互通。建设投资项目在线审批监管平台，实施在线监测并向社会公开。加快社会信用体系建设，建立信息披露和诚信档案制度，健全守信激励和失信惩戒机制。三是优化服务。国务院部门要简化行政审批、投资项目核准流程，压缩前置审批环节并公开时限，大幅减少申报材料，探索目录化、编码化管理，全面推行一个窗口受理、一站式审批、一条龙服务，推行网上并联审批和网上办事，提高行政效能。

（四）深化财税体制改革。现行财税体制是在1994年分税制改革的基础上逐步形成的，对实现政府财力增强和经济快速发展发挥了重要作用。但随着形势发展变化，其弊病逐渐显露，比如，中央和地方财权事权不相匹配，转移支付不科学、效率低，宏观税负高、税种设置不合理等，不仅对地方财政运转造成不良影响，也在一定程度上扭曲了市场主体的行为，制约了经济发展的活力和动力。2014年，财税体制改革总体方案出台，明确了深化财税体制改革的目标是建立现代财政制度，重点是推进3个方面的改革。一是改进预算管理制度，强化预算约束、规范政府行为、实现有效监督。二是深化税收制度改革，优化税制结构、完善税收功能、稳定宏观税负、推进依法治税，建立有利于科学发展、社会公平、市场统一的税收制度体系。三是调整中央和地方政府间财政关系，在保持中央和地方收入格局大体稳定的前提下，进一步理顺中央和地方收入划分，合理划分政府间事权和支出责任，促进权力和责任、办事和花钱相统一，更好发挥中央和地方两个积极性。

二、实施创新驱动发展战略

创新是引领发展的第一动力。改革开放以来，我国实现了科技水平整体跃升，已经成为具有重要影响力的科技大国，科技创新对经济社会发展的支撑引领作用日益增强。但与世界先进水平相比，我国在科技创新方面还存在不小的差距。一是自主创新能力依然不强。目前我国科技创新能力在全球49个主要国家中位居第28位，处于中等偏下水平，不少关键技术的自给率不高，很多关键零部件和核心技术还主要依靠进口，不少产业发展面临技术瓶颈制约。二是科技与经济“两张皮”的问题尚未根本解决。产学研用结合不够紧密，科技成果向经济成果转化的比例低，据统计，目前我国科技成果转化率不到10%，部分重点大学、科研院所科技成果产业化率不到5%，而发达国家则普遍高达40%—50%。三是科技体制改革滞后。科技资源配置过度行政化与分散重复并存，科技项目及经费管理不尽合理，科研诚信和创新文化建设薄弱等等，这些都较大地制约了科技人员的积极性和创造性，制约了科研成果的转移转化。当前，全球科技创新呈现出新的发展态势和特征，新技术替代旧技术、智能型技术替代劳动密集型技术趋势明显。我国依靠要素成本优势所驱动、大量投入资源和消耗环境的经济发展方式已经难以为继。必须坚持走中国特色自主创新道路，把科技创新摆在国家发展全局的核心位置，促进科技创新、制度创新、开放创新的协同发展，提高科技创新对经济发展贡献率，实现经济社会全面协调可持续发展。

2015 年 3 月，党中央国务院印发了《关于深化体制机制改革加快实施创新驱动发展战略的若干意见》，对实施创新驱动发展战略作了全面部署，强调要同步推进科技创新和制度创新，把科技创新作为制度创新的“加速器”，把制度创新作为科技创新的“点火系”，坚持两个创新一体部署、协同推进、同步发力。下一步，实施创新驱动发展战略重点要抓好 3 方面工作。

（一）深化科技体制改革。重点是通过制度松绑，切实激发“两个积极性”。一个是激发企业作为创新主体的积极性。就是要尊重企业的创新主体地位，尊重技术创新的市场价值规律，为企业创新营造宽松环境，着力构建产学研协同创新机制，发挥大型企业创新骨干作用，激发中小企业创新活力。当前，互联网行业新技术、新产品、新业态、新模式层出不穷，有些创新比如支付宝、微信等，在产生之初都对既有市场格局造成冲击，是对传统管理体制的挑战，当时如果严加管制、一味打压，那么就没有今天阿里巴巴、腾讯在全球互联网领域的异军突起。从这些例子看，放松管制、减少干预、营造环境是政府对企业创新的最好支持。另一个是激发各类创新人才的积极性。关键是要健全成果转化激励制度，提高科研人员成果转化收益比例，以股权、期权、分红权等多种激励形式，努力让创新人才通过成果转化实现合理回报，实现财富事业的双丰收。

（二）大力增强自主创新能力。重点是补齐我国科技创新存在的“两块短板”。一块短板是基础研究和前沿技术研究。世界科技发展史证明，没有强大的基础研究，科技创新就是无源之水、无本之木。美国作为世界头号创新强国，一个很重要的原因就是，在基础研究上舍得下本钱。美国基础研究占研发总投入的比重是我国的 6 倍左右。要从中国制造走向中国创造，我国必须在增强前瞻性、提高原始创新能力上下功夫，努力在基础学科、在可能出现革命性突破的前沿方向、在关系长远发展的关键领域、在关系国家安全和利益的战略必争领域取得重大创新成果。另一块短板是科技成果转化。要坚持科技面向经济社会发展的导向，围绕产业链部署创新链，围绕创新链完善资金链，消除科技创新中的“孤岛现象”，破除制约科技成果转移扩散的障碍。可以把实施国家科技重大专项作为促进科技成果转化的重要载体，充分发挥国家科技计划、示范应用工程等的引领带动作用，充分发挥国家自主创新示范区、高新技术产业开发区等的核心载体作用，促进从研究开发到产业化的有机衔接。

（三）完善鼓励创新的支持政策。科技创新离不开良好的政策环境和社会氛围，要通过各种政策支持手段，努力营造大众创业、万众创新的良好氛围。一是加大财税政策对创新的支持。可以继续完善企业研发费用加计抵扣政策，探索实行对创新型中小企业研发投入进行补贴。二是为创新提供更好的金融服务。鼓励发展天使投资、创业投资，增强直接融资对创新的支持作用，还可以利用政府资金设立创业投资引导基金，撬动更多社会资金投入创新企业。比如，经国务院批准，国家发改委筹备设立了国家新兴产业创业投资引导基金，总规模400亿元，预计可直接带动地方政府和社会资金投入超过1800亿元，间接带动近1万亿元规模的银行贷款、机构投资等投向创新型企业。三是强化知识产权保护。知识产权“侵权易、维权难”。反复侵权、恶意侵权得不到严惩，将严重损害创新者利益，长此以往将无人愿创新、敢创新，形成劣币驱逐良币的恶性循环。应当突出司法保护的主体作用，加大对反复侵权、群体性侵权的惩罚力度，实施侵犯知识产权的惩罚性赔偿制度，从根本上改变目前侵权易、维权难的状况。

三、积极扩大国内有效需求

推进经济结构战略性调整，是加快转变经济发展方式的主攻方向。当前我国最大的结构调整就是扩大内需。国内外实践经验表明，作为一个大国，保持经济稳定发展，必须以内需为主导，内需对经济发展具有持久的支撑作用。无论是1998年的亚洲金融危机，还是2008年爆发的国际金融危机，我国之所以能够成功抵御外部冲击，保持经济平稳较快发展，靠的都是扩大内需。同时，我国作为拥有13亿人口的最大发展中国家，正处于工业化、城镇化快速发展阶段，基础设施亟待加强，科技进步亟待加快，人民生活亟待进一步改善，扩大内需有着巨大的空间和潜力。尤其是处于消费升级过程中的广大城镇中等收入家庭，以及急需开拓的农村市场，为我国内需持续扩大提供了广阔的天地。

当前，全球经济延续低速增长态势，一些新的不确定因素可能进一步干扰全球经济复苏进程，外部环境对我不利的一面可能有所上升。在这种情况下，为防范不确定因素可能带来的新冲击，保持经济持续健康发展，扩大内需仍然是最现实、最有效的选择。必须牢牢把握扩大内需这一战略基点，加快建立扩大消费需求长效机制，释放居民消费潜力，保持投资合理增长，扩大国内市场规模，形成消费、投资、出口协调拉动经济增长的局面。从具体工作来看，扩大内需包括两个方面。

一方面，要着力增强消费的基础作用。我国扩大消费的空间很大，2014年最终消费占GDP的比重为51.2%，消费率仍然较低，世界各国平均接近81%。特别是2015年以来，投资和净出口增速都是回落的，只有消费保持了一个持平的态势，对缓解经济下行压力发挥了重要作用。可以说，统筹稳增长、调结构、惠民生，扩大消费是一条重要路径。

一是要着力提高居民收入，让群众能消费。居民收入水平决定了居民消费的能力和潜力。就业是民生之本，提高居民收入，根本上讲还是要稳定就业。当前，经济下行压力加大，部分地区、部分行业困难比较大，尽管统计数据上看就业总体稳定，但隐性失业、结构性就业矛盾凸显，对居民增收造成较大影响。因此，要实施更加积极的就业政策，进一步加强就业服务，创造更多的就业岗位，确保居民收入增长与经济发展同步，特别是让中低收入者收入能有明显增加。

二是要着力改善消费环境、提高消费品质量和水平，让群众乐意消费。重点是强化市场监管，严厉打击制假售假特别是网上欺诈行为，加强消费者权益保护。前段时间，有一段导游辱骂游客的视频在网上流传，表面看，是游客利益受到“黑导游”的侵害，背后则反映出我国旅游市场无序竞争、监管缺位、消费者和从业者权益都得不到保障等深层次问题。据有关方面统计，2014年中国游客的海外消费达到1648亿美元，为什么大家都要出国消费？一方面是生活水平提高了，另一方面，也说明国内商品和服务的品质、消费环境，与群众消费升级的愿望相比，确实有差距。如何切实有效提高消费品质量、改善消费环境，需要下更大功夫。

三是要着力培育壮大新的消费热点，把扩大消费政策落到实处，让群众升级消费。近年来，为培育新的消费增长点，党中央国务院出台了不少政策，这些政策有的效果不错，但也有的政策在落实中还存在一些问题。比如，从中央到地方都出台了大额补贴新能源汽车的政策，但是由于对小区建设管理充电桩的政策不明确，消费者买车容易用车难，使得补贴政策的效果打了折扣。又比如，随着我国人口老龄化的到来，社会化养老越来越成为新的消费热点，国务院出台了推动养老产业发展的政策性文件，但养老产业依然发展滞后，主要原因在于，户籍制度改革滞后、社会保障不能全国统筹，限制了老年人异地养老；对养老产业的税费优惠政策跟不上，导致养老成本居高不下，许多养老院不得不改成了房地产项目。所以说，培育壮大消费热点，关键是要把促进消费升级的各项政策衔接配套、落实到位。

另一方面，要有效发挥投资的关键作用。作为发展中大国，我国投资潜力依然很大，补短板、调结构、增加公共产品和公共服务供给，仍有大量工作要做。特别是随着经济发展进入新常态，新的经济增长点、增长极、增长带不断涌现，正在形成大量新的投资领域和投资需求。发挥好投资的关键作用，关键在于解决好“投什么”、“谁来投”、“怎么投”的问题，优化投资结构，提高投资的质量和效率。

解决“投什么”的问题，就是要实施好重大工程，使投资有谋划、可持续。2014年年中以来，国家发改委陆续推出了信息电力油气网络、生态环保、清洁能源、粮食水利、交通运输、健康养老服务、能源矿产资源保障等7大类投资工程包，信息、绿色、住房、旅游休闲、教育文化体育和养老健康家政等6大领域消费工程，还围绕实施“三大战略”、推进重大装备走出去和国际产能合作，推出了一批重大项目，形成了“7+6+3+1”的重点投资领域。2015年上半年，又推出了新兴产业、增强制造业核心竞争力、现代物流、城市轨道交通等4个新的工程包，进一步拓展为“11+6+3+1”的重大工程布局。立足“11+6+3+1”，还要加强谋划、搞好储备。目前正在编制“十三五”规划，重大工程是“十三五”规划的核心内容（重大政策、重大改革、重大工程）之一。要结合编制“十三五”规划，在关键领域和薄弱环节，谋划一批拉动力强、利长远、增后劲的重大工程，建立健全“十三五”重大工程项目库，形成“建设一批、核准一批、储备一批、谋划一批”的良性循环，做到“干着今年、备着明年、看着后年、想着大后年”，使重大工程建设可持续。同时，还要切实推进重大工程的组织实施，加强协调调度，加快项目落地，尽可能多地形成实物工作量。

解决“谁来投”、“怎么投”的问题，主要是创新投融资体制，使投资有拓展、早见效。民间投资是拉动内需的一支重要力量，在投资需求中发挥着越来越重要的作用。要坚持社会投资为主和市场化运作为主的原则，鼓励扩大民间投资，发挥好政府投资和民间投资的双向作用。比如，通过拓展政银企社合作、设立引导基金等多种方式，形成“政府投资+金融资本”、“政府投资+民间资本”等多种融资机制，撬动更多社会资本特别是民间资本参与重大项目建设，发挥好政府资金“四两拨千斤”的作用。又比如，可以通过推广PPP和特许经营模式，吸引更多社会和民间投资参与重点建设。目前，国家发改委已经建立了PPP项目库，首批向社会发布推介了1043个项目，预计总投资近2万亿元。这项工作已经起步，但进展并不理想，依然面临一些突出问题，有些项目的投资回报期长、回报率低，社会和民间投资积极性不高；而社会和民间投资感兴趣的一些投资领域，却仍然存在进入障碍和制约因素。如果不能有效解决这些问题，吸引社会和民间投资就会落空。我认为，要从项目本身和资金支持两方面加以改进。项目方面，推介项目应该是有稳定现金流和稳定预期回报的项目，从而能够尽快形成示范带动效应。资金支持方面，要加强政银联动，落实好信贷、证券融资和政府投资支持等鼓励措施，加强与开发银行等金融机构沟通协作，落实金融支持PPP项目的差异化信贷政策，切实提高社会和民间资本的积极性。

与此同时，要注重政策和工程并举，供给与需求两端发力，全方位促进内需的扩大和升级。2014年以来国家推出了六大领域消费工程，包括养老家政健康、信息、旅游休闲、绿色、住房、文化教育体育等。实施重点领域消费工程既能扩大有效投资，又能强化消费的硬件设施、改善消费环境，具有一举多得的功效。

四、推动产业结构优化升级

优化产业结构是推动经济结构战略性调整的重要着力点，是形成新的经济发展方式的重要内容。当前，推动我国产业结构优化升级已刻不容缓。从国际竞争格局来看，我国产业发展日益面临“两头挤”的局面。国际金融危机爆发以来，发达国家更加重视提升产业核心竞争力。美日采取再工业化战略，吸引中高端制造业回流，德国发布“工业4.0计划”，大力发展智能制造。这些都对我国提升产业层次、发展先进制造业形成巨大压力，我国一些领域现有生产能力面临被淘汰的风险。同时，一些新兴市场国家凭借低成本优势，加速吸引我国沿海劳动密集型产业转移，使我国传统优势产业面临更加激烈的竞争。从国内产业发展来看，既有要素约束的原因，又有周期性因素和结构性因素交织的影响，一边是部分行业产能严重过剩，导致全行业亏损；另一边是不少技术含量高、高附加值产品供给短缺，严重依赖进口。可以说，目前我国这种一般工业品过剩、缺乏技术创新和品牌的产业体系已极不适应发展需要，迫切要求适应市场需求变化，发挥我国产业在全球经济中的比较优势，使产业发展由中低端迈向中高端。

推动产业结构优化升级的主要方向，就是要加快构建现代产业新体系。重点包括4方面任务。

（一）加快培育发展战略性新兴产业。近年来，战略性新兴产业发展明显加快，规模显著扩大，并向高端化发展，成为带动我国经济增长的重要动力。特别是部分重点产业已具备较强国际竞争力，一些关键领域取得具有里程碑意义的成果。比如，华为公司已经成为全球营业收入最高的通信设备企业，我国自主生产的钻井平台首次开发出深海气田。战略性新兴产业快速增长，不断创造出新的投资和消费热点，智能手机、云计算、电子商务、基因检测、北斗导航应用等，带动信息消费和健康消费快速发展。2015年以来，国家又出台了促进云计算创新发展培育信息产业新业态、大力发展电子商务培育经济新动力的意见，制定了大数据战略和行动计划、“互联网+”行动计划，实施了国家新一代信息基础设施建设工程、电子信息产业振兴和技术改造专项、新型健康技术惠民等一批重大工程，强化战略性新兴产业的支撑作用。下一步，要深入推进“互联网+”行动，实施好高端装备、信息网络、集成电路、新能源、新材料、生物医药等重大项目，支持大数据、物联网、移动互联网等发展，努力在一些关键领域实现重大突破，把一批新兴产业培育成主导产业。

（二）促进传统产业转型升级。近年来，传统产业布局调整和转型升级步伐加快，产能严重过剩行业的投资扩张势头得到遏制。下一步，要大力实施“中国制造2025”，推进新一代信息技术与制造业深度融合，加快实现从制造大国向制造强国的转变。当前，重点是着力提升产业核心竞争力，在工业机器人、轨道交通装备、高端船舶和海洋工程装备、新能源汽车、现代农业机械、高端医疗器械和药品等6个重点领域，大力推进自主创新，开发利用网络化、数字化、智能化等技术，努力在一些关键领域抢占先机，取得突破。同时，还要积极稳妥化解产能严重过剩矛盾，加快淘汰落后产能，推动重点产业布局调整和产业转移，推进产业集聚发展，优化生产力布局。

（三）推动现代服务业发展壮大。2012年服务业增加值占比为45.5%，首次超过第二产业，2015年上半年又进一步提升到49.5%。信息、旅游、教育、文化、健康等服务消费趋旺，移动支付、线上线下融合等服务业新模式、新业态快速发展，经济从工业主导型向服务业主导型过渡的趋势更加明显。当前和今后一个时期，发展服务业要坚持生产性服务业和生活性服务业并重，现代服务业和传统服务业并举，深化服务业改革开放，积极培育服务业新业态和新商业模式。一方面，加快发展生产性服务业，大力培育研发设计、现代物流、金融服务、信息服务和商务服务，促进制造业与服务业、现代农业与服务业融合发展。另一方面，积极发展面向民生的服务业，从促进消费升级出发，不断创造新的消费需求。特别是要把基于宽带和无线的信息消费作为新一轮扩大消费需求的重点领域，积极培育发展网络文化、数字家庭、商贸流通电子商务、跨境贸易电子商务、移动支付等新型业态和新兴消费热点。

五、促进区域协调协同发展

增强区域发展的协调性，形成协调协同的空间发展格局，是全面建成小康社会的重大战略任务，也是加快形成新的经济发展方式的重要内容。21世纪以来，我国先后实施了西部大开发、振兴东北地区等老工业基地、促进中部地区崛起等重大战略决策，明确了区域发展总体战略，制定实施了一批区域发展规划和区域政策，区域发展格局发生了积极而重大的变化。特别是近年来，中西部地区经济增速持续超过东部地区，扭转了长期以来区域经济增长"东快西慢"的格局，地区发展差距扩大势头得到初步遏制。但同时也要看到，我国区域发展仍然存在一些突出问题。比如，地区间发展差距较大，以人均GDP为标准，剔除直辖市后，2014年最高的省是江苏，最低的省是贵州，前者人均GDP是后者的3.1倍。又比如，地区间产业结构同质、低水平竞争和重复建设问题严重，汽车、钢铁、水泥、机械制造、电解铝等行业表现尤为突出，地方保护主义盛行，导致产能严重过剩和资源严重浪费，也制约了产业集中度的提高和核心竞争力的提升。

促进区域协调协同发展，重点是优化经济发展空间格局，充分发挥各地比较优势，统筹实施"四大板块"和"三个支撑带"的战略组合，培育发展新的经济支撑带和增长极，使梯度开发的格局更加合理，推动形成全国统一开放竞争有序的市场体系，构建国内外联动、东中西统筹、南北方协调的发展新格局。

（一）深入实施区域发展总体战略。一是深入推进西部大开发。重点是抓好"三个一批"。建设一批重大工程，缓解基础设施瓶颈制约。发展一批特色优势产业，高标准建设国家能源基地、资源深加工基地、装备制造业基地。打造一批对外开放高地，推动沿边地区对外开放，全面提升对外开放水平。二是加快中部地区崛起。着力发挥承东启西的区位优势、综合资源优势以及工业基础、科技实力较强的比较优势，不断增强中部地区的整体实力和竞争力。三是振兴东北等老工业基地。2014年以来，东北地区经济增速大幅放缓，一些资源型城市、能源资源行业和企业陷入发展困境。这既有国内经济下行压力加大的影响，也有国际市场大宗商品价格大幅下跌的冲击，但更为重要的是，制约东北等老工业基地发展的体制机制性矛盾依然突出，产业结构转型升级过于缓慢。所以，东北振兴，关键是加快推进体制机制创新，以制度创新化解历史包袱，优化经济结构，推动转型升级，实现东北新的辉煌。四是促进东部地区率先转型升级。改革开放以来，东部地区一直扮演着先行先试的角色，对全国经济发展起着重要引领和支撑作用。今后，要进一步发挥东部地区在科技创新、产业竞争、体制创新、对外开放等方面的示范引领作用，在率先发展中探索路子、积累经验，为其他地区提供示范和借鉴。

（二）实施“一带一路”战略。2013年9月，习近平总书记在哈萨克斯坦纳扎尔巴耶夫大学发表重要演讲，第一次提出了共建丝绸之路经济带、打造利益共同体的倡议。同年10月，习总书记在印尼国会演讲时又提出，共建21世纪海上丝绸之路，打造更加紧密的中国—东盟命运共同体。2015年的博鳌亚洲论坛上，习近平总书记详细阐述了“一带一路”的战略构想、基本内涵、共建原则，《推动共建丝绸之路经济带和21世纪海上丝绸之路的愿景与行动》随之正式对外发布。目前，“一带一路”战略布局已经有序展开，6月底亚投行协定正式签署，丝路基金已启动运行，一批重大合作项目已经落地，早期收获成果丰硕。下一步，要按照习近平总书记提出的“政策沟通、设施联通、贸易畅通、资金融通、民心相通”要求，突出重点，扎实工作，确保战略落地。一是共同打造6大国际经济合作走廊。依托国际大通道，以沿线中心城市为支撑，以能源资源区块、重点产业集聚区为合作平台，推动建设中蒙俄、新亚欧大陆桥、中国—中亚—西亚、中国—中南半岛、中巴、孟中印缅六大经济走廊，打通我国通往欧洲、非洲、印度洋、太平洋的战略通道。二是共同打造海上战略支点。完善和优化长三角、珠三角、东南沿海、西南沿海、环渤海五大国内港口群。积极参与建设重要海外港口，使之成为保障我海上通道安全、促进双边合作的战略支点。三是着力推进8大重点领域合作。包括基础设施互联互通、经贸、产业投资、能源资源、金融、人文交流、生态环境和海上合作。目前，中国—白俄罗斯工业园已经全面动工。

（三）推进京津冀协同发展。2014年2月，习近平总书记在北京考察工作时强调，京津冀协同发展要打破自家“一亩三分地”的思维定式，走出一条科学持续的协同发展路子。2015年6月，中央印发《京津冀协同发展规划纲要》，京津冀协同发展的顶层设计基本完成，进入抓紧贯彻落实《规划纲要》的阶段。下一步，要准确把握着力点和突破口，抓紧建立完善“1133”工作体系。“1条工作主线”，就是抓住推进实施《京津冀协同发展规划纲要》这条工作主线，统领京津冀协同发展战略实施工作。“1个战略核心”，就是突出有序疏解北京非首都功能这个战略核心，抓紧制定工作方案，研究配套政策，推动实施关键项目。“3个率先突破”，就是持续推进交通一体化、生态环保、产业升级转移3个重点领域实现率先突破，力争不断取得新进展、新成效。“3个关键支撑”，就是强化深化改革、创新驱动、试点示范三个关键支撑，加快破除制约协同发展和要素流动的体制机制障碍，推动形成京津冀协同创新共同体，通过试点示范带动其他地区发展。

（四）推动长江经济带建设扎实前行。2014年，国务院出台了《关于依托黄金水道推动长江经济带发展的指导意见》，目前正在编制《长江经济带发展规划纲要》，初步梳理提出了2015—2017年三年行动计划，提出了一批需要着力推进的重大项目，其中，2015年有86个，总投资约2.3万亿元。下一步，要努力把全流域打造成黄金水道，把长江经济带这条“巨龙”舞得更好。一是长江黄金水道疏通疏浚，主要解决下游“卡脖子”、中游“梗阻”、上游“瓶颈”和支流“不畅”问题，使经济带通起来。二是构建现代产业走廊和沿江绿色生态廊道，使经济带亮起来、绿起来。三是加快发展长江三角洲城市群、长江中游城市群、成渝城市群，使经济带活起来。

六、积极稳妥扎实推进新型城镇化

城镇化是解决城乡差距的根本途径，也是最大的内需所在。2013年底中央召开了城镇化工作会议，明确了推进新型城镇化的主要任务。2014年以来，国务院出台了《国家新型城镇化规划（2014—2020）》，印发实施了《推进“三个1亿人”城镇化实施方案》，以及推进户籍制度改革、建立统一的城乡居民养老保险制度、城市规模划分标准等一批政策性文件。近期，居住证管理办法也将很快出台，新的设市设区标准已上报待批。跨省级行政区城市群规划编制积极推进，长江中游城市群发展规划颁布实施。在2个省和62个城市（镇）启动了新型城镇化综合试点。总的看，新型城镇化正在有序推进。同时，我们也注意到，由于体制机制还不完善，尤其是相关配套政策还不到位，推进新型城镇化还面临不少突出问题。比如，跨省跨地区转移人口缺乏统一的政策设计，外来人口特别是跨省市农业转移人口市民化进展缓慢，一些人口流入较多、农民工落户意愿较强的地区，还没有制定具体的户改方案。又比如，一些关键配套政策出台较慢，涉及建设用地、建设资金的改革进展相对滞后，“人地”、“人钱”等挂钩机制尚未出台，导致一些地方缺乏足够动力吸纳农村转移人口。再比如，特大镇设市通道不畅，我国很多镇已具备了城市的人口规模、经济规模和基本形态，但受制于行政体制，不能撤镇设市，发展活力和增长潜力得不到有效释放。这些问题的存在，都在一定程度上成为推进新型城镇化的阻碍，需要高度重视，妥善解决。

针对当前存在的突出问题，要认真落实中央城镇化工作会议精神，按照国家新型城镇化规划要求，紧紧围绕全面提高城镇化质量，加快转变城镇化发展方式，走以人为本、四化同步、优化布局、生态文明、文化传承的中国特色新型城镇化道路，积极作为、主动作为，下好新型城镇化这盘“棋”。

一是大力推进“一融双新”工程。“一融”，就是促进农民工融入城镇，这是推进农业转移人口市民化的重要一步。截至2014年末，全国农民工总量约2.74亿人，其中外出农民工1.68亿人。与早期农民工相比，现在的新生代农民工，也就是“80后”、“90后”们，对城市生活更加向往，在城市安家落户的愿望也更加强烈，新生代农民工及其家属是今后一个时期城镇化的主体，如果安置不好，将会产生一系列经济社会问题。要加快户籍制度改革步伐，建立健全居住证管理制度，逐步提高农业转移人口享有城镇基本公共服务水平，保障农民工市民化进程有序推进。“双新”，就是培育新生中小城市、建设新型城市，这是优化城镇规模结构的重要途径。截至2014年底，我国县和县级市有1957个，镇有20401个，而城市数量仅为659个，县城和重点镇既是城镇体系的薄弱环节，又是城镇化发展的潜力所在，也是促进人口市民化的重要平台、培育形成中小城市的主要载体。要加快在培育新生中小城市上取得新突破，着力提升县城和重点镇基础设施水平，增强产业发展和要素集聚的承载力，拓宽中小城市设置通道，将一些具备条件的特大镇尽快发展成为中小城市。要加快在建设新型城市上取得新突破，重点是以“创新、绿色、智慧、人文”为方向，加快建设和谐宜居城市，这既是时代潮流，也是提升我国城市品质的客观需要。

二是着力提高城市可持续发展能力。重点是增强城市经济、基础设施、公共服务和资源环境的承载能力，有效预防和治理“大城市病”。提起“大城市病”，大家都不陌生。改革开放以来，我国不少城市规模快速扩张、人口急剧膨胀，城市功能布局不合理，导致中心城区交通拥堵、房价高涨、环境污染，“大城市病”日益严重。预防和治理“大城市病”，需要综合施策。对于部分人口超载的超大城市、特大城市，需要调整完善城市功能布局，引导人口和产业由中心城区向周边和其他城镇转移。比如，以京津冀协同发展为契机，北京正在向外疏解非首都功能，并且要在通州建立副中心。对于大多数大中城市，提高城镇综合承载能力，重点是加强市政公用设施和公共服务设施建设，提高城市规划管理水平和建筑质量，优先发展城市公共交通，着力推进城市环境综合整治，改善城市生态环境质量。

三是完善新型城镇化发展的体制机制。国内外实践表明，成功的城镇化既是市场主导、自然发展的过程，同时也是政府引导、科学发展的过程。走中国特色新型城镇化道路，要正确处理好政府和市场的关系。一方面，充分发挥市场配置资源的决定性作用，不能违背市场规律，以行政方式、长官意志拔苗助长、“人为造市”。另一方面，城镇化又涉及自然资源、生态环境、公用事业、社会管理等诸多领域，存在市场失灵的问题，要求更好发挥政府作用。因此，推进新型城镇化要坚持市场主导、政府引导，加快形成有利于新型城镇化发展的制度环境。从我国国情出发，推进新型城镇化需要完善的制度，至少包括资金保障机制，以及人口、土地、城镇住房、生态环境保护等多项制度。如何使这些制度创新事半功倍、代价最小？一个可行的办法是搞试点。今后3年，要把国家新型城镇化综合试点作为重要抓手，加快体制机制改革创新，在试点地区率先取得突破，为全国提供可复制可推广的经验，促进新型城镇化水平提高、质量提升。

七、推动城乡发展一体化

党中央国务院高度重视“三农”问题，始终把解决好“三农”问题作为全党工作重中之重，实施了一系列强农惠农富农政策，取得重大进展。2014年，粮食产量超过6亿吨，实现“十一连增”；农村居民人均收入增速高于城镇居民1.2个百分点，实现“五连快”，城乡居民收入差距继续缩小；农村水电路气房建设取得新成效，农村生产生活条件继续改善。但不可否认的是，城乡二元结构问题依然严重，城乡发展差距拉大的趋势没有根本扭转，可以说，尽管乡土中国正在经历千年未有的变局，农业仍然是“四化同步”的短腿，农村还是全面建成小康社会的短板。习近平总书记多次指出，“小康不小康，关键看老乡”，说的就是没有农村的小康就没有全国的小康；强调“中国要强，农业必须强；中国要美，农村必须美；中国要富，农民必须富”。因此，要实现全面建成小康社会目标，实现中华民族伟大复兴中国梦，就必须统筹城乡发展，大力破解城乡二元结构，努力推动城乡发展一体化，使农业基础稳固、农村和谐稳定、农民安居乐业。

（一）大力发展现代农业。当前，我国农业发展面临价格“天花板”、成本“地板”挤压和补贴“黄线”、资源环境“红灯”约束，必须转变传统农业发展方式，依靠创新提升农业现代化水平，走一条产出高效、产品安全、资源节约、环境友好的现代农业发展道路。一是增强粮食安全保障能力。要实施最严格的耕地保护政策，稳定粮食播种面积，继续加强农田水利、粮食仓储等基础设施建设，扎实推进新增千亿斤粮食生产能力建设，提升农业综合生产能力，确保国家粮食安全和重要农产品有效供给。二是加快调整农业结构。从我国农产品需求出发，立足资源禀赋，统筹国内国际两个市场，不断优化农业产业结构、农业产品结构和农业区域布局，科学确定区域农业发展重点，支持优势产区发展大宗农产品，形成优势突出和特色鲜明的产业带。三是强化农业科技创新驱动作用。农业发展的根本出路在科技创新。我国在生物育种、智能农业、农机装备、生态环保等领域与发达国家都有较大差距。要加大农业科技创新投入力度，引导社会资本进入农业科技创新领域，支持现代农业产业技术体系建设，建设农业科技创新平台基地，加大技术集成推广力度，使科技创新成为农业质量和效益提升的不竭动力。

（二）推进农村一二三产业融合发展。这是延长产业链、提高农产品附加值、促进农民收入持续较快增长必由之路。要在做强农业的同时，通过更有效的组织方式和更紧密的利益联结机制，把农村一二三产业的发展更好地结合起来，融为一体，相互促进，实现共赢。可以采取的路径包括：一是延长农业产业链条，打造农业全产业链。支持主产区发展畜牧业、粮食加工业和农产品精深加工。加快发展农业服务业，创新流通方式和流通业态，推进电商与实体流通相结合，完善农产品流通骨干网络，推进各种形式的对接直销。二是积极开发农业多种功能，挖掘乡村生态休闲、旅游观光、文化教育价值，拓展农业发展空间。三是将新技术、新的经营业态、新的商业模式等引入农业，积极利用电商、物流等现代商业模式对农业生产经营方式进行改造。四是完善利益联结机制，采取企业与农户对接方式进行三次产业融合发展，让农民从产业链增值中获取更多利益，合理分享初级产品进入加工销售领域后的增值利润。

（三）深入推进新农村建设。近年来，新农村建设取得显著成效，完成了一系列改水改电、道路硬化、秸秆气化等民心工程。但同时也应该看到，当前农村基础设施建设依然薄弱，基本公共服务水平还比较低下，农村人居环境还需要大力改善，特别是农村老龄化、空心化程度比较严重，出现了“空巢老人”、“留守儿童”等一系列社会问题。下一步，新农村建设要遵循乡村自身发展规律，充分体现农村特点，注意乡土味道，保留乡村风貌，留得住青山绿水，记得住乡愁，走符合农村实际的路子。一是加大农村基础设施建设力度，重点解决无电人口用电问题；二是提升农村基本公共服务水平，促进农村社会事业加快发展，重点解决教育、医疗、养老、文化等方面的均等化问题；三是改善农村人居环境，让农村成为农民安居乐业的美丽家园。

（四）健全城乡一体化发展的体制机制。破除城乡二元结构，关键要靠深化农村改革。重点是加快农业经营制度创新，推进城乡要素市场一体化和公共资源均衡配置，进一步激发农村经济社会发展活力。一方面，要大力推进农业经营组织和制度创新。以家庭承包经营为基础、统分结合的双层经营体制，是适应社会主义市场经济体制、符合农业生产特点的农村基本经营制度，是党在农村政策的基石，必须坚持和不断加以完善。新型农业经营体系，是对农村基本经营制度的丰富和发展，构建集约化、专业化、组织化、社会化相结合的新型农业经营体系，充分体现了现代农业发展的客观要求。加快构建新型农业经营体系，重点是培育新型农业经营主体，这是农业创新发展的重要支点。要加快推进农村集体产权制度改革，鼓励农村发展合作经济，鼓励承包经营权在公开市场上向专业大户、家庭农场、农民合作社、农业企业流转，引导工商资本到农村发展适合企业化经营的现代种植业，积极发展多种形式适度规模经营。另一方面，要促进城乡要素平等交换和公共资源均衡配置。实现城乡要素市场一体化、促进要素在城乡之间自由流动。重点是在“两个加快建立”上下功夫。一是加快建立城乡统一的劳动力市场，实现城乡劳动者平等就业，促进劳动力跨城乡、跨地区合理流动。二是加快建立城乡统一的建设用地市场，稳步推进农村土地制度改革试点，分类实施农村土地征收、集体经营性建设用地入市、宅基地制度改革试点。与此同时，鼓励和引导资金更多投向农村建设，推动金融资源继续向“三农”倾斜，持续改善农村教育、医疗、文化、社保等公共服务领域基础设施条件，促进公共服务资源在城乡之间的均衡配置，推进城乡基本公共服务均等化。

八、全面提高开放型经济水平

过去30多年，我国通过进出口和招商引资双轮驱动的外向型经济发展方式，实现了对外贸易、吸引外资的高速增长。2013年我国跃居世界第一货物贸易大国，2014年又成为世界吸引外资最多的国家。然而，我国传统外向型经济发展方式所依赖的比较优势正在削弱，特别是当前世界经济结构深度调整，国际环境更加复杂严峻，参与经济全球化的基础和条件都发生了重大变化，传统的外向型经济发展方式已经难以为继。适应经济全球化新形势，必须实行更加积极主动的开放战略，加快转变对外经济发展方式，促进国际国内要素有序自由流动、资源高效配置、市场深度融合，加快培育国际合作和竞争新优势，构建互利共赢、多元平衡、安全高效的开放型经济新体制。重点要把握好3个方面。

（一）创新外商投资管理体制。一方面，放宽外商投资市场准入。重点是扩大服务业市场准入，在做好风险评估的基础上，分层次、有重点放开服务业领域外资准入限制，推进金融、教育、文化、医疗等服务业领域有序开放，放开育幼养老、建筑设计、会计审计、商贸物流、电子商务等服务业领域外资准入限制，进一步放开一般制造业，提高引进外资质量。另一方面，改革外商投资审批和产业指导管理方式。经过这两年审批制度改革，目前，95%以上的外商投资项目、98%以上的境外投资项目已经改为网上备案。下一步，要探索对外商投资实行准入前国民待遇加负面清单的管理模式，建立外商投资信息报告制度和信息公示平台，完善外商投资监管体系。

同时，要加快发展自由贸易园（港）区。2013年9月29日，中国上海自由贸易试验区挂牌运作，推出了政府职能转变、扩大投资领域开放、推动贸易转型升级、深化金融领域开放创新、完善法制保障等一系列政策措施。而且探索准入前国民待遇和建立负面清单管理模式，对负面清单之外领域的外商投资项目核准改为备案管理，将试验区内的境外投资一般项目也由核准改为了备案管理。经过近两年的实践，上海自贸区已经形成一批可复制、可推广的经验。2015年4月，广东、天津、福建自由贸易试验区同时揭牌。4家自贸试验区都以制度创新为核心任务，又根据地方特点各有侧重，最终目的都是要创造出可复制、可推广的模式和经验，形成制度成果，为全面深化改革和扩大开放探索新途径。

（二）构建外贸可持续发展新机制。重点是加快培育外贸竞争新优势，提高贸易便利化水平，完善进出口促进体系，巩固我国传统产品在国际市场中的份额，大力发展服务贸易，提升在全球产业链和价值链中的地位，促进外贸提质增效升级。

促进外贸持续发展和转型升级，一个很重要的方面，就是建设双边和多边自由贸易区，拓展国际经济合作新空间。与多边贸易体系的开放相比，自由贸易区有对象可选、进程可控的特点，可以起到以局部带动整体的开放效果。目前，我国已签署自由贸易协定14个，涉及22个国家和地区。自贸协定对推动我国对外贸易蓬勃发展发挥着越来越重要的作用，比如，根据中澳自贸协定，澳大利亚出口中国的商品85%可以零关税，而进入协定成熟期后，这一比率可高达95%。这将使我国老百姓能够以更低价格更方便地享用澳大利亚的农产品和食品，同时，我国出口到澳大利亚的电子产品和白色家电也将零关税，这有利于提高“中国制造”在澳大利亚的市场份额。下一步，要以更加开放的态度，加快实施自贸区战略，积极同“一带一路”沿线国家和地区商建自贸区，加快形成立足周边、辐射“一带一路”、面向全球的高标准自贸区网络，推动双边、多边开放合作再上新台阶。

（三）实施走出去国家战略。总的方向是，努力提高对外投资质量和效率，促进基础设施互联互通，推动优势产业走出去，重视和维护国家经济安全。这里，我重点谈谈推进国际产能和装备制造合作。

大家可以回顾一下，我国加入WTO之后，很多资源配置、产能构建都是以世界市场作为基准的，国际金融危机以来，世界经济增长放缓，再加上国内市场需求在下降，部分行业产能严重过剩的矛盾也就更加突出，特别是钢铁、水泥、电解铝、平板玻璃、造船等行业更加明显，形成了一批优势富余产能。而“一带一路”沿线大部分国家特别是周边国家，正在积极推进工业化和城镇化，希望与我国共乘发展快车，对我国这些优势富余产能有较强的需求。加强与沿线国家能源资源开发合作，共同设立产业集聚区，推进基础设施等领域重大项目建设，既有利于提高我国能源资源保障水平，又可以把我国重大装备带出去，把优势富余产能转出去，把重要技术标准推出去，为国内经济发展和转型升级拓展更大空间，同时也能够促进沿线国家加快发展。

2015 年 5 月，国务院印发了《关于推进国际产能和装备制造合作的指导意见》，提出了钢铁、有色、建材、铁路、电力、化工、轻纺、汽车、通信、工程机械、航空航天、船舶和海洋工程等 12 个重点领域的主要任务和 18 项政策措施。目前，我国与哈萨克斯坦开展了全面合作试点，树立了双边产能合作样板，还在三大洲其他 11 个国家推进产能合作，亚非拉的合作布局轮廓初显。

下一步，要把推进国际产能和装备制造合作作为对外经济工作的重中之重，强化财政金融支持，设立产业集聚区，推进重大项目落地。特别是要充分发挥金融机构、企业、地方、部门等方面的作用，务实推进各类合作。比如，近期国家发改委与河北省建立了国际产能部省协同机制，从信息、政策等多方面支持河北开展国际产能和装备制造合作。又比如，2015 年 6 月底，李克强总理访法期间，中法两国签署了《开发第三方市场协议》，将通过深化两国在航空、航天、高铁、钢铁等领域的产能合作，建立第三方市场合作机制，把中国和发达国家的优势结合起来，生产关键技术设备，以较低价格和较高质量满足广大发展中国家需求，同时带动中国产业升级和发达国家扩大出口。

同志们，刚才基于这本教材，我把加快转变经济发展方式的重点任务梳理了一遍，谈了一些自己的认识和体会，不对的地方请大家批评指正。今年是“十二五”收官之年，明年就将进入“十三五”时期。未来的五年非常关键，是全面建成小康社会的关键时期，也是全面深化改革、加快转变经济发展方式的攻坚时期。我们一定要认真学习贯彻习近平总书记系列重要讲话精神，切实贯彻落实中央各项决策部署，敢于担当、主动作为，把加快转变经济发展方式作为适应、引领经济发展新常态的重要任务，加大工作力度，强化措施保障，努力推动形成新的经济发展方式，促进经济提质增效升级和持续健康发展。

目　　录

第四篇　改革创新与城镇发展

第五篇　交通能源与市场风险

第一篇　经济发展与宏观调控

深入推进国有经济布局战略性调整的方向与举措

陈东琪　臧跃茹　刘立峰　刘泉红　姚淑梅

内容提要

我国的国有经济布局仍然存在一些突出问题。从调整手段看，以行政捏合方式为主，市场发挥作用欠佳。着眼未来，应当加快竞争性领域国有经济退出步伐，深入推进垄断行业改革攻坚，推动国有经济向公益性领域回归，向体现国家战略意图的基础性、战略性、前瞻性重要产业和领域收缩集中，实现国有经济领域产业和产权的广泛开放，使国有经济行业分布更为合理，总量比重显著降低。

一、国有经济布局调整的主要问题

我国国有经济布局及其调整过程中存在一些突出问题。一是布局调整节奏与力度欠佳，近年来外部总体布局调整几乎处于停滞状态。垄断性行业的改革进展缓慢，建筑、房地产等一些竞争性行业的国有经济比重甚至还有上升趋势，与国有经济布局战略性调整的方向明显相悖。二是内部产业布局集中度不够，关键领域缺失。调整中进多退少，国有经济在竞争性领域布局分散的格局没有根本改变，而一些对整个国民经济发展具有重要意义，应由国有经济体现主导作用的公共服务领域，国有资本投入严重不足。三是中央地方层级布局调整功能不清，央企居于相对优势地位。近年来中央企业各项指标在全部国有企业中的比例大多呈上升趋势，央企地位与作用有所提高。四是微观产权改革调整收益被大股东侵占，职工合法权益受到损害，容易造成社会矛盾激化。五是调整手段以行政捏合方式为主，多为国有经济内部做加法，而市场化运作方式欠缺。调整方式的固化可能造成新一轮人员或债务负担，成为后续改革挥之不去的障碍性因素。六是利益格局难以打破，行政特权和行业垄断仍是布局调整的最大制约。庞大的既得垄断利益集团，经常利用其话语权优势，压缩其他所有制企业的生存空间。

二、调整方向、思路和目标

（一）基本思路

深入贯彻落实党的十八届三中全会精神，以科学分类为前提，以混合所有制经济为载体，以全面深化国企改革为主线，以增强国有经济活力、控制力和影响力为目标，坚持有所为有所不为，加快竞争性领域国有经济退出步伐，深入推进垄断行业改革攻坚，破除既得利益的藩篱，推动国有经济向公益性领域回归，向体现国家战略意图的基础性、战略性、前瞻性重要产业和领域收缩集中，实现国有经济领域产业和产权的广泛开放，促进国民经济运行更为健康、更可持续。

在调整过程中，要坚持以下原则。

1. 范围集中化。国有资本从一般竞争性领域退出，增大国有资本在公益性领域的投入，切实推动国有资本向关系国家安全、国民经济命脉的基础性、战略性、前瞻性产业和领域集中。

2. 准入公平化。进一步破除垄断，清除显性和隐性壁垒。自然垄断领域可采取特许经营方式向社会资本开放。剥离竞争性业务，引导民间资本进入，形成股权多元化、相互竞争的市场格局。

3. 规模去“恐龙化”。收缩范围，保障重点，单体企业通过业务剥离明确经营主业、优化组织架构、提高核心竞争力，并通过引入外部资本或上市进行公司化改制。

4. 管理去行政化。去除国有经济特权和官本位、行政化色彩，重塑国企市场化人格，激励机制与市场接轨，完善职业经理人制度，合理增加市场化选聘比例，更好发挥企业家作用。

5. 经营资本化。实现国资监管机构从管企业向管资本转化，通过组建国有资本运营公司等平台，建立国有资本优化布局、有进有退、合理流动、动态调整的机制，借助社会化资本加速国企发展，实现国有资本投资运营服务于国家战略目标的定位。

6. 治理规范化。推动绝大多数国有企业进一步健全现代企业制度，形成权责统一、运转协调、有效制衡的法人治理结构。推进国企母公司层面股权多元化的混合所有制改革，进一步转换经营机制。

（二）调整方向

1. 少数承担公共政策功能的国企回归公益性，弥补市场失灵。国防军工、战略物资储备、义务教育、基本医疗养老和公益性研发等领域的企业或机构，明确其公益性。国有资本加大对公益性企业的投入，在提高公共服务质量水平、增进社会效益方面做出更大贡献，回归国企存在的本来目的，弥补市场失灵，发挥国有经济的控制力。这部分公益性企业或机构属特殊法人，由专门的法规管理，经营去盈利化，利益去内部化，严格规范其行为。

2. 垄断行业国企垄断性和竞争性功能分拆，在一定时期兼有混合型特征。关系国民经济命脉的重要行业，负有保障国家经济安全、提供基础性普遍服务功能，国有资本在发挥控制力的基础上，推进公共资源配置市场化，着力清除市场壁垒，放开市场准入，通过横向或纵向分拆和对社会资本开放等改革调整，提高经济运行效率和社会的普遍福利，发挥国有经济控制力、影响力。具有网络属性的垄断环节，如电网、石油天然气管网、铁路网、电信网以及市政领域供水、供气等，国有经济继续控股经营，接受基于合同或基于规则的严格管制。具有区域性网络特征的领域，如城市供水、供气、供热等，通过特许经营、公私合营等方式，加快对社会资本开放。通过引入民间资本开放产权，提高服务水平和效率。大力发展混合所有制经济，公开公平公正参与市场竞争。

3. 多数国企的竞争属性以混合所有制形式实现，强化市场配置资源的决定性作用。竞争性行业大力引入民间资本，发展股权多元化的混合所有制企业。国有资本降低持股比例甚至逐步退出这些产业领域，向重要行业和关键领域集中，实现国有资本的流动性，增强国有经济活力和效率。在集中集聚、安全高效、动态调整原则下，以资本的形态存在于重要前瞻性战略性产业、保护生态环境、支持科技进步等体现国家战略意图的重要领域。

（三）主要目标

到 2020 年，国有经济总量比重显著降低，国有经济行业布局结构更为合理，国有资本进一步向关系国家安全和国民经济命脉的领域以及公共服务领域集中，一般竞争性领域国有企业基本退出，对公共服务类国有企业的投入不断加大，国有经济在经济门类中的分布范围进一步收窄。国有资本绝大部分集中于真正关系国家安全和国民经济命脉的关键领域以及公益性行业的优势企业，进一步增强在这些领域的控制力和影响力。国有经济活动占 GDP 比重降至 30% 左右，国有经济投资比重降至 20% 以下，国有经济领域股权多元化实现率达到 90% 以上，国有经济从小微企业全部退出。中央和地方两级国有企业布局结构更为合理，以股份制为主要形式的产权制度改革基本完成，国有经济领域基本实现股权多元化，混合所有制经济蓬勃发展，国有、民营和外资共荣共进的多种所有制经济发展新格局初步形成。国有企业的数量进一步削减，逐步减少地方融资平台。

三、深入推进战略性调整的关键举措

（一）外部总体布局调整——有序进退，降低比重

合理降低国有经济在国民经济中的比重，促进国有资本从一般竞争性产业和非行业骨干企业退出，做到布局“少而精”。建立进入、退出机制，加快退出速度，加大退出力度，实现国有经济的动态管理。中小型国企以转让股权等方式全部退出。地方竞争性国有企业退出步伐要快于中央企业。以产权为纽带，鼓励非公有制经济以控股或参股的混合所有制形式全面参与，加快制定支持非公有制经济参与国企改革的政策规定和实施方案。

（二）内部产业布局调整——集中范围，增强保障

切实推动国有资本向关系国家安全、国民经济命脉的公益性、基础性、战略性、前瞻性产业和领域集中。适当增加公益性和不完全竞争性行业国企数量，有效弥补公共服务的缺位。在保护生态环境、支持国家科技进步、保障国防军事和经济安全等领域更好地发挥国有经济的主导作用，实现国有资本强力回归。自然垄断行业借鉴国际上“网运分离、区域竞争”，“干线公司 + 平行线竞争”等运营模式，引入相对竞争的经营模式。在竞争性环节建立有效竞争的市场格局。允许非公有资本进入法律法规未禁入的基础设施、公用事业及其他垄断性行业和领域。降低准入门槛，简化程序，营造公平透明、快捷有序的准入环境。

（三）央地层级布局调整——区别功能，优化布局

合理划分地方国有企业类别，进行差别化调整。首先，重点发展提供公

共服务的骨干企业，减少企业对地方 GDP 贡献度的关注，更加关注企业对公共服务和就业等方面的贡献度，大力减少服务地方城市建设的平台公司，通过资本运作，将建立混合所有制企业作为实现竞争性企业有序退出唯一可靠的途径。其次，通过中央与地方企业之间的产权置换，原来单一国有股东改变为中央和地方国资委，或者中央企业和地方企业共同持有股权的公司，使中央和地方国有独资企业实现股权多元化。

（四）微观产权布局调整——资本运作，增强活力

加快推进国企特别是母公司层面的公司制股份制改革，争取大部分国有企业通过股权多元化改革，逐步发展成为混合所有制企业。优质的国有股份制公司可依托资本市场增强国有资本的流动性，让国有资本根据需要顺畅地从相关产业退出或进入。国有资本投资公司以产业资本投资为主，主要开展股权运营，改善国有资本的分布结构和质量效益。运用“黄金股”机制，对特定事项行使否决权，防止国家整体利益受损。确保企业现有目标不发生重大改变。

（五）企业规模布局调整——做优做强，抓大放小

国有经济从中小型国企中逐步退出，对于特大企业适当进行拆分。如石油石化行业可按开采及管道输油、炼化、设备安装制造、销售组建若干专业化公司，组建统一的管道输油公司由国有独资或控股，其他环节应加大引入民间资本力度。电信业组建由国有控股的基础电信（基站、固话网）专业化公司，其他环节全面放开，发展混合所有制经济。

四、配套措施

（一）科学进行规划

建议在国民经济和社会发展“十三五”规划体系中设立国有经济布局调整和国有企业改革的专项规划。采取先易后难、先“竞争”后“垄断”的顺序，合理安排国有企业改革的时间表和路线图，做到统一规划，全盘布局，分阶段实施，控制节奏，为“十三五”乃至 2030 年的国有经济布局调整指明方向。

（二）完善法制环境

围绕规范政府、国资监管机构与国有企业之间的关系，健全国家出资企业投资管理、财务管理、产权管理、风险管理等专项法规，明晰国有资产基础管理制度。给予各类市场主体同等的法律待遇，提供均等的竞争机会。

（三）有效防范风险

强化审计、纪检监察以及社会舆论的监督作用，防范国企改制过程中的国有资产流失。加强国有经济布局调整和企业改制过程中的员工队伍稳定和职工权益保护，防止职工的合法权益受到损害。有效防范各种社会不稳定因素，切实预防群体性事件的发生。

（四）理顺国资监管体制

改变国资委“婆婆加老板”式的从保值增值要求管理国资做法，以管资本为导向，大力推进国有资产资本化，改革国有资本授权经营体制。建立社会公众的表达和参与机制，加强对国有企业的外部监督。编制以收入预算和支出预算为基本内容的国有资本经营预算表，用退出的部分国有资产适当补充社保资金，创建国有资本红利分配长效机制，使国有资产真正服务于公共利益。

（五）大力完善市场体系

加强产权交易市场和资本市场等相关市场建设，为进一步规范国有企业布局调整过程中的产权出让行为提供有力支撑，使市场机制在国有经济布局调整中发挥决定性作用。

（本文原载《调查研究建议》2014 年第 86 期）

迈向高收入国家的挑战与应对策略

马晓河

内 容 摘 要

目前，我国已经顺利跨入上中等收入国家行列，正向高收入国家迈进。从中等收入阶段向高收入阶段转型，不同于从低收入到中等收入阶段的转型，此时的内外部环境已经发生根本变化，要想避免“中等收入陷阱”，成功迈向高收入国家行列，应该按照十八届三中全会制定的改革总体规划和路线图，进一步推动和深化改革，调整发展战略，并采取综合性的应对策略。

改革开放以来，中国已经成功实现了从低收入国家向中等收入国家迈进。到 2014 年，中国国内生产总值总量折合美元超过 10.4 万亿美元，人均 GDP 7590 美元，按照世行 2012 年标准衡量，中国是典型的中上等收入国家。

一、新时期中国面临着艰巨的结构转型任务

下一步中国经济发展方向是什么？党中央国务院给我们设计了一个美好的蓝图，即到 2049 年中华人民共和国成立 100 周年，实现中华民族的伟大复兴的中国梦。中国梦从经济学意义上解释，应该是下一步我国要向发达的高收入国家迈进，最终让城乡居民过上同发达国家居民一样的好日子，享受充分的生存发展权利。中国能不能实现这个宏伟目标，从中上等收入国家迈向高收入国家行列，还要看能不能实现结构转型，而实现结构转型的关键是体制改革能否如期推进，构建一个与发达经济体相适应的经济、政治和社会体制。

根据国际经验，从中等收入国家向高收入国家行列迈进，如果结构转换不成功，经济增长将长期徘徊不前，陷入“中等收入陷阱”。世界银行曾经指

出，一个经济体一旦跨入中等收入阶段以后，它无法在经济成本方面与低收入国家竞争，又无法在技术创新方面与发达的高收入国家竞争，人均国民收入难以跨上高收入国家门槛，前期经济社会发展积累的矛盾集中爆发，原有增长机制无法有效应对由此形成的系统风险。经济增长将长期徘徊在中等收入阶段。二战后许多发展中国家都先后带领自己的人民，成功地从低收入国家水平迈向了中等收入国家行列，但真正从中等收入国家迈向高收入国家行列的没有几个。像日本、韩国、新加坡、中国的香港和台湾就是少数迈进高收入国家（地区）的成功案例，其他国家像拉美、南亚、非洲许多国家仍然停留在中等收入阶段，无法进入发达的高收入国家行列。少数国家之所以能顺利进入发达的高收入国家，关键是他们在社会结构、经济结构、政治结构实现了成功转型，比如说日本、韩国之所以能成功，一是需求结构转型成功，消费占国内生产总值比重很高；二是产业转型成功，服务业比重高，制造业实现了高端化、高加工度化和高附加值化；三是社会结构中，庞大的中产阶级人群已经形成，城市化得到及时推进。而工业化起步比韩国要早的巴西，在20世纪70—90年代在结构转型方面出现了许多偏差，没有顺利迈向发达的高收入国家行列，一直徘徊在中等收入阶段。但是，巴西在进入21世纪以来，出现了一个好的变化，需求结构、产业结构转型快，中产阶级成长迅速，经济社会发展平稳。可以预见，巴西会先于中国进入到发达的高收入国家行列，因为她已经具备了一系列条件。四是政治结构转型符合国情，与社会结构变动同步，转换成本小，为经济可持续发展提供了制度动力。

据此，作者对世界现在主要发达国家的结构进行考察发现，目前凡是已经迈进发达的高收入国家行列的经济体，绝大部分国家经济社会结构都具备了两个70%和两个60%。即在需求结构中，消费率在70%以上，在产业结构中，服务业比重占60%以上；在社会结构中，城市化率在70%以上，中产阶级达到60%以上。这四个指标都是结构问题，结构转型是一个重要的衡量指标。中国要想达到上述指标，必须实行以下五个方面的结构转型。只有以下方面的结构实现转型了，才能够具备迈进发达的高收入国家的条件。第一，支持需求结构调整，经济发展应实现由外需导向、生产型结构向内需导向、消费型结构转化；第二，支持产业结构调整，应实现产业发展由过去的以工业为主向服务业为主转变，工业发展由中低端制造为主向中高端制造为主转变；第三，支持资源要素结构调整，最终应使中国经济增长由粗放型向依靠科技进步的集约型转化；第四，支持社会结构转型，应实现人口结构向市民社会（市民占大多数的社会）转型，人群结构向中等收入阶层为主的橄榄型社会（中间大两边小）转型；第五，支持政治结构转型，应推进重要领域、关键环节变革，促进经济、政治、文化、社会、生态体制创新，建立公正、公平、透明的政治权利结构，让城乡居民有充分、平等的生存发展权利，为向高收入国家迈进创造制度条件。从世情、国情看，要完成这些结构转型内容，并不是那么容易，我们将面临许多严峻挑战。

二、结构转型面临的国际压力

当前，中国要向高收入国家迈进，遇到的最大的问题是国际环境正在发生深刻变化，这种变化给中国既有的传统发展模式带来巨大挑战。第一，国际政治经济环境正在发生深刻变化，一方面我国周边因历史原因与日、韩、越、菲、印、马等国在岛屿、海域存在争议，在新时期一些国家民族主义情绪高涨，并在美国怂恿下在争议岛屿、海域不断挑起事端。为此，周边国家纷纷开展军备竞赛，美国趁此也调整全球军事部署，将战略重心向亚太地区转移。试图与亚洲盟国联合对中国构成“合纵”包围圈。面对这种变化格局，我国周边政治军事局势变得异常复杂危险，稍有不慎随时都会发生误判和擦枪走火事件。另一方面美国正在谋划“两洋战略”，推行跨（泛）太平洋战略经济伙伴关系协议（Trans – Pacific Partnership，TPP）和跨大西洋贸易与投资伙伴协议（Transatlantic Trade and Investment Partnership，TTIP），意在重构21世纪全球贸易新规则，在全球贸易新规则形成过程中，如果我国应对战略失策，将会面临被边缘化的风险。面对这些变化，中国必须拿出相当大的政治军事以及经济资源来应对这种变化。而过去三十多年，我国只付出了很少政治经济军事资源，就能利用相对稳定的国际和平环境以及既有的世界自由贸易秩序，成功地发展成为世界第二经济大国。今后，国际环境变化对我国的挑战恐怕将越来越多，我们必须也不得不腾出手来应对这种变化。比如说朝鲜半岛核问题、钓鱼岛问题、南海问题、中印边境问题、世界新贸易规则和秩序形成问题等等。

第二，当前世界供求结构正在进行深度调整，国际经济形势的缓慢复苏与中国的外需发生偏离。一方面发达国家由于债务危机和财政赤字，政府纷纷压缩公共需求，居民由于失业率居高不下，收入不景气，使得家庭消费疲软，由此导致对中国外需增长乏力；另一方面比中国还落后的发展中国家正在向中国学习，以比中国更低的成本发展劳动密集型产业，并向发达国家大量出口劳动密集型产品，在全球市场上对中国形成了供给替代。

第三，中国的产业成本在迅速上升，人民币在不断升值，大大挤压了出口产业的利润空间，使得中国出口导向型产业发展受到严重抑制。

在此情况下，中国以往那种经济循环发展路径走不下去了，过去我国的发展路径是高储蓄 - 高投资 - 高产能 - 高出口 - 高外汇储备和高货币发行，现在遇到的问题是高储蓄 - 高投资 - 高产能 - 低速出口 - 产能过剩 - 企业困难，如此发展下去，中国将会面临一场严重的生产过剩危机，并由此引起金融危机。因为当前中国的产能在出口受阻之后过剩是巨量的，这种过剩既是结构性更是全面性的。

三、结构转型面临三重困境

在传统发展道路无法推进经济继续增长时，我国需要寻找新的发展动力。有三条路径可供选择，第一条路径是调整需求结构，扩大内需，将消费特别是居民消费作为主要增长动力；第二条路径是调整产业结构，改革我国在国际市场上的分工地位，发展中高端产业和产品，提升产业的技术含量和附加价值；第三条路径是破除城乡二元结构障碍，积极推进城镇化，尽快实现与经济发展阶段相适应的人口城乡结构，为构建中等收入群体为主的消费型社会创造条件。今后，要实现上述三种选择，顺利向高收入国家迈进，国内至少面临三大方面的困境。

第一，从需求结构看，当前和今后调整需求结构的任务就是要在三大需求中，不断降低投资的比例，减少对出口的依赖，提高消费率特别居民的消费率。但是，我国的现行体制和政策安排不支持这种调整。我国体制从新中国成立以来到现在都是在鼓励扩大投资增加生产，从来很少把增加居民收入、扩大消费作为改革发展目标。于是，就出现了一个很难扭转的趋势，全社会储蓄在迅速增加，投资率在不断上升，消费率在不断下降。改革开放以来，我国的投资率上升消费率下降已经30多年了，到2014年消费率为51.2%，其中家庭消费率只有37.7%，而投资率为46.1%，其中最高年份投资率还达到47.3%，而发达国家的消费率一般在70%以上，家庭消费率也在60%左右，我国消费率比发达国家低了近20个百分点。即使与同等收入国家相比，我们的消费率也低了10个百分点左右。为什么呢？首先我国的国民收入分配制度出现了问题。在宏观上，国民收入分配在不断向政府和企业倾斜，政府和企业利用公共权利和公共资源，从社会上拿的财富太多。政府和企业是什么？政府是公共投资主体（政府也有部分消费功能），企业是产业投资主体，老百姓是消费主体，企业和政府拿的钱越多，越有利于投资。而现在中国恰恰出现了有利于投资的趋向，有数据表明，多年来政府和企业在国民收入“大蛋糕”分配中获得的份额在明显上升，而居民获得的份额却明显地下降了。当政府和企业获得的收入份额越来越多时，在缺乏将其转化为居民收入的制度约束条件下，他们将这些资金源源不断地转化为基础设施投资和产业投资，甚至各地政府还出现了超越经济发展阶段大搞产业园区、豪华广场、超标准政府大楼、现代主题公园、世界一流飞机场、超大歌剧院等等建设，这些投资建设实质都是以挤压居民消费福利空间为代价的。

在微观上，国民收入分配在向高收入群体倾斜，有利于储蓄增加，不利消费增长。过去十几年里，我国城乡居民收入差距在缩小，但是国民收入在城乡内部阶层间呈现两极分化倾向。高收入群体收入增长速度远远快于低收入群体，使得他们占有的收入份额不断上升。比如从 2000 年到 2012 年，城镇居民 20% 的低收入户人均可支配收入名义增长率为 230.58%，而 20% 的高收入户人均收入名义增长率 355.4%，两个收入群体人均收入比由 1∶3.61 提高到 1∶4.97；同期内农村居民 20% 的低收入户人均纯收入名义增长率为 188.8%，而 20% 的高收入户人均收入名义增长率 266.26%，两个收入群体人均收入比由 1∶6.47 提高到 1∶8.21。2014 年占全国 20% 低收入户人均可支配收入 4747 元，人口占比 20% 的高收入户人均可支配收入 50968 元，高收入户人均收入水平是低收入户的 10.74 倍。城乡内部收入差距扩大的结果是，目前约占总人口 40% 的中低收入群体只占当年全部居民收入量的 20% 左右，而 20% 的高收入群体占有当年全部居民收入量的 40% 左右。这种收入变动格局对消费增长是极为不利的。因为高收入群体的边际储蓄倾向高，边际消费倾向低，而低收入群体的边际储蓄倾向低，边际消费倾向高。当高收入群体收入增长越来越快时，他们就将越来越多的资金储蓄起来，导致储蓄越来越多。而低收入群体有消费冲动却没有收入支撑。还有一个问题，我国的社会保障安全网是不健全的，看病、养老、救济等保险制度安排在城乡、地区、人群之间存在着很大差异，覆盖面不足，保障水平低，也不能转移接续，无法真正消除人们的后顾之忧。这又在制度上造成人们有钱不敢消费。因此，当我们要从中上等收入国家向发达的高收入国家迈进，准备构建消费导向型社会形态时，我国的制度安排不支持这种转变，现有制度安排无论是从宏观上还是微观上，都是鼓励储蓄，支持投资，增加产能。在这种背景下，我国的消费增长会永远慢于储蓄和投资增长。从 2000 年到 2014 年，我国社会消费品零售总额由 39105.7 亿元增加到 271896.1 亿元，名义增长率 595.3%，而同期全社会人民币储蓄额由123804.4亿元迅速增加到1138644.6亿元，增长了819.7%。从经济学意义上讲，储蓄和消费是两个对立的变量，储蓄越多消费就越少。可想而知，社会总储蓄快于总消费增长，意味着消费被挤压，而储蓄最终将转化为投资，投资也终将转化为产能。

第二，从产业结构看，与世界中等收入国家相比，我国的人均GDP虽已达到中上等收入国家水平，但产业结构却处在中下等收入国家水平。第一产业发展落后，分散弱小，第二产业大而不强，比重偏高，第三产业发展滞后，比重偏低。这种产业结构是一种典型的生产型社会结构，供给长期超过需求，产业结构严重的偏向制造业，制造业多集中在产业链的中低端。在各级政府强力干预和高储蓄支撑下，制造业不断扩张产能，形成庞大的过剩生产能力。分别从三大产业看，一是当前我国农业现代化缺乏投资主体，分散经营的小农户没有能力向农业进行现代投入，地方政府在现有财税体制下不愿向农业大量投入，而中央政府投入又无法满足农业现代化的需要，由此造成农业现代化步伐远滞后于工业现代化。目前，所有进入发达的高收入国家行列的经济体，本国农业都实现了现代化。对于一个有近14亿人口的超级大国来说，要想迈向发达的高收入国家行列，农业不能实现现代化后果是不堪设想的。

二是第二产业大而不强，存在严重的虚高度化。经过30多年的发展，我国已经成为世界制造大国，但不是世界制造强国。改革开放以来，我们靠技术引进集成创新和再创新，推动了我国工业结构的调整和升级，但是在国际产业分工中，我国工业大都处于产业链的中低端，产品技术含量低，高污染、高耗能、高排放，产业效益不高。当前，我国工业发展缺乏三个体系做支撑，第一是缺乏原始自主创新体系，第二是缺乏在国际范围内配置要素资源的生产技术体系，第三是缺乏国际市场营销网络体系，像美国通用电气公司、沃尔玛、家乐福这样的跨国生产、营销集团，我国还少有成长起来。

三是我国第三产业发展既有总量不足又有结构性矛盾。在二元结构下农民难以进城，进不了城就没有人口集聚效应，集聚效应小就没有对服务产业形成总量需求。结构性矛盾表现在中国制造业是两头在外，对国内的生产型服务业拉动需求偏弱。研发、软件设计、标准制定、品牌服务、会计、律师、信息、技术咨询等处在产业链高端的服务业都在国外，导致我国的服务业发展也上不去，所以我国的产业结构是典型的生产主导型结构，要想变成以服务业为主导型的产业结构道路还很遥远。

第三，从社会结构演变看，今后一段时间内我国要实现向高收入国家转型，很大程度还要依赖于社会结构的顺利转换。改革开放30多年以来，在体制改革中，经济体制改革相对较快，而社会、文化、政治体制等方面的改革相对滞后，由此带来一个问题，就是社会结构转换过于滞后。突出的表现是城镇化发展滞后，农业转移人口不能自由迁徙，阻碍了人口结构向市民化社会演变；中产阶层成长缓慢，改变身份的上升通道狭窄，影响了人群结构向中等收入阶层为主的橄榄型社会格局转换。一个人口不能自由迁徙、社会阶层流动不畅通的制度安排，是很难实现经济长期可持续发展的，也很难迈向发达的高收入国家行列。2014 年我国常住人口城镇化率为 54.77%，户籍人口城镇化率只有 36% 左右，不仅远低于发达国家城市化水平，也低于中上等收入国家 60% 的城市化水平。我国城镇化滞后的关键是，以户籍、社会保障和公共服务为代表的城乡二元结构矛盾极大地限制了农业转移人口市民化的进程，比如目前我国有 2.74 亿农民工及其家属已经被统计为城镇常住人口，但是他们在户籍上仍然是农业人口，在教育、就业、医疗、养老、贫困救助、保障性住房等方面无法与城镇居民相同的待遇。

在现有制度安排下，我国城镇化率有被夸大的成分，因为进城的农业转移人口，他们既不是城里人，也不是农村人。由于社会体制改革的滞后，导致人口不能在城镇空间有效积聚，由此带来了诸多问题，比如服务业比重上不来，消费主导型需求结构难形成。还有关键一条，橄榄型社会也无法建立起来。因为从国际经验看，中等收入群体或者中产阶层一般都成长并集中在城市里，农业转移人口不能有效市民化，中产阶层必然缺少一个大群体。当前我国中产阶层只占总人口的 21% 左右，要想达到占总人口 60% 的目标还有很大的差距。中产阶层成长不仅受到城镇化因素的影响，它还取决于其他制度和政策安排，比如在产业园区开发、基础设施建设、公共服务供给等过程中，各级政府恣意扩张公共权利，不受约束地配置公共资源，直接或间接地挤压了居民的生存发展权利，影响他们向中产阶层转变；国有企业利用垄断地位无节制的扩张市场，垄断行业不但不放开，而且还大举进入竞争性行业，大大挤压了民企的发展空间，抑制了民营企业中中产阶层的成长；还有，我国不但有城乡壁垒，而且还有行业壁垒、地区壁垒、部门壁垒、阶层壁垒等，所有这些都使社会阶层纵向横向流动受到很大限制，社会底层群体缺乏改变身份的上升通道。

20 世纪 90 年代以来，我国社会阶层迅速分化，随后在既有体制下又被固化。比如农民工进城三代都变不成市民，即使是农民的孩子上了大学，毕业后仍然是就业无门长期“蜗居”，但另外一些人则通过“拼爹”在社会上畅通无阻，且“芝麻开花节节高”。据有关调查，当前影响我国草根群体成功上升途径的最大障碍是外部环境，包括社会关系。而在发达国家，影响草根群体成功上升途径的最大障碍是自身，而不是外部环境。有人说我们是一个“拼爹”的社会，靠自己奋斗非常难。当前和今后一个时期，我国社会结构转型的最大困境是体制障碍。就城镇化来说，由于每一个农业转移人口市民化都需要一笔不小的公共支出成本，在现有财税体制下城市政府谁也不愿负担这比额外成本，但都乐意享用原有体制下的制度红利。另外，大城市已经人满为患、拥挤不堪，他们不敢也不能接受农业转移人口市民化，中等城市没有财力接收农业转移人口市民化，小城市（镇）由于缺乏产业支撑对农业转移人口又没有吸引力。因此，尽管中央在推进城镇化方面已有政策安排，但要真正实现农业转移人口市民化还困难重重。就中等收入群体成长或中产阶层壮大问题更复杂，它涉及各级政府公权力自我约束和下放权力，国有企业开放垄断行业并退出竞争性领域，打破地区、行业、部门、阶层壁垒等等，这些改革都牵涉到既得利益者的权和利，推进这些方面的改革必然会遇到强大阻力。当这些阻力大到使改革无法推进、严重阻碍社会结构转型时，我国的经济社会发展风险将会明显上升，向发达的高收入国家行列迈进过程也会被打断。

四、通过变革的路径推进结构转型

从上述可以看出，我国向发达的高收入国家迈进条件还需要积累和创造，陷入“中等收入陷阱”的不确定性风险还很明显，关键是要坚持推进结构转型，积极调整现有经济结构，促进社会结构、政治结构与经济结构协同转型，为我国经济可持续发展培育新动力。

第一，将经济增长速度降到合理区间，促进我国由高速、粗放型增长向均衡增长、可持续发展转变。今后，要改变经济增长过度依赖投资、出口，过度依赖工业增长，过度依赖物质资源消耗，将发展资源更多地用于经济社会结构转型方面，培养结构性增长动力，支持需求结构调整，实现由外需导向、生产型结构向内需导向、消费型结构转换；支持产业结构调整，将发展资源更多地用于发展服务业，实现产业结构由以工业为主向服务业为主转变；支持资源要素结构配置和调整，将发展资源更多地用于开发新技术，降低物耗、能耗和环境成本等方面，最终使经济增长由粗放型向依靠科技进步的集约型转化；支持推进新型城镇化，实现社会结构向市民社会转型。

第二，要为进入高收入国家行列培养以中产阶层为主体的橄榄型社会结构，促进我国由生产型社会向消费型社会过渡。无论是当前还是未来，扩大内需开拓国内消费市场，建立“消费型社会”，是我国经济持续增长的关键所在。当前，拓展和扩大国内消费市场有三条途径：一是大力培养和扩大中等收入群体。必须加快国民收入分配结构调整和体制改革，不断减少政府和企业在国民收入分配中的份额，要让居民特别是中低收入者收入增长既快于政府和企业所得增长，又快于高收入群体的收入增长。二是加快推进新型城镇化。要协调工业化与城镇化的关系，消化过多的工业产能，就必须加快推进城镇化进程。三是要提高服务业在产业结构中的比重，也需要农民进城集聚。因此，今后，农业转移人口市民化的步伐完全可以迈大一些，小城市（镇）要真正全面放开农民转移人口落户限制，中等城市应积极主动放开落户限制，大城市应创造条件允许农业转移人口进城落户，特大城市适当控制中心城区人口规模，但应通过发展周边卫星城吸引外来人口落户。

第三，加快改造传统产业，支持发展新兴产业，促进我国产业实现高端化、精细化、低碳化发展。一是调整产业结构，不断提高服务业在 GDP 中的比重。服务业快速发展有利于优化产业结构，为适应建立消费型社会创造供给条件。今后，为顺应人口不断向城镇集聚的需要，应统筹协调城乡服务业发展关系，实现城乡服务业一体化发展，各级政府应制定和完善相关政策，支持面向城乡居民生活的商贸服务、旅游服务、家政服务以及文化服务业的发展。二是改变我国产业在国际分工中的不利地位，不断降低低端领域和环节的产出，增加高附加值、高加工度和高技术含量的产业产出量。三是大力支持战略性新兴产业的发展，促进经济发展从“中国制造”向“中国创造”转变。应充分利用熊彼特的“创造性破坏”革新产业结构，调集社会力量，集中优势科技资源，积极推进新兴产业的发展。四是积极推动能源供求结构调整。要放弃高碳发展道路，必须进行一场新的能源革命，着手研究、推广提高能源效率的技术和低碳技术，为低碳式增长提供资金、技术和制度援助。引导需求结构变革，支持节能降耗，坚决淘汰落后产能，充分利用经济手段和法律手段，包括税收政策、碳排放标准、用电门槛、市场准入等，提高高能耗、高污染、高排放产业的发展成本，将重点行业的落后产能挤出市场。

第四，改变贸易结构方式，促进我国从出口低端产品、劳动密集产品导向向对外资本输出、出口中高端产品转变。在我国产业走高端化、精细化、低碳化之路过程中，应该逐渐减少低端产品、劳动密集型产品出口，增加附加值高、技术含量高、辐射带动能力强的高端产品出口。同时，利用多年积累起来的资金和人力资本优势，在全球范围内建立自身的产业生产技术体系和国际商业销售网络体系。因此，要加快资本流出的市场化进程，取消对私人资本流出的限制，允许并鼓励对外直接投资。围绕资本流出的市场化，政府应提供便利化服务，并进行必要的管理创新。

第五，加快推进体制改革，为促进经济结构调整和社会结构转型提供制度支撑。向高收入国家行列迈进，意味着经济增长新动力的获取必须进行制度创新。我国正处于经济结构和社会结构大变迁的时代，在不久的将来，我国城市人口占全社会人口比重将由少变多、中等收入者（中产阶层）占全社会比重由少变多、国内消费占 GDP 比重由少变多。目前我国经济社会管理体制更多的是适应“三少型”社会形成的，为实现向“三多型”社会的转型，必须加快体制改革，从经济、社会、政治体制以及其他方面向社会放权让利，清理和消除影响甚至阻碍经济社会可持续发展的因素，赋予居民和企业特别是民营企业更多的发展权利，不断放松对市场主体的种种约束，鼓励社会创新，支持企业技术进步，引导经济增长依靠内需特别是消费扩张来实现，依靠产业结构调整和升级来实现，促进社会结构调整依靠城镇化推进和中产阶层成长来实现。

（本文原载《前线》2014 年第 1 期）

释放中国巨大的创新潜力

王昌林

内容提要

20 世纪 80 年代至 90 年代，我国大力推进经济体制和科技体制改革，极大激发了全社会的创新创业热情。当前，全球新技术革命又扑面而来，我国经济进入转型发展阶段。我国应围绕创新驱动转型发展的要求，着力深化经济科技体制改革，使科研和创新相关主体各归其位，进一步营造良好的体制政策环境，让我国巨大的创新潜力迸发出来。

我国科技人力资源数量居世界第一，科技投入总量已跃居世界第二，国内市场规模和发展潜力巨大，创新精神和企业家精神强烈，国内资金供给相对充裕，产业基础较为完备，开发型经济体系基本形成，具备巨大的创新潜力。目前受体制机制制约，创新对经济发展的贡献率还不高，我们应大力推进经济科技体制改革，让巨大的创新潜力释放出来，为经济社会转型发展提供强大动力。

一、建立开放、公平竞争的市场环境，让创新者“挣大钱”

竞争是推动创新的主要因素。在市场体系完善、市场机制充分发挥作用的情况下，激烈的市场竞争迫使企业不能简单依靠价格竞争、成本竞争取胜，必须转向创新。竞争对激励创新的重要性，可以从我国改革开放以来不同产业的创新能力和竞争力对比中看出来。20 世纪 80 年代以来，我国对家电、电子通信设备等行业实行开放，允许民营企业进入，结果这些行业创新和竞争力较强。目前，华为、中兴等企业已成长为世界级的大企业。实践证明，只有充分引入竞争才有竞争力。因此，为释放内在的创新潜力，必须强化和保护竞争，建立开放、公平的市场竞争环境，充分发挥市场机制在优化配置资源、激励创新的决定性作用。

（一）大力推进垄断性行业改革

目前，一些垄断性行业或企业，凭借其市场垄断地位攫取垄断利润，扭曲了市场竞争秩序。在医药行业，目前创新药物的利润中流通环节占60%以上，新药研制企业承担巨大的风险开发却只能获得20%左右的利润。在装备制造业，一些垄断性企业通过并购其专用设备制造企业构建“直属设备制造体系”。在通信行业，华为、中兴等电信设备制造企业利润远不如移动、联通等运营商，等等。这种“创新环节不挣钱、不创新却能挣大钱”的局面，严重影响了生产企业创新的积极性。必须围绕创新驱动发展转型的要求，以形成良性发展的创新链为目标，深化电网、电信、药品流通等领域的垄断性行业改革。在全社会营造一种类似比尔·盖茨那样“创新挣大钱”的价值取向。只有这样，才能鼓励更多的资金、人才投身到创新创业的大潮中。

（二）要切实加强知识产权保护

在市场经济条件下，通过知识产权这种产权化的方式，实现创新资源的生产、分配、流通和运用，会极大地激发创新，对于创新驱动发展战略的实施具有决定性意义。总的看，当前我国已进入必须强化知识产权创造、保护、管理和运用的阶段。应实施更加严格的知识产权保护和执法力度，增加对盗版侵权的惩罚力度，着力提高专利质量和效益，完善科技成果转化的机制，健全知识产权交易体系，规范知识产权服务，加强知识产权信息分析和综合利用，切实改变目前“侵权易、维权难”的状况。

（三）要推进资源要素改革攻坚

国内外大量的实践证明，企业创新发展在很大程度上是被逼出来的。人口老龄化、劳动力成本上升、资源环境约束加剧，使企业不可能再依赖要素驱动，靠低价格竞争，必须转向创新驱动。但从我国实际情况看，长期以来资源、能源、土地、劳动力等生产要素价格扭曲，对创新驱动没有形成“倒逼机制”，企业缺乏足够的创新动力。为此，我国要加快资源价格形成机制改革步伐，完善资源、环境税费制度和征地补偿机制，建立劳动报酬增长与劳动生产率提高的同步机制，利用生产要素成本上升、资源环境约束强化以及目前诸多产业产能过剩矛盾凸现的“倒逼”机制，促使企业自觉转向以创新求生存谋发展，由同质化的低水平竞争转向差异化的高水平竞争。

（四）要建立支持创新的金融体系和资本市场

金融创新是推进科技创新的必要条件。为支持自主创新，近年来我国实施了金融领域的多项重大改革，包括设立中小企业板、创业板等多层次资本市场，实施新兴产业创投计划，对国有商业银行实行股份制改革，在中关村建设股权代办系统，等等。这些举措对推动我国自主创新发挥了重要作用。但是，创新型企业特别是初创企业融资难、融资成本高等问题仍然比较突出。针对上述问题，应着力推进金融体制改革，调整优化金融组织体系，支持服务实体经济的金融创新和面向中小企业的民营金融机构规范发展，大力发展天使投资、创业风险投资，建立支持创新的金融体系。

二、着力提升企业创新能力，让企业成为创新的发动机

科学发现、技术发明和创新是三个既有联系也有区别的概念。经合组织（OECD）将创新定义为"一种新的或显著改进的产品（货物和服务）、工艺过程、商业模式、组织方式等的实现"。如果一项技术发明没有商业化，则不是创新，写一篇论文则更不是创新。因此，不能把创新简单等同于科学研究和技术开发，也不能把创新战略等同于科研规划，创新本质上是一个经济行为。在发达国家，高等院校和科研机构主要承担基础研究和前沿技术研究角色，其取得的成果主要是通过技术许可等方式转移到企业，企业才是创新的主体和发动机。

企业创新能力弱是制约当前我国创新的主要瓶颈。据统计，2010 年，我国大中型企业研究开发（R&D）支出与主营收入之比为 0.93%，近 70% 的企业没有 R&D 活动。高技术制造业 R&D 经费支出为 967.8 亿元，占主营收入的比重为 1.25%，与发达国家 5% 以上的水平存在很大差距。为此，应高度重视和培育企业的创新能力。力争通过 5—10 年的努力，在主要行业形成若干世界影响力的创新型大企业和一大批创新型中小企业。

（一）要全面落实企业研发投入税收抵扣政策，扩大抵扣范围

为激励企业增加研发投入，实施《国家中长期科学和技术发展规划纲要（2006—2020 年）》的若干配套政策明确规定对企业研发投入按 150% 抵扣当年应纳所得税额。从实际执行情况看，该政策落实不够，主要原因是目前政

策体系复杂、优惠范围较窄、办理程序烦琐、一些欠发达地区执行政策的意愿不强等问题，导致该政策对企业技术创新的激励效果有限。为此，要扩大可加计扣除研发费用的范围，增加有利于创新型中小企业的特别优惠条款。增强政策实施的操作性和便利性，加强研发费用抵扣税政策辅导和咨询服务。

（二）要明确政府采购自主品牌的比例，完善招投标机制

对企业创新最有效的支持是“给市场”，所谓“给钱不如给政策、给政策不如给市场”就是企业对创新政策需求的形象化表达。从目前我国政策体系看，对创新的支持“给钱”的多，给“政策”的少，“给市场”的则更少，主要集中在供给性政策。虽然近年来国家出台了包括首台套采购等一系列的政府采购措施，但真正落实的不多。为此，必须切实加强需求政策对自主创新的拉动作用。应制订政府采购政策实施细则，明确政府采购自主品牌的比重，完善招投标机制。要建立政府采购政策实施的跟踪、评价和监督机制。

（三）要加强对企业引进创新人才的支持

人才缺乏是制约企业创新的突出问题。在发达国家，创新型人才主要集中在企业，甚至有一种说法称，美国、日本等国家的一流人才在商界、二流人才在学界、三流人才在政界。这与我国人才普遍流向政府、高校和科研单位，以致出现上百名优秀大学生、研究生竞争一名公务员职位的现象截然相反，也与20世纪80—90年代大量优秀人才“下海创业”大潮形成巨大反差。为此，要大力倡导和鼓励人才向企业流动。加强对企业引进人才的支持。鼓励企校建立联合培养人才的新机制，促进创新型、应用型和复合型人才的培养。

三、深化科研院所体制改革，让部分科研院所回归公益性

改革开放以来，按照“面向、依靠”以及“稳住一头、放开一片”的原则，我国采取了一系列措施将科研院所推向市场，包括减少对科研机构的财政拨款、对242家行业科研院所企业化转制等，这对促进科技与经济结合、增强科研人员市场意识发挥了重要作用，但在市场化改革中也暴露出一些问题，主要是：国家目标淡化、短期行为、学术浮躁等问题比较严重，缺乏市场经济条件下的整合能力等。如实行课题负责制极大地调动了科研人员面向

市场的积极性，但加剧了科研人员的“金钱导向”和短期行为等问题。242家院所改制后，原有的研发、生产制造、使用体系被打破，新的适应市场经济体制的行业共性技术研发体系没有建立。

当前，我国财力大幅增加，应加大财政投入，支持发展一批公益性研究机构，建立一支稳定服务于国家目标、献身科技事业、富有独立探索和创新精神的高水平研究机构和研究队伍，培养一批具有世界级水平的科学大师、杰出科学家，在基础研究、前沿高技术等领域取得一批具有世界影响力的科技成果。

改革的方向，一是要加强产业共性技术和关键技术研发体系。可考虑以原有部属研究院所为基础，以新的机制建设一批从事产业共性技术和关键技术研发的研究机构。二是要加大对基础和前沿研究的支持力度。基础与前沿研究具有周期长、风险大、难度高的特点，需要长期潜心研究、持续攻关。应围绕重大前沿性技术研究，新建一批集多学科专家、具有集成创新能力的研究中心，国家财政提供长期稳定支持，建立具有吸引力的薪酬体系，下决心打“持久战”，努力取得一批原创性科研成果。三是要结合事业单位改革，加快建设“职责明确、评价科学、开放有序、管理规范”的现代科研院所制度。

四、推进科技创新管理体制改革，让政府成为创新的有力促进者

激励创新主要应发挥市场机制的作用，但也需要政府的大力推动。从发达国家看，政府的主要作用是建立有利于新技术发明、商业化的制度、政策和法律环境，政府主要扮演“促进者”的角色，比如，为激励创新，必须建立严格的知识产权保护制度；为促进新技术的商业化，需要加强政府采购政策的支持，等等。同时，在基础研究、技术商业化方面，为克服“市场失灵”，政府的作用非常关键。比如，基础研究主要应通过政府财政支持。

我国处于体制转型阶段，政府的作用更为艰巨，也更为重要。我们必须在打破传统的科研体制的同时，建立一个适合中国国情和发展阶段的国家创新体系，改革的主要取向有三。

（一）要以市场需求为导向，改革科技计划项目管理体制

科技计划是支持创新的重要方式。改革开放以来，我国设立了一系列科

技计划，对推动科技创新和产业化发挥了重要作用。但必须看到，科技投入的效率不高。主要原因是，重点不突出、投入分散；企业参与科技计划不多，导致很多成果不能产业化；科技投入效果缺乏第三方评估；等等。据调查，目前我国科技成果转化率不到10%，部分重点大学、科研院所科技成果产业化率不到5%，而发达国家高达40%—50%。针对这些问题，应建立重大科技计划、高等院校、重要科研机构等的技术转移报告制度，建立技术转移调查制度。要大力支持高校、科研机构的技术转移机构建设。鼓励企业与高等院校、科研机构以产学研结合等形式，共建国家工程（技术）研究中心、国家工程实验室等产业技术开发体系。支持高校、科研机构与企业的合作研究。要完善知识产权许可、技术入股等法律法规，促进高校、科技机构科研成果产业化向技术许可、技术转移为主的方式转变。近期可选择一批大量承担国家科研项目的科研机构和高等院校作为试点，探索和积累推进技术转移的经验。

（二）要建立推进创新的协调机制

必须认识到，创新不仅是科技部门的事，它涉及众多部门。以生物产业创新为例，至少涉及科技部、发改委、药监局、农业部、卫生部、财政部、教育部、劳动保障部、知识产权局、商务部、中科院等近20个部门。这些部门分别管理创新链条上的不同环节。因此，促进创新需要加强科技、经济等管理的统筹协调，形成合力。

（三）转变政府职能

更好发挥政府创造良好创新环境和引导、推动、组织重大创新的积极作用，把发挥社会主义优势和市场经济的活力、效率有机结合起来，积极探索建立在社会主义市场经济条件下的新型“举国体制”。

五、深化人才培养使用和评价机制改革，让人力资源优势转化为创新优势

创新关键在人才。与美国等发达国家相比，我国科技人力资源数量居世界第一。每年毕业的大学生人数将近700万人，比新加坡、芬兰等国家的人口还要多。这是我国创新的巨大潜力。但必须看到，由于受现行教育体制、人才评价机制等制约，这一巨大的创新潜力没有发挥出来，人才缺乏成为制

约创新的重要瓶颈。为此，必须大力推进教育体制、人才评价机制等改革创新。

（一）深化教育体制改革

要大力推行素质教育，加快发展职业教育和终身教育，壮大高技能、高素质劳动者队伍。坚持高等院校“大众化教育”和“精英教育”相结合，对大多数大学主要承担“大众化教育”任务，要逐步建立“宽进严出”的体制机制。对少数大学主要承担“精英教育”、培养杰出人才的任务，要实行“严进严出”的机制。

（二）完善人才引进机制

据不完全统计，目前我国有近6000万的海外华人华侨，他们大部分是我国急需的高层次人才。但在引进人才的规模、层次等方面还不够，不适应我国科技创新的要求。应进一步完善国籍政策，鼓励更多海外留学生、华人华侨回国创新创业。

（三）要推进科研人才评价机制改革

目前，我国对科研人员的评价偏重于SCI论文等定量指标的评价模式，“一刀切”的科研人员评价体系，是造成科研人员学术浮躁，短期行为一个十分重要的原因。应区分基础研究和应用研究，建立不同的评价机制。对基础型科研的评价，要更加体现鼓励瞄准重大学术前沿和自由探索的导向，评价周期不能过短。要公开透明，增强公信力。对应用科研的评价，要把科研成果转化情况作为重要指标，改变目前主要以发表论文作为评价指标的方式。

（本文原载《调查研究建议》2014年第19期）

使市场在资源配置中起决定性作用

林兆木

内容摘要

党的十八届三中全会通过的《中共中央关于全面深化改革若干重大问题的决定》（以下简称《决定》），提出了一系列新论断、新观点、新决策、新举措，是中国特色社会主义的最新成果和最新发展。其中对全面深化改革具有全局和战略意义的是：《决定》明确提出“紧紧围绕使市场在资源配置中起决定性作用深化经济体制改革”，并按照这个要求，提出了经济领域众多新的重大改革举措。这是我国改革开放历史进程中具有里程碑意义的创新和发展，将对在新的历史起点上全面深化改革产生深远影响。

一、我国改革理论的重大发展

党的十八大报告指出：“经济体制改革的核心问题是处理好政府和市场的关系。”所谓政府和市场的关系，实际上就是在资源配置中市场起决定性作用，还是政府起决定性作用的问题。35 年来，我国经济体制改革和对外开放，始终是围绕着正确认识与处理政府（计划）和市场的关系这一核心问题展开的。

改革开放以前，我国实行的是高度集中的计划经济体制，其根本特征就是否定和排斥市场作用，完全由政府通过国家计划进行资源配置。当时主导的传统观念认为，市场经济是资本主义特有的，计划经济才是社会主义经济的基本特征。因此，改革开放要在实践上突破计划经济体制的束缚，就必须在思想上突破否定和排斥市场的传统观念的束缚。20 世纪 80 年代，随着改革开放实践的推进，我们对政府（计划）和市场关系的认识逐步摆脱了传统观念的束缚，对推动改革和发展起了重要作用。特别是 1992 年初邓小平同志在视察南方重要讲话中明确指出："计划多一点还是市场多一点，不是社会主义与资本主义的本质区别。计划经济不等于社会主义，资本主义也有计划；市场经济不等于资本主义，社会主义也有市场。计划和市场都是经济手段。"这个精辟论断，使我们对政府（计划）和市场关系的认识有了重大突破。随后党的十四大明确提出："我国经济体制改革的目标是建立社会主义市场经济体制"，"就是要使市场在社会主义国家宏观调控下对资源配置起基础性作用"。这一重大理论突破，对推动我国改革开放和经济社会发展发挥了极为重要的作用。

在党的十四大提出市场作用的定位之后，我们党一直在继续探索适应改革和发展客观实际变化要求的准确定位。党的十六大提出"在更大程度上发挥市场在资源配置中的基础性作用"，同时删去了"在国家宏观调控下"的定语。党的十七大提出"从制度上更好发挥市场在资源配置中的基础性作用"。党的十八大进一步提出"更大程度更广范围发挥市场在资源配置中的基础性作用"。从党的十六大到十八大，在市场基础性作用前面所加的关键词虽有所不同，但都集中在强调改革取向是增强市场作用。这些重要论断为此次《决定》提出"使市场在资源配置中起决定性作用"在思想和理论上做了准备。

从实践背景看，国际经济环境和国内发展阶段的重大变化，迫切要求我国经济加快转型升级，进一步增强发展活力和创新动力；而当前经济发展中不可持续的突出矛盾，如部分商品和要素价格扭曲、经济结构和发展方式不合理、产能过剩、地方债务和金融风险积累、生态环境恶化等，都与政府对资源配置干预过多和干预不当、市场功能发挥不够有密切关系。《决定》根据完善社会主义市场经济体制和现阶段经济发展的客观要求，广泛考虑各方面意见，将使市场在资源配置中起"基础性作用"修改为"决定性作用"，虽然只有两字之差，但却是提出了一个重大理论观点。"决定性作用"和"基础性作用"，这两种表述不是矛盾和对立的，而是一致和衔接的，前者是在后者基础上与时俱进的发展。"决定性作用"的表述，在理论上更为明确、到位，对于现阶段经济体制改革的指导更有针对性，是我国改革理论在新的历史条件下的重大发展。这个新表述有利于进一步在全党全社会树立关于政府和市场关系的正确观念，有利于进一步解放和发展生产力，进一步解放和增强社会活力。紧紧围绕使市场在资源配置中起决定性作用深化经济体制改革，将开创我国改革开放的崭新局面。

二、市场决定性作用的内涵和实践意义

为什么要使市场在资源配置中起决定性作用？

市场有多种含义，这里说的市场，是指以商品等价交换为准则的经济活动方式，即市场经济。市场经济是人类文明发展的共同成果。商品生产和商品交换作为市场经济的原始形态在世界各国古已有之，只是到资本主义产生后，简单商品经济才发展成为近代市场经济，并极大地促进了生产力发展。1848 年马克思和恩格斯在《共产党宣言》中说："资产阶级在它的不到一百年的阶级统治中所创造的生产力，比过去一切世代创造的全部生产力还要多，还要大。"之所以如此，就是因为资产阶级革命清除了封建社会制度束缚市场经济发展的障碍；而正是市场经济的发展催生了人类历史上第一次工业革命，使机器大工业和社会化生产得以迅速发展。自 1848 年至今 160 多年间，全球创造的生产力更是大大超过历史上所创造的全部生产力。全球生产力的这种巨大发展，应归因于经济全球化所带动的市场经济在全球的发展。历史和现实表明，与其他经济体制相比，市场经济是资源配置最有效率的体制，也是发展生产力和实现现代化的最优途径。

所有经济活动最根本的问题，就是如何最有效地配置资源。所谓资源配置，指的是各种生产资源如何用于各种商品的生产，以及所生产的商品如何分配到各生产要素所有者。资源配置的不同方式，会产生不同的配置效率。市场经济之所以能够使资源配置以最低成本取得最大利益，是因为在市场经济体制下，有关资源配置和生产的决策是以价格为基础的，而由价值决定的价格，是生产者、消费者、工人和生产要素所有者之间在市场自愿交换中发现和形成的。市场决定资源配置的优势在于：作为市场经济基本规律的价值规律，具有通过市场交换形成分工和协作的社会生产的机制，通过市场竞争激励先进、鞭策落后和优胜劣汰的机制，通过市场价格自动调节生产（供给）和需求的机制，从而可以引导资源配置符合价值规律以最小投入（费用）取得最大产出（效益）的要求。因此，市场决定资源配置的本质要求，是在经济活动中遵循和贯彻价值规律。使市场在资源配置中起决定性作用，其实质就是让价值规律、竞争和供求规律等市场经济规律在资源配置中起决定性作用。

市场决定资源配置是市场经济的一般规律，我国经济体制改革总体上是遵循这一规律不断深化的，因而能够推动经济社会发展取得震惊世界的

辉煌成就。我国的实践证明，社会主义和市场经济能够成功结合。市场经济为社会主义注入蓬勃生机和发展活力，社会主义为市场经济开辟崭新境界和广阔前景。社会主义和市场经济都不是僵化不变的，而是能动的、不断向前发展的。社会主义市场经济体制的巨大优越性和强大生命力就在于：它不仅能够将社会主义和市场经济两者的优势结合在一起，而且留有很大空间，可以随着实践和认识的发展，通过深化改革不断优化这种结合。提出使市场在资源配置中起决定性作用，就是从理论上和实践上对这种结合新的重大发展。

从我国经济发展的实践要求看，改革开放35年来，随着市场化改革的不断深入，我国绝大多数经济领域的资源配置已基本上通过市场进行。但是，在各个经济领域，在生产、建设、流通、消费各个环节，资源配置违背价值规律要求导致资源低效配置乃至严重浪费的现象还十分普遍。其根本原因在于现行经济体制仍然存在不少束缚市场主体活力，以及干扰、阻碍市场和价值规律起决定性作用的体制机制弊端。《决定》明确指出，要“着力解决市场体系不完善、政府干预过多和监管不到位问题”“必须积极稳妥从广度和深度上推进市场化改革，大幅度减少政府对资源的直接配置，推动资源配置依据市场规则、市场价格、市场竞争实现效益最大化和效率最优化”。按照使市场在资源配置中起决定性作用的要求，全面贯彻落实《决定》提出的深化经济体制改革各项部署，对于建立完善的社会主义市场经济体制，激发全社会创业、创新、创造活力，加快转变经济发展方式，促进经济持续健康发展，具有重大现实意义。

第一，有利于最大限度激发各类市场主体创业、创新活力。企业是市场经济的细胞，是创业、创新的主体，是整个经济生机活力和蓬勃发展的基础。而平等的市场准入和产权保护、公平的竞争条件和营商环境，是市场主体焕发生机活力的根本保证。现在束缚市场主体创业、创新活力的体制障碍，主要是对民营企业的不公平待遇，阻碍民间投资的“玻璃门”“弹簧门”仍然存在；竞争性经济领域的投资审批，既不利于市场机制发挥优胜劣汰的功能，也造成对民营资本的“挤出”效应；一些领域存在明显或变相的行政性垄断，妨碍公平竞争，公用事业和社会事业领域存在准入壁垒，导致大量民间资本不得不拥挤在竞争性经济领域，加剧一些行业产能过剩。科技体制中政府与市场定位不清，妨碍企业成为技术创新主体。政府一方面对企业技术创新过度干预，拔苗助长，不利于激发企业内生动力；另一方面在为创新营造良好环境方面又作为不够，对知识产权保护不力，人才评价机制不够合理。解决体制机制中这些妨碍各类市场主体发挥创业、创新积极性问题，关键是要在经济领域依据市场规则、市场价格、市场竞争进行资源配置。

马克思主义认为，生产力是一切社会发展的最终决定力量。人是生产力中最重要的因素。我国是有 13 亿多人口的发展中大国，人口超过美、日、欧等发达国家和地区人口的总和，发展需求和潜力也大得多。这么多人的就业、创业，这么多需求的满足，这么多经济、社会建设事业的发展，这一切都必须依靠最广泛、最充分地调动全社会所有人的积极性、主动性和创造性。使市场在资源配置中起决定性作用，归根到底是要进一步解放对生产力发展的所有束缚，让一切劳动、知识、技术、管理、资本的活力竞相迸发，让一切创造社会财富的源泉充分涌流，让发展成果更多更公平惠及全体人民。

第二，有利于加快我国经济转型升级。我国经济结构不合理，粗放型经济发展方式转变迟缓，当前不少行业产能过剩、效益下降，究其原因，同政府对经济干预过多和干预不当、妨碍市场起决定性作用有很大关系。例如，政府定价或管制的价格仍然较多，电力、成品油、天然气等重要商品价格形成的行政性管制特征明显，利率尚未实现市场化，资本市场体系不完善，金融机构多元化程度偏低，城乡建设用地市场不统一，户籍制度限制城乡人口流动，等等，这些问题导致多种要素价格不能真实反映资源稀缺程度和供求关系变化。与此同时，财税体制不够合理，党政干部政绩考核过于看重 GDP 增长率，助长地方追求速度型经济增长，以及上项目、铺摊子的投资冲动，加剧重复建设和产能过剩；政府以不当方式直接干预资源配置，如以低地价供地、税收减免、财政补贴等方式招商引资等，也扭曲要素价格、干扰市场机制作用，误导资源配置。根据使市场在资源配置中起决定性作用的要求深化相关改革，是加快转变经济发展方式，推动经济更有效率、更加公平、更可持续发展的关键举措。

第三，有利于建设高效廉洁的服务型政府。现在政府治理与市场功能的边界不够清晰，政府越位与缺位并存。政府仍然管了许多不该管、管不了也管不好的事情：一方面将过多时间和精力用在审批项目、招商引资等直接干预微观经济事务上，导致政府在市场监管、社会管理、公共服务等方面的缺位；另一方面政府对社会事务包揽过多，没有充分发挥社会力量参与社会管理和提供公共服务的作用，不仅影响社会管理效率和公共服务供给，也导致政府成为这些方面矛盾的焦点。因此，使市场在资源配置中起决定性作用，凡是市场和企业能解决的，放给市场和企业；凡是社会中介组织能承担的职能，交给社会中介组织。这不仅有利于政府真正转变职能，把重点转到加强市场监管、增强公共服务和维护社会公平正义上来，而且有利于铲除滋生公职人员受贿、权钱交易等腐败现象的土壤和根源。20世纪80—90年代，重要物资和外汇等双轨制，党政机关经商办企业，都曾经是腐败现象的多发高发领域，后来通过改革从体制和制度上解决了这些问题，相关领域滋生腐败的那些土壤就被铲除了。现在政府审批投资项目和直接干预微观经济活动，同样存在权力寻租的机会，因而也导致腐败问题多发高发。使市场在资源配置中起决定性作用，大幅度减少政府对资源的直接配置，是抑制和消除腐败现象的治本之策。

第四，有利于构建开放型经济新体制。国内改革和对外开放相辅相成、相互促进，是35年来我国一条成功经验。对外开放不仅使我国得以充分利用国际市场和国外资源有力推动国内发展，而且为国内改革提供了发展市场经济的经验、规则借鉴，成为促进改革的重要动力和活力源泉。我国和其他新兴市场经济体是经济全球化和贸易投资自由化的很大受益者。国际金融危机以来，世界经济深度调整，各个领域包括贸易投资规则的竞争更趋激烈。主要发达国家正在推动新一轮贸易投资自由化谈判，涵盖环境保护、竞争中立、政府采购、电子商务、劳工标准等所谓“21世纪新议题”，具有领域广、标准高、影响大等特点。正在开展的中美投资协定谈判，焦点问题是要求我国改变现行的外商投资逐案审批制和产业指导目录方式，实行准入前国民待遇和负面清单管理方式。这些既涉及市场准入，又涉及体制改革，要求我们加快改革投资管理模式和制度创新，建立统一、公平、透明的投资准入体制，使微观主体获得更大的自主投资权限，使政府部门从项目审批向反垄断和安全审查等宏观管理职能转变。从对外开放范围看，我国与世界主要经济体的差距，主要在服务业领域开放。据世界银行研究，我国服务业开放水平在103个参与排名的国家中仅列第77位。服务业是我国经济的短板，也是今后我国经济发展的重要潜力所在。推进金融、教育、文化、医疗等服务业领域有序开放，放开相关领域投资准入限制，这有利于引入竞争，加快我国服务业发展。总之，使市场在资源配置中起决定性作用，才能适应新一轮国际贸易投资自由化形势的要求，构建开放型经济新体制，推动我国更高质量、更高水平的对外开放，在广度和深度上进一步融入经济全球化。

三、全面认识市场作用和政府作用的关系

发展社会主义市场经济，既要发挥市场在资源配置中的决定性作用，也

要发挥政府的经济职能和重要作用。《决定》对更好发挥政府作用提出了明确要求，强调指出："科学的宏观调控，有效的政府治理，是发挥社会主义市场经济体制优势的内在要求。""政府的职责和作用主要是保持宏观经济稳定，加强和优化公共服务，保障公平竞争，加强市场监管，维护市场秩序，推动可持续发展，促进共同富裕，弥补市场失灵。"

西方古典经济学创始人亚当·斯密主张自由放任的市场经济，由市场这只"无形的手"使资源得到合理配置，政府只承担"守夜人"职能。这主要是因为亚当·斯密生活在资本主义市场经济早期，未能看到它由于内在矛盾发展而产生的重大变化：从1825年起，几乎每隔10年就发生一次周期性经济危机；自由竞争引起资本积聚和集中进而产生垄断；特别是1929年世界性严重经济危机，导致20世纪30年代全球经济大萧条。在此大背景下，英国经济学家凯恩斯在1936年创立了宏观经济学理论，主张当经济周期处于衰退阶段或繁荣阶段时，由政府分别实施扩张性或紧缩性财政政策，以及通过货币政策传导机制，调节消费和投资，进而影响总需求和总产出。第二次世界大战后，各市场经济国家在市场决定资源配置的同时，普遍实行不同方式的政府干预，包括宏观经济管理（宏观调控）和微观经济规制（市场监管）。政府干预不是要弱化或取代市场作用，而是要弥补市场失灵，并为市场有效配置资源和经济有序运行创造良好环境。

在西方发达国家，政府干预的对象是市场功能充分发挥的成熟市场经济，与之不同的是，市场经济在我国从未得到充分发展；我国经济体制改革的起始点，不是自由竞争和发达的市场经济，而是政府高度干预的计划经济；当前改革开放所要解决的主要问题，也仍然是进一步发挥市场机制作用，解决政府对经济干预过多、干预不当和监管不到位问题，因此提出使市场在资源配置中起决定性作用。但这绝不是说市场是万能的、可以把一切交给市场、所有领域都市场化；更不是认为政府对市场可以撒手不管。《决定》强调"坚持社会主义市场经济改革方向"，说明我国的市场化改革是坚持中国特色社会主义方向的经济市场化。市场在资源配置中起决定性作用，并不是起全部作用。市场经济是法治经济，也是讲道德、讲诚信的经济，市场主体的经济行为，不仅受利己动机和竞争压力约束，而且要受法律、法规约束和职业道德、社会公德约束。因此，政府"有形的手"有效配合市场"无形的手"发挥作用，才能保证市场经济健康发展。

我国有党的统一领导，可以制定体现市场经济规律和人民利益要求的经济社会发展规划，并动员、组织全国人民为之实现而奋斗；可以从中国实际出发，借鉴国际经验，根据经济形势变化，实施正确宏观经济政策，引导经济发展。实践证明，党的正确和强有力领导，政府的有效宏观调控和积极有为，是我国社会主义市场经济体制的独特优势。改革开放35年来，我国经济社会发展之所以能够取得历史和全球罕见的巨大成就，这同我们党和政府在推动改革开放和发展、维护发展环境稳定方面所发挥的作用是分不开的。在这个进程中，我国宏观调控和政府治理，也积累了包括成功应对亚洲金融危机和国际金融危机在内的丰富经验。这些经验是今后应当坚持并在实践中不断发展的。其中一条重要经验，就是以国家发展战略和规划为导向，正确运用财政政策和货币政策等宏观经济政策手段，调节总需求和总供给水平，防范财政、金融的系统性风险，防止经济周期性大幅波动，保持宏观经济稳定。同时，由于市场机制作用具有一定的自发性、盲目性，市场主体为获得自身利益最大化有可能与社会利益发生冲突，政府必须加强市场监管，维护市场秩序，解决市场外部性问题，保护生态环境和劳动者、消费者的安全、健康等权益。政府还必须采取反对垄断和不公平竞争的经济性规制，保障竞争公平和消费者利益。尤其重要的是，由于市场机制不能很好地解决公共产品供给和收入分配公平问题，政府必须加强和优化公共服务，推进基本公共服务均等化；维护和规范由市场形成的初次分配秩序，并通过税收、社会保障、转移支付等手段对收入再分配进行合理调节，防止收入分配差距过大，促进共同富裕，维护公平正义和社会稳定。

（本文原载《光明日报》2013年11月29日02版，
被转载于《新华文摘》2014年第4期）

从国际比较看我国货币信贷存量问题

宋 立

内容摘要

我国市场化改革以来，货币信贷保持了较快增长速度。这与我国人均收入迅速提高以及高储蓄率等特征相符合，并基本与同期世界普遍发展趋势保持一致。我国货币信贷的主要问题或许不在总量而在结构。

改革开放以来，伴随我国经济快速增长，我国信贷规模和货币供应也呈现同样的增长态势。1985 年中央银行建立当年，M2/GDP 之比值超过 50%。1996 年，广义货币供应量首次超过 GDP。1998 年，信贷规模首次超过 GDP。2001 年，GDP 和信贷规模同时超过十万亿元。2012 年，M2/GDP 之比值达到 187%。去年以来，我国广义货币供应量超过百万亿元，接近 GDP 的两倍，比美国高出 100 个百分点。有人据此认为，我国货币信贷严重超发。考虑到我国 M2/GDP 之比明显高于美国但信贷/GDP 之比又明显低于美国的复杂情况，美国显然并非合理的参照系。如果要与其他国家相比较，则需要进行全面的国际比较。

一、广义货币/国内生产总值的国际比较

（一）M2／GDP 逐步提高是世界经济发展的趋势性结果

从全球趋势来看，1960—2011 年，各国家组 M2/GDP 之比基本上均都呈现上升趋势，大部分国家组从 10%—60% 上升到 30%—120%，世界平均水平从 51% 上升至 114%。其中，越是收入水平高的国家组，M2/GDP 上升越快。经济合作组织成员国从 56% 上升到了 106%。东亚国家组上升最为明显，东

亚全部国家组从1968年的63%上升到了2011年的178%，东亚发展中国家从1977年的28%上升到了2011年的159%。从世界计量分析结果来看，人均GDP与M2/GDP存在显著正相关关系。人均收入水平越高的国家，M2/GDP也越高。从这个意义上来说，M2/GDP是个经济发展现象。

（二）东亚国家组M2／GDP明显高于其他国别组

从不同类型国家组比较来看，较高收入国家组M2/GDP明显高于较低收入国家组。中高等（中上等）收入国家、高收入非经济合作组织国家、中等收入国家、中低等收入国家均比较高。明显低于世界平均水平的主要是收入水平较低国家，其中，低收入国家、最不发达国家和重债穷国三个国家组的M2/GDP为世界最低水平。

亚洲和太平洋国家组不但明显高于其他国家组，也明显高于世界水平。计量分析表明，发展中国家M2/GDP与储蓄率存在比较明显的正相关关系。由于东亚国家储蓄率比较高，M2/GDP高于其他国家组具有一定必然性，也可以说M2/GDP高是“东亚”现象。

（三）我国M2／GDP高于东亚国家组平均水平及同等收入国家

与东亚国家组平均水平相比，2011年我国M2/GDP（180%）略高于东亚所有国家组（178%），也高于东亚发展中国家组（159%）。与东亚具体国家和地区比，我国明显低于中国香港地区和日本，以及中国台湾地区，但明显高于处于第二梯队的马来西亚、新加坡、越南、泰国，以及中国澳门地区、澳大利亚、新西兰等。

与同等收入国家相比，我国M2/GDP高居首位，比第二位约旦和第三位泰国分别高出50和52个百分点。由于人均GDP与M2/GDP之间存在显著正相关关系，我国明显高于同等收入组其他国家以及比我们人均收入高的一些东亚国家，可以说我国M2/GDP偏高。

考虑到发展中国家尤其是东亚国家组，储蓄率与M2/GDP之间存在比较显著的正相关关系，以及我国澳门和我国内地储蓄率高居世界前两位，因此，我国M2/GDP在同等收入组处于最高水平，以及明显高于许多比我国人均收入高的东亚国家，也在必然之中。

（四）我国M2／GDP与主要发达国家基本相当而非明显偏高

与主要经济体比较，我国无论是历史趋势，还是当前水平，均处于相对中位水平。历史趋势水平低于日本和德国，高于美国、印度和俄罗斯，与英国、法国和加拿大等基本相当。

2011 年我国 M2/GDP 居世界第 10 位，不仅明显低于作为国际金融中心的卢森堡（489%）、中国香港（328%）和塞浦路斯（271%）等小型经济体，也低于日本（239%）、荷兰（232%）、葡萄牙（203%）、西班牙（202%）等发达经济体，略低于奥地利（186%），与德国（180%）相同，略高于爱尔兰（175%）、马耳他（170%）、瑞士（168%）、英国（166%）、法国（159%）、意大利（154%）等欧洲国家。

（五）近年来我国 M2 / GDP 已趋于基本稳定而非加速增长

20 世纪 90 年代，我国 M2/GDP 上升比较快，1989—2003 年平均每年上升 6 个百分点。2004 年以来，M2/GDP 已渐趋稳，平均每年上升不足 3 个百分点。虽然 2009 年再次明显上升，但之后又再次趋稳。

从新世纪以来的变化看，2001—2012 年我国 M2/GDP 提高了 40%，除 2009 年提高 28 个百分点、2012 年提高 8 个百分点之外，其余年份基本出现不同程度的下降。我国 M2/GDP 新世纪以来的提高幅度已退居世界第 19 位，远低于许多欧洲国家。

二、国内信贷/国内生产总值的国际比较

（一）世界大部分国家信贷 / GDP 呈加速增长趋势

与 M2/GDP 一样，信贷/GDP 与人均收入水平呈现较显著的正相关关系，且呈现上升趋势。1980 年以来，世界平均信贷/GDP 从 95% 提高到了 165%。除中东和北非（-16%）、重债穷国（-7%）下降、阿拉伯联盟国家组基本持平之外，世界大部分国家组信贷/GDP 呈现上述趋势。

其中，北美、经济合作组织、高收入及高收入经济合作组织国家组从 100% 左右提高到 200%—250% 之间，其他国家组从 20%—50% 之间提高到 50%—100% 之间。世界平均提高 70 个百分点，北美、经济合作组织和高收入国家分别提高了 120 个、95 个、97 个百分点。欧洲和中亚、东亚和太平洋国家基本上处于中位状态，与世界平均水平基本接近，其中，东亚和太平洋发展中国家提高了 87 个百分点，东亚和太平洋所有国家提高了 61 个百分点。

（二）我国信贷／GDP 处世界第二梯队低于世界和东亚平均水平

各国家组信贷/GDP 可分为四个梯队，发达国家和东亚国家信贷/GDP 值比较高。北美、高收入经济合作组织、高收入国家、经济合作组织和东亚国家处于第一梯队，基本上在 200%—240% 之间。欧盟、欧洲货币联盟、中国、欧洲和中亚，及东亚发展中国家组为第二梯队，基本上在 130%—170% 之间。中高等收入国家、中等收入国家、中低收入国家、南亚、高收入非经济合作经济，以及拉美和加勒比国家组为第三梯队，基本上在 60%—100% 之间，中低等收入国家及不发达国家、小国等为第四梯队，基本上在 20%—60% 之间。

按照世界银行数据，2011 年我国信贷/GDP 为 145%，低于世界平均水平 165% 约 20 个百分点，低于东亚（所有）国家平均水平（199%）44 个百分点。我国在全世界排名 20 位，与冰岛、澳大利亚、瑞典等相当，接近希腊、意大利、泰国、南非、瑞士，以及奥地利、法国、马来西亚、德国、越南等，低于葡萄牙、丹麦、香港、荷兰、英国、爱尔兰、美国，明显低于日本等，但高于韩国、芬兰，以及巴西、印度等新兴国家。

与东亚国家相比，可以说我国信贷/GDP 并不算高。在同等收入国家中，我国仅次于泰国（159%），明显高于其他国家。从人均 GDP 与信贷/GDP 之间的正相关关系来看，可以说我国信贷/GDP 比较高。计量表明，信用体系覆盖率与信贷/GDP 之间存在显著正相关关系。鉴于我国近年来信用体系快速发展，从这个角度又可以说我国信贷/GDP 不算高。

（三）我国信贷／GDP 先持续上升后在波动中逐步趋稳

我国改革开放以来，信贷/GDP 经历了先持续上升、后波动趋稳的发展轨迹。1991 年之前，每年基本上均为正增长。1991 年之后正负增长交替出现。1998 年超过 100%。2011 年信贷/GDP 为 116%，在 120% 附近趋于稳定。

从变动幅度来看，2001—2011 年，我国信贷/GDP 提高了 22%，涨幅居世界第 58 位，低于世界大部分国家，也低于高收入、欧盟，以及中高等收入等国家组平均水平。与捷克、韩国以及经济合作组织、中等收入、中低收入、拉美和加勒比和高收入国家组平均水平相当。略低于巴西、法国、美国，低于日本、澳大利亚，明显低于意大利、葡萄牙、英国、越南，以及西班牙和爱尔兰。

三、M2/GDP 与信贷/GDP 差异的国际比较

我国 M2/GDP 高于美国（87%）经常被作为我国货币超发的证据，但我国信贷/GDP 明显低于美国（231%）的事实却经常被忽略。

（一）发展中国家储蓄率高导致 M2 / GDP 比较高、发达国家信用体系发达导致信贷 / GDP 比较高

国际比较表明，发展中国家和小型经济体，包括以金融为主要经济活动的小型经济体，M2/GDP 一般大于国内信贷/GDP。欧美及其他地区较发达经济体，如韩国、日本等国家的信贷/GDP 则明显大于 M2/GDP。

M2/GDP 与信贷/GDP 的关系，在一定意义上是存款（货币和准货币）与贷款的关系。由于存款准备金率的存在，一般情况下贷款总是小于存款，即 M2/GDP 大于信贷/GDP。

由于信用体系覆盖率与信贷/GDP 之间存在显著正相关关系，在信用体系发达尤其是信用消费发达的国家，信贷/GDP 明显比较高。如果一个国家储蓄率低而金融市场又比较发达，居民和企业多将储蓄用于金融市场投资而不是储蓄存款，M2/GDP 要低一些。以上两方面因素共同作用，导致发达国家信贷/GDP 明显高于 M2/GDP。

（二）我国由于储蓄率高而信用体系不发达导致 M2 / GDP 大于信贷 / GDP

我国现阶段 M2/GDP 大于信贷/GDP，基本符合一般规律，也与我国现阶段金融体系的一些特征有一定关系。一方面，我国长期以来国民储蓄率高，且主要以储蓄存款方式存在，M2/GDP 自然要比一般国家高。另一方面，我国近年来银行表外业务发展迅速，影子银行业务没有进入信贷统计但部分构成了 M2，信贷/GDP 增长相对缓慢。

不仅如此，我国现阶段货币供应和信贷还存在一定程度的重复计算。由于国有银行集中授信给信用好的大型国有企业，但大型国有企业往往并不缺钱，转而从事影子银行业务转贷给中小企业，同样一笔贷款 M2 增加了多次，导致 M2/GDP 大于信贷/GDP。这也意味着，与国有银行改革之前相比，近年来我国 M2 存在一定的虚增现象。

可见，由于我国与美国在信用市场及储蓄率等方面的明显差异，我国

M2/GDP 高于美国而信贷/GDP 低于美国是基本正常的，既不能以美国为参照系来说明我国货币供应偏高，当然也不能以美国为参照系来要求我国增发信贷。

四、简要结论

虽然货币、信贷与 GDP 比值比较高的国家并不必然发生问题，但近年来发生危机或潜在危机的国家，如爱尔兰、希腊、塞浦路斯，以及西班牙、葡萄牙等国家，货币、信贷与 GDP 比例的确比较高，因此，我们需要适当关注货币信贷存量问题。

M2/GDP 比较高既是经济发展现象，也是发展中国家尤其是东亚高储蓄现象。从国际比较角度来看，我国 M2/GDP 在大国经济体中处于中位水平，与经济比较稳健的德国、英国等基本相当。虽然我国 M2/GDP 在东亚国家中处于较高水平，也高于同等收入的其他国家，但由于我国储蓄率较高，M2/GDP 比较高具有一定必然性。

我们认为，在关注货币信贷总量问题的同时，需要更加关注信贷结构问题。国有银行改革后，零售功能明显弱化，以对大中型国有企业批发业务为主，导致全社会资金配置出现严重马太效应——大型企业资金过剩从事投机性活动，中小微企业资金持续紧张。

货币政策紧缩时首当其冲的是中小微企业；政策松动时只有特别松才能到达中小微企业。如果说确有过量货币信贷存在的话，应该与此有一定关系。

（本文原载《调查研究建议》2014 年第 22 期）

第二篇　国际经济与中外合作

我国与世界的关系正在发生深刻变化

毕吉耀　张哲人　杨长湧

内容摘要

我国仍是世界经济增长的重要引擎，对外投资和进口对其他经济体带动作用增强，产业发展与其他国家的竞争关系强化。在市场资源、国际事务、治理规则问题上，由对外依赖、积极参与、被动接受，逐步转向相互依存、主动引导、双向互动。

改革开放以来，我国经济持续快速发展，积极参与经济全球化进程，与世界经济的相互联系、相互影响、相互依存不断加深，既进一步融入全球经济，又有力地促进了世界经济增长。国际金融危机以来，世界经济进入大调整大重组大变革时期，我国也进入转型发展新阶段。世界需要适应一个越来越强大的中国，中国也需要适应不断发展变化的世界。我国与世界的互动关系出现新变化，突出表现在以下几个方面。

一、世界经济进入低速增长期，我国对全球增长的引擎作用进一步凸显

当前及今后一个时期，世界经济增长格局继续深刻调整。发达国家至今仍未走出危机阴影，经济增长乏力，失业率居高难下，主权债务危机风险丛生。新兴经济体增速显著放缓，工业化、城镇化进程面临需求不足、产能过剩、政策空间减小、体制机制尚未理顺等诸多因素制约，结构调整和改革压力增大，抵御外部风险冲击能力减弱。在世界经济低速增长成为新常态的情况下，我国依赖出口带动经济增长的发展模式已不可持续，立足扩大内需特别是消费需求促进经济持续健康发展更为迫切，加快转变经济发展方式的倒逼压力不断加大。

我国已成为仅次于美国的第二大经济体，2009—2012年，对世界经济增长的年均贡献率达35.8%，有力地促进了全球经济复苏。我国正处在经济增速换挡期和结构调整转型期。全面深化改革将释放经济增长新动力，深入推进新型城镇化将创造巨大的投资和消费需求，在相当长的一段时期内仍将保持7%—7.5%的中高速增长。综合国际货币基金组织、世界银行、联合国等机构预测，未来5年全球经济仅能实现年均3%左右的低增长。在这种情况下，我国对世界经济增长的引擎作用将进一步凸显。同时，我国对外开放程度持续提升，国内市场规模不断扩大，通过贸易、投资、金融等渠道对其他国家经济增长的带动作用将进一步增强。

二、全球产业结构深度调整，我国产业发展与其他国家的竞争关系增强

从全球范围看，主要发达国家加快发展新兴产业，以数字技术和制造业相融合推进再工业化，力图抢占科技创新和产业发展制高点。2000—2008年，美国制造业生产累计增长6.2%，远低于同期GDP增幅，17个子行业仅有5个扩张；2009—2012年累计增长达15.2%，大大快于同期GDP增幅，有14个行业保持扩张。在制造业内部，纺织、木材、家具等劳动密集行业，塑料与橡胶、非金属矿物等资本密集行业，都扭转了危机前持续收缩态势，航天、计算机等技术密集行业继续保持快速增长。发展中国家积极利用外商直接投资和承接国际产业转移，加速发展具有比较优势的产业和技术，不断加大科技投入，谋求实现跨越式发展。未来一段时期，全球经济低增长成为新常态，市场成为最稀缺的资源，国际产业和技术竞争将更趋激烈。

我国产业不断转型升级，在产业发展上与各国的竞争关系进一步强化。一方面，劳动力、土地等要素成本进入集中上升期，制造业的传统竞争优势趋于弱化，部分劳动密集型产业特别是低端制造环节开始向低收入国家转移，在相关领域同发展中国家的竞争关系增强。另一方面，我国加快发展战略性新兴产业，大力培育以技术、品牌、质量、服务为核心的国际竞争新优势，与发达国家在新能源、新材料、节能环保和高端制造等领域激烈竞争。2012年、2013年，在光伏组件等新能源领域，我国已与欧美出现了严重贸易争端。我国参与全球产业分工日趋深入，在全球价值链中的地位不断提升，与各类国家在产业发展方面的竞争与合作关系都在发生深刻变化。

三、全球贸易投资格局出现新变化，我国与世界的经贸关系更加紧密

国际金融危机以来，发达国家调整负债消费模式，进口需求明显减弱。为促进经济复苏和重振制造业，一方面积极扩大出口和吸引资本回流，另一方面不断强化对本国市场的保护。新兴经济体加快推进工业化城镇化进程，继续鼓励扩大出口，进口需求持续增加，在国际贸易中的份额不断提升，同时在基础设施建设、产业发展等领域大量吸引外部投资，利用外商直接投资规模持续增长。2012 年，新兴经济体利用外资占全球比重为 52%，首次超过发达国家。

全球贸易投资格局出现新变化，为我国扩大同世界各国的经贸投资往来带来新机遇。我国已成为世界第一大出口国、第二大进口国、第二大吸收外资国、第三大对外投资国。虽然受外需减弱、贸易保护主义等因素影响，我国出口增速显著回落，但对新兴市场的出口快速增长，同时进口规模不断扩大，未来 5 年有望达 10 万亿美元。在不断深化同世界各国贸易往来的同时，也有力地带动了世界经济增长。我国不断放宽投资准入，探索实践准入前国民待遇加负面清单的管理模式，积极扩大金融、教育、文化、医疗等服务业利用外资，同时加快实施“走出去”战略，在能源资源合作开发、基础设施建设、具有比较优势的制造业、农业国际合作等众多领域的对外投资规模不断扩大，未来 5 年将达到 5000 亿美元，为深化同世界各国的经贸合作关系提供有力支撑。丝绸之路经济带、21 世纪海上丝绸之路、中印缅孟经济走廊、中巴经济走廊等战略构想逐步付诸实施，我国同周边国家和发展中国家的经济合作有望进入层次提升、广度扩大、互促共进的新阶段。

四、经济全球化规则面临新变革，我国与世界的互动关系将进一步深化

为强化掌控经济全球化的主导权，提升竞争力和攫取更多利益，美国大力推进“跨太平洋伙伴关系协定”（TPP），和“跨大西洋贸易与投资伙伴关系协定”（TTIP）。二者的共同特点是高标准、广覆盖，以准入前国民待遇和负面清单管理为基础全面扩大市场准入，将劳工标准、环境保护、知识产权、政府采购、竞争中立等新议题纳入谈判，大幅降低边境后壁垒，更加强调金

融、通信等服务业领域开放和投资自由化便利化。TPP 的 12 个成员国 GDP 和贸易占全球 40% 左右，TTIP 各国的 GDP、贸易分别占全球 50% 和 30%，两个自贸协定一旦签署，将形成地跨两洋的超大自由贸易区，对经济全球化走向和多边贸易体系将产生深远影响。

经济全球化规则即将出现的新变化，必然深刻影响我国与世界的互动关系。入世以来，我国借助多边贸易体制，积极参与经济全球化，实现了经济持续快速发展，在现行多边贸易体系中的影响力和话语权不断提升，成为经济全球化最大受益者。美国借助 TPP 和 TTIP 重塑全球经贸规则，将显著抬高我国参与经济全球化的门槛，甚至遭受贸易投资转移带来的损失。据测算，TPP、TTIP 建成后，5 年内我国外贸进出口将分别缩减 1200 亿美元、1000 亿美元以上。随着经济全球化的深入发展，多边经贸规则变革也是大势所趋，并且在许多方面与我国完善社会主义市场经济体制和扩大对外开放的目标相一致。面对全球经贸发展新趋势，我国必须全面深化改革，实施更加积极主动的对外开放战略，努力适应国际经贸规则新变化，更加深入地参与经济全球化。

五、国际货币体系孕育新变化，我国在全球金融体系中的地位快速提升

国际金融危机重创发达国家金融体系，以美元为核心的国际货币体系受到严重冲击，美元作为主要国际储备货币的地位不断削弱，欧洲主权债务危机导致欧元一度濒临崩溃边缘。据统计，2009—2012 年，美元和欧元资产在全球官方外汇储备中的比重分别由 62%、26%，降至 61.2%、24.1%。主要国际货币之间汇率大幅波动、金融市场剧烈动荡严重干扰全球经济复苏，国际社会要求改革国际货币体系的呼声越来越高。虽然在相当长时间内，以美元为核心的国际货币体系不会发生根本性改变，但随着新兴大国的迅速崛起，世界经济格局和力量对比正在发生重大变化，建立更加多元平衡的国际货币体系已是大势所趋。

我国经济持续快速增长，对外贸易投资规模不断扩大，外汇储备位居全球第一，人民币汇率持续走强，银行等金融机构“走出去”步伐加快，在全球金融体系中的地位日益提升。特别是近年来，我国加快推进人民币国际化进程，人民币在跨境贸易投资中的使用比重不断提升，香港、新加坡、伦敦等人民币离岸中心初具雏形。今后一个时期，随着资本项目可兑换、人民币

汇率形成机制改革、利率市场化等不断取得新进展，人民币在国际货币体系中的地位有望持续提升。据测算，到2016年我国对新兴市场贸易量的50%有望用人民币结算；到2020年人民币在国际储备货币中的地位有望与日元或英镑持平。同时，我国在国际货币基金组织、世界银行以及多边开发银行等国际金融机构中的话语权和投票权不断加强，将有力地促进国际货币金融体系改革。

六、国际社会对我国期望和要求提高，我国在全球治理体系中的影响力和话语权不断增强

随着经济实力和综合国力大幅提升，我国在全球政治经济军事安全等众多领域的影响力显著增强，各方在重大国际和地区问题上更加注重对我国的借重与合作，同时对我国在全球经济再平衡、应对气候变化、知识产权保护、市场开放等方面的要求越来越高。发达国家要求我国承担更多的国际责任和义务，发展中国家对我国在国际扶贫、对外援助等方面的期待也越来越多，我国被加速推到国际事务的前台。

在这种形势下，一方面，我国要积极参与全球治理，推动国际秩序朝着更加公正合理的方向发展，用好二十国集团、上海合作组织、金砖国家合作机制等多边平台，在多边事务中发挥更大作用，努力维护和实现我国的发展利益。另一方面，也要牢记我国仍将长期处于社会主义初级阶段的基本国情没有变，作为世界最大发展中国家的国际地位没有变，本着既要有所作为又要量力而行的原则，承担与我国发展阶段和能力相适应的国际责任和义务。

在实现中华民族伟大复兴的中国梦过程中，需要处理好国内国际两个大局，其中的重要问题就在于深刻认识我国与世界互动关系的变化。既要依托强大实力，积极有所作为，又要清醒地认识到我国发展阶段，不冒进、不急进；既要维护和实现自身发展利益，又要坚持和平发展和互利共赢，增强外界对我认同；既要主动参与引导国际事务和应对外部挑战，又要加快转变经济发展方式，让国际国内两个大局相得益彰。

（本文原载《调查研究建议》2014年第2期）

经济全球化前景与中国抉择

张燕生

内 容 提 要

历史上，经济全球化往往是发展的重要机遇期。谁把握住这个机遇，谁就能够实现“弯道超车”。19 世纪后期的美国和德国，20 世纪中期的日本和东亚四小龙，90 年代以来的中国和印度都处于这个时期。但是，这场金融危机改变了大国博弈策略。如美国短期采用量化宽松和扩大出口，中期推动再工业化、再创新、再就业，长期谋划与发达经济体构建高标准自由贸易区、投资和服务贸易自由化、竞争中性。这将改变经济全球化多边协议性质，转向排他性区域化、保护主义本地化、政治军事集团化，广大发展中国家面临被边缘化的困境。在全球规则变局中，我国如何应对是个大问题。全球化环境仍是重要战略期还是机遇不再，我国是做一个负责任大国还是被边缘化大国，我国是谋求全面对抗还是开放合作，需要做出选择并制定应对策略。十八届三中全会的“亮剑”，是实施超越零和博弈的战略，把握住发展的重要战略机遇期，将全球高标准自由贸易区和规则变局的挑战，转化为全面深化新一轮高水平开放、新一轮高标准改革、新一轮高质量发展的强大动力，把我国建设成为高收入大国、开放大国、贸易强国和全球负责任大国。

一、现代经济全球化趋势正在发生变化

（一）经济全球化发展的特点

经济全球化发展的特点之一，是开放驱动、市场化驱动、创新驱动。开放驱动是经济全球化的基本特征。20 世纪 90 年代以来，在双边、多边开放协议和开放政策推动下，世界各国普遍采取了降低关税、取消非关税措施、扩

大服务业准入，促进贸易投资便利化的措施，推动了国际交换、合作与竞争的蓬勃发展，积极参与经济全球化的国家和地区经济福利显著改善。市场化驱动是经济全球化的运行准则。20世纪90年代以来，无论是西方发达国家、转轨国家还是发展中国家，都普遍推进并不断深化市场化改革。由主张国家干预的凯恩斯主义转向新自由主义；由推行高度集中的计划经济转向市场化改革；由实施进口替代工业化发展战略转向出口导向，推动了世界经济快速增长。创新驱动是经济全球化的前进动力。90年代以来，开放和市场化改革释放的全球化红利，大大加快了全球知识积累、技术创新和人力资本投资成果的全球模仿和扩散，显著缩小了发展绩效的国际差距，提升了科技进步和生产率增长对经济增长的贡献。

经济全球化发展的特点之二，是"双刃剑"效应。在历史上，经济全球化总是伴随着国际政治经济军事的矛盾冲突和银行货币危机。第一次经济全球化（1870—1913年）就是由于守成大国与新兴大国之间矛盾激化，最后引发了两次世界大战。虽然国际社会从第一次经济全球化终结的教训中，学到如何经营好世界和平和发展，避免了第三次世界大战的爆发。但经济全球化仍伴随着高频率爆发的世界经济危机、银行危机和货币危机。如20世纪60年代后期的越南战争以及70年代初期引发的美元危机、滞胀和石油危机，直接导致布雷顿森林体系破产和世界开放进程被迫中断①。在1990年，在全球市场化改革和开放浪潮的推动下，世界经济再次进入经济全球化发展时期。然而，2008年爆发的国际金融危机把经济全球化推到一个发展的十字路口。

经济全球化发展的特点之三，是推动者不一定是最大受益者。如英国凭借第一次工业革命的技术和产业优势，推动了第一次经济全球化②。然而，由于英国当时过度注重海外投资和扩张，忽视了对第二次产业革命的新型技术和产业投资，从而出现产业空心化和由盛而衰。而美国和德国把握住经济全

---

① 国内外学者比较一致认同的，是人类社会第一次经济全球化发生在1870—1913年。争论最大的是第二次，即1950—1973年是社会主义和资本主义两大世界经济阵营相互隔离和对立的时期。第三次则是1990年以来的现代经济全球化时期。

② 英国1842年开始废除制成品出口税并降低进口税，到1860年实现了自由贸易，但1913年以后又回复贸易保护轨道。1860年科布登－谢瓦利埃条约签订后，欧洲国家开始相互间提供最惠国待遇和进口关税减让，但1880年以后，德、法、意、俄等国对农产品和制成品实行了保护性关税。1890年以后，贸易条约体系形成双重关税，即非条约国进口征收高关税，条约国享有低关税，到1913年整个欧洲向贸易保护回归。此期间，美国一直在贸易保护和自由化之间摇摆，一项研究表明，1879—1904年美国工业的保护增长低于公认水平，但1879—1889年棉纺织业受到更大保护。肯伍德等：《国际经济的成长》，经济科学出版社1996年版。

球化这个世界经济增长的黄金期而迅速崛起。

（二）现代经济全球化发展的阶段

现代经济全球化发展的第一个阶段是1990年到2001年。多数国家和地区通过积极参与经济全球化、融入世界，赢得了各自的全球化红利。其中，美国等发达经济体获得了最大的全球化红利。如1990年美国GDP占全球的比重约为26.1%，到了2001年，这个比重上升到32%，平均每年上升0.5个百分点左右。同期，中国等新兴经济体经济也获得快速发展。据OECD学者安格斯·麦迪森《中国经济的长期表现》，中国人均GDP增长率在这个时期高于世界主要国家和地区。

现代经济全球化发展的第二个阶段是2002年到2008年，这是金融和楼市泡沫推动全球性非理性繁荣的时期。美国GDP占全球的比重从2001年的32%降到2012年的23.8%。2001年发生了三件大事：一是世界IT泡沫破灭，标志着1990年以来美国新经济繁荣周期结束。美国进入新一轮金融和楼市泡沫带动全球非理性繁荣阶段，加剧了美国产业空心化和虚拟化。二是爆发了“9·11”事件，加剧了世界文明冲突，美国转向反恐战争。三是中国加入WTO，参与经济全球化并融入世界，加快体制与国际通行规则接轨，做了应对“狼来了”的长期准备，从而把中国经济带入发展的黄金时期。根据表1和表2的数据，按照市场汇率计算，中国2003到2012年GDP从1.64万亿美元增加到8.23万亿美元；按照购买力平价计算，中国同期GDP从4.12万亿国际元增加到12.47万亿国际元①。

现代经济全球化发展的第三个阶段是2009年以来，经济全球化站在了一个发展的十字路口上。是继续推进开放驱动、市场化驱动、创新驱动，还是转向排他性区域化、保护主义本地化、政治经济军事结盟集团化，前景很难预见。

（三）经济全球化发展的前景

当经济全球化发展进入金融自由化阶段②，与贸易自由化阶段有着完全不同的

① 经济合作与发展组织秘书长Angel Gurria说过，当历史学家回顾我们所处的时代时，可能会发现几乎没有任何国家的经济发展可以像中国的崛起那样引人注目。可是，当他们进一步放开历史视野时，他们将看到的那不是一个崛起，而是一个复兴。参阅Angel Gurria，“序言”，安格斯·麦迪森《中国经济的长期表现》，上海人民出版社2008年版。

② 马丁·沃尔夫认为，精英们大都没有正确理解鲁莽金融自由化的后果。当风险发生时，其灾难性后果往往是经济崩溃、失业激增、公债剧增。参阅“失败的精英威胁我们的未来”，英国《金融时报》2014年1月14日。

性质。全球治理和金融监管体系的缺失，全球金融系统性风险上升，已危及经济全球化发展的前景①。这次金融危机沉重打击的恰恰是市场经济体制最完善、治理结构最成熟、全球风险控制力和转嫁能力最强的美、日、欧大三角地区。

然而，危机发生后美国把其全球地位下降、产业空心化、经济虚拟化等问题归结为经济全球化失控和中国不公平竞争“搭便车”。进而把全球博弈策略的重点转向解决全球化失控的调整和变局。

在短期，美国采用了量化宽松和扩大出口的经济复苏策略；在中期，美国启动再工业化、再创新、再就业的结构调整；在长期，美国谋划与其他发达经济体构建高标准自由贸易区、高标准投资和服务贸易自由化、竞争中性、高水平劳工标准、环境标准、知识产权保护标准等。这将改变经济全球化多边协议开放和市场化的性质，转向区域化、本地化、集团化。在这种情况下，经济全球化的多边规则体系面临被肢解的风险，发展中国家面临被边缘化的困境，全球经济一体化趋势面临四分五裂的危险。

表1 2003—2012年按美元汇率计算的GDP 单位：万亿美元,%

国别	2003	2004	2005	2006	2007	2008	2009	2010	2011	2012
世界	37.59	42.29	45.73	49.54	55.88	61.34	58.08	63.41	70.37	71.67
美国	11.09	11.80	12.56	13.31	13.96	14.22	13.90	14.42	14.99	15.68
中国	1.64	1.93	2.26	2.71	3.49	4.52	4.99	5.93	7.32	8.23
巴西	0.55	0.66	0.88	1.09	1.37	1.65	1.62	2.14	2.48	2.25
印度	0.62	0.72	0.83	0.95	1.24	1.22	1.37	1.71	1.87	1.84
俄罗斯	0.43	0.59	0.76	0.99	1.30	1.66	1.22	1.52	1.90	2.01

资料来源：世界银行WDI数据库

表2 2003—2012年按购买力计算的GDP 单位：万亿国际元,%

国别	2003	2004	2005	2006	2007	2008	2009	2010	2011	2012
世界	49.28	53.12	57.31	62.72	67.94	71.84	72.10	76.64	81.35	85.89
美国	11.09	11.80	12.56	13.31	13.96	14.22	13.90	14.42	14.99	15.68
中国	4.12	4.66	5.36	6.24	7.33	8.22	9.05	10.12	11.30	12.47
巴西	1.37	1.48	1.58	1.70	1.85	1.99	2.00	2.18	2.29	2.37
印度	2.01	2.23	2.52	2.84	3.21	3.41	3.73	4.18	4.54	4.79
俄罗斯	1.34	1.47	1.70	2.13	2.38	2.88	2.73	2.96	3.20	3.37

资料来源：世界银行WDI数据库。

① 多年来，国际贸易学家巴格瓦迪一直鼓励推动全球贸易和投资自由化的发展趋势，认为开放和市场化改革会增进全球经济福利。但是，他一直对推动全球金融自由化发展持谨慎和质疑态度。

二、危机后的全球经济规则变局

（一）世界经济正处于规则、秩序、格局大变局阶段

危机后，世界经济出现了一些新变化。如 TPP（跨太平洋伙伴关系协定）、TTIP（跨大西洋贸易与投资伙伴协议）、BIT2012（双边投资协定 2012 年范本）、TISA（服务贸易协定）、欧日“经济合作协定”、竞争中性等①。这些变化的共同特点之一，是发达国家通过主导新一轮高标准规则变局，重塑未来全球经济格局。美国副总统拜登认为，TPP 和 TTIP 从规模上看都是具有历史意义的，它为美国提供了一个塑造全球经济的机会，从中加强美国在全球的领导力②。特点之二，是这次全球规则变局主要以美国意愿规则作为标准来画线。接受者，可继续享受开放利益；不接受者，将面临被边缘化的风险。特点之三，美国治理将成为全球治理规则的范本，其风险是有可能把国际经济秩序引向以邻为壑、各自为政、四分五裂。由此可见，当今世界出现的本地化、集团化和区域化趋势，将加剧发达国家与新兴经济体之间矛盾和分歧，将可能进一步恶化而不是改善世界增长的长期前景。

对于全球经济规则变局，十八届三中全会决定提出，要适应经济全球化新形势；加快培育参与和引领国际经济合作竞争新优势；坚持世界贸易体制规则；以周边为基础扩大实施自由贸易区战略；形成面向全球高标准自由贸易区网络；扩大内陆沿边开放；形成全方位开放新格局。经过我国推动和国际社会共同努力，2013 年 12 月 7 日达成巴厘一揽子协议，是 WTO 成立以来首个多边贸易协定，包括在贸易便利化、农业、棉花、发展等领域取得积极进展（张琳，2014）。

（二）美国主导全球经济规则变局

一是推动跨太平洋伙伴关系协定（TPP）、跨大西洋贸易与投资伙伴协议（TTIP）。名义上是要打造世界高标准自由贸易区（FTA）范本，在全球倡导

---

① TPP12 个成员，GDP 和贸易额占全球比重约 40%。谈判议程包括关税、知识产权、竞争、政府采购、环境环保、监管壁垒、劳工权利等。TTIP 谈判始于 2013 年 6 月，内容涵盖了市场准入、政府采购、投资、服务、监管一致性、知识产权、国有企业等。覆盖世界贸易额的 1/3，全球 GDP 的 1/2，涉及人口 8 个多亿。欧日“经济合作协定”谈判于 2013 年 3 月正式启动，一旦建成将占世界经济总量的约 1/3。

② 拜登，英国《金融时报》2014 年 3 月 4 日。

公平竞争原则，实质是美国要将本国规则转化为全球标准，为未来全球治理改革建章立制。

二是推动双边投资协定2012年范本（BIT2012）、服务贸易协定（TISA）。前者纳入负面清单管理和准入前国民待遇等条款。后者要求所有服务部门，包括未来可能出现的新型服务业，对外资都要一视同仁。要求取消设立合资企业的各种要求，不得限制外资控股比例和经营范围，新的开放措施一旦实施不得收回等。名义上是要打造高标准投资自由化和服务贸易自由化范本，实质是打造不对称规则优势，为美国投资和服务业进入全球市场打开大门。

三是制定“竞争中性”等国际新规则，限制政府利用优惠政策扶助国有企业战胜民营企业的能力。同时，大力推进更高标准的劳工与就业、环境治理、知识产权保护，政府采购、竞争政策、国有企业、产业政策等新规则。其特点是从以前推动贸易投资自由化转向边境后竞争政策约束为主的公平竞争规则。

四是推动全球再平衡调整。美中经济安全与评估委员会（USCC）2009年度报告提出，这场危机的根源在于全球经济失衡。中美各自应为失衡承担一半责任。为此，美国要求中国通过扩大内需和消费、扩大进口和开放、扩大人民币升幅和非贸易部门改革，更多地承担全球再平衡责任，为世界经济摆脱衰退困境做贡献。从而产生这样一个可能性前景，即发达国家走出危机困境之时，则是新兴经济体陷入调整困境之时，2014年将可能是这种情景的一个拐点。

（三）全球规则变局对我国发展的影响

1. 我国发展仍处于重要战略机遇期还是机遇已不再

在全球最大的四个经济体中，TPP包括美日，其12个成员GDP和贸易额约占全球比重40%以上；TTIP包括美欧，其成员GDP和贸易额占全球比重分别约1/2和1/3；正在谈判中的欧日“经济合作协定”也涉及全球GDP约1/3的经济体。上述自由贸易区协议唯缺中国。

史蒂芬斯认为，美国正将战后多边主义置换为与志同道合国家（盟国）间的特惠贸易和投资协定，让多边贸易协定靠边站。没有美国的支持，多边秩序将进一步陷入破损失修状况，而全球化也将会分崩离析。作为自由秩序的最大受益国，中国将成为全球化寿终正寝的最大输家①。同时，中国也有人

① 菲利普·史蒂芬斯，英国《金融时报》2013年10月10日。

提出“去美国化”，要建立一个新世界秩序，所有国家无论大小、贫富，其重要利益在平等基础上得到尊重和保护①。

那么，中美关系是否只有守成大国与新兴大国之间冲突和对抗的传统套路，中美走向全面对抗把全球化带入四分五裂是否符合中美和世界利益，中美是否可以走向互信合作？习近平总书记提出，“中美需要在加强对话、增加互信、发展合作、管控分歧的过程中，不断推进新型大国关系”②。因此，中美建立超越零和博弈的新型大国关系，合作推进经济全球化发展，是赢得战略机遇期的关键。

2. 我国是否有机会加入 TPP

通常认为，TPP 是美国主导用来遏制中国的工具，只有在 TPP 建章立制的任务完成后，中国才有可能加入。那时，美国会提出很高要价并对中国体制、产业、就业带来全面冲击。另一种观点则认为，及早加入 TPP 并参与规则制定，可倒逼中国改革。北京大学国家发展研究院课题组运用 CGE 模型，以 2013 年作为基期，进行了加入与不加入 TPP 的利弊影响测算。研究发现，如果现有的谈判成员国都加入 TPP，而我国不加入，则我国的出口增速将比 2013 年的预期增速下降 1.02 个百分点，GDP 增速将下降 0.14 个百分点。但是，与不加入相比，中国加入 TPP 之后，出口增速将提高 3.44 个百分点，进口增速将提高 5.58 个百分点，GDP 增长速度将提高 0.68 个百分点③。美国 NBER 的一份研究报告也认为，在不同的成本下，中国加入 TPP 将带来产出增长 3.816%、1.967% 和 0.59%。当贸易成本完全消失时，中国的产出将增长 1.125%。同时，中国加入 TPP 也有利于其他成员国的经济福利增加④。

TPP 对我国经济和贸易发展已经产生越来越显著的排他性利益损失。如美国提出的“纺纱前沿”原产地规则，要求进入美国市场的纺织品，从纺纱、织布、裁剪至加工为成衣都必须在 TPP 境内完成。一些中国纺织服装企业已被迫将一些增值活动转移到越南等 TPP 谈判成员国。另一方面，加入 TPP 的真正障碍是美国会针对中国提出苛刻的特殊标准和条件，就像当年中国加入 WTO 议定书的 15 条一样。可以预见，中国加入 TPP 谈判的难度将高于当年 WTO 谈判。

---

① 新华社 2013 年 10 月 13 日发表了英文评论。美国白宫专门召开会议讨论中国官方通讯社发表“去美国化”的文章背后的政治含义。

② 习近平：《在与奥巴马共同接见记者时的讲话》，人民日报 2013 年 6 月 9 日。

③ 参阅北京大学国家发展研究院课题组，2013 年“中美经济对话”的会议报告。

④ 参阅 Chunding Li，John Whalley，美国 NBER 工作论文 18090，2012 年。

3. 2014年有可能是全球再平衡的一个拐点

2014年将是全球经济从“双速”增长转向“倒双速”增长的一个拐点。对此，有人把新兴经济体增长减速归因于其内部结构和体制问题，也有人把问题归结为外部因素，如美国QE退出导致资本外流形成外部冲击。事实上，美、日、欧经济复苏是以新兴经济体经济泡沫为代价的。

首先，全球失衡主要源于全球化的内在矛盾①，即全球化带来红利却缺少有效监管和治理。为此，拥有全球霸权和金融货币特权的美国更希望独占全球化红利而不惜制造泡沫。一次是1990年至2001年的IT泡沫，另一次是2002年至2008年的金融和楼市泡沫。既加剧了全球失衡（张燕生，2011），也带来美国产业空心化和经济虚拟化。然而，美国却把危机起因归结为全球化失控和来自中国、印度等不公平竞争，要求中国等新兴经济体承担危机部分责任和再平衡调整代价。

其次，美、日、欧等发达经济的复苏手段之一是量化宽松和扩大出口。催生了新一轮全球通胀、资产泡沫和保护主义浪潮，引致新兴经济体资本流入增加、资产价格飙升、货币升值和进口增加。美国量化宽松政策一旦退出，泡沫平衡被再次打破，就会直接影响新兴经济体的宏观稳定。

最后，美国为摆脱经济和产业空心化而实施的再工业化、再创新、再就业调整方案，是通过贸易保护主义和对外转嫁矛盾实现的，进而加剧新兴经济体外需萎缩、成本上升、生态环境压力加大、政治社会矛盾激化的困境。

总之，新兴经济体的内因并没有发生根本变化，但外因发生变化，如全球增长减速、资本回流、资产泡沫破灭、赤字和失业增加、货币贬值等冲击，与本国结构和发展方式矛盾和问题交织叠加，就可能导致另一轮全球经济调整。新兴经济体在新一轮调整中产生分化，不改革则将陷入新的发展困境。

三、我国应对全球化规则变局的策略选择

（一）我国作为负责任大国在推动全球化进程中发挥重要作用

一是促进全球共赢性发展是增进国际合作的坚实基础。十八届三中全会决定提出，形成面向全球高标准自由贸易区网络。其中关键词是高标准FTA

① 张燕生，全球经济失衡的起因、衡量及中美之间再平衡的调整责任，内部文稿，2011年12月。

和网络。高标准 FTA 是建立更规范透明公平的市场经济原则为基础的开放型经济新体制，同时与本国发展阶段和国情相适宜的制度标准。FTA 网络是建立全方位合作体系，包括推进两岸四地 CEPA/ECFA 升级版；APEC \ RCEP；中韩 FTA、中日韩 FTA；南南 FTA 以及与中美、中欧、中印、中俄等大国建立 FTA，形成全方位开放新格局。

二是实现全球包容性发展是维护世界公平正义的重要条件。从世界史看，发展中国家是否有机会平等参与发展进程，而不是少数国家独占发展机会；发展中国家是否可以公平享有发展成果，而还是少数国家独占发展成果，是判断国际秩序是包容性发展还是排他性发展的依据之一。在主要发达国家不愿承担更多责任，发展中国家又缺少话语权和治理能力的情况下，中国所扮演的角色就很重要。中国应承担与本国实力相匹配的全球公共产品供给的责任，促进全球包容性发展。

三是推动全球平衡性发展是实现世界和平与发展的根本保障。现在有两种平衡发展观，一种是以开放经济衡量的全球失衡与再平衡。2011 年 2 月和 4 月，G20 财政部长和中央银行行长会议提出衡量全球经济失衡的一揽子指标，涉及私人部门、公共部门和对外部门这三大层面。这种衡量方法的缺陷之一，是难以度量经济全球化环境中产品内分工或工序分工问题。因此出现发达国家整体是经常项目逆差，发展中国家整体上是顺差，发展中国家成为全球失衡源头的错误判断。另一种衡量是从发展角度来观察。会发现在全球化环境中，发达与不发达、贫富、城乡的发展差距在继续扩大。对此，中国作为负责任大国，帮助最不发达国家和地区摆脱贫困；尊重不同文化和制度条件下保护人权、财产权和发展权；在保护知识产权基础上提供更多公共创新和公共技术转让服务等。

四是推动全球可持续发展。当前，发达国家已进入服务经济和知识经济时代。他们享有高碳、高能源资源消耗的高品质生活，拥有低碳发展技术和专业人才，却要求发展中国家承担更多低碳发展责任，并为低碳技术付出更高价格。对此，我国应大力推动以发展为基础的节能减排、绿色转型、低碳发展，尤其是增强可持续发展的全面经济和技术国际合作。

（二）我国作为新兴大国在推进超越零和博弈的大国互信中发挥重要作用

目前，中美关系用利益攸关方，守成大国与新兴大国，敌人、对手或伙伴等都很难准确界定，这是历史上从未出现过的两个差异最大的新型大国关系。

美国学者 Gilpin（2008）曾分析历史上守成大国对新兴大国的经典对策：一是采用各种手段削弱甚至彻底压制新兴大国实现崛起的可能性；二是降低本国国际事务中各种承诺和义务的成本；三是如同罗马帝国后期，借扩张来占据防守型低成本地位。在当今的国际格局中，作为守成大国的美国面对新兴之中国，主要采用了前两种对策。一方面采取各种手段遏制中国，另一方面，降低本国所承担的国际事务成本。这在一定程度上将会减少全球公共产品供给。对此，中国的回应是构建中美新型大国关系，积极提供全球公共产品供给。当今中美利益关系已不可阻挡地交织在一起，你离不开我，我离不开你。中国希望全面深化改革和扩大对外开放，通过推动负面清单管理、准入前国民待遇、服务贸易开放，来适应经济全球化新形势，这符合中美双方的共同利益。但在制度层面上，中美之间缺乏战略互信。美国希望永远当老大，而最可能取其代之的是中国。中国的文化、价值观和制度上又与美国有着巨大差异，在西方人看来，中国对世界发展的影响是不确定的。因此，增进战略互信，减少共同利益重大决策的不可预见性，是两国合作努力的方向之一。

首先，中国保证国家实力和国际地位是建立中美新型大国关系的基础。美国学者 Elvin（1973）指出，在历史上，中国作为大国能够长期生存并成长壮大之道，就在于保持较高的经济增长速度和科技创新能力，足以抵御外来侵略危险，保证本国在世界中的地位。古为今用，经济增长和科技创新依然是当今中国保证国家实力地位的最佳策略。另一方面，美国也将保证其现有地位，遏制中国取其代之的一切可能性。按照 Nathan 和 Scobell（2012）的观点，美国应当不断压制中国获得国际事务上合法领导力的努力，不断增强军事实力，保持高精尖人才优势，保护美国知识产权，赢得世界人心。

其次，中国要求建立尊重本国利益诉求的国际新秩序。中国要挑战旧有世界秩序的一个重要原因，是因为这个秩序前期中国既无参与制定，后期加入后又没有充分尊重中国的利益诉求。因此，中国理应质疑美国维护现有国际秩序的合法性和合理性。但是面对这一质疑，西方社会将难以让步。按照 Ikenberry（2001）的观点，因为全球公共产品需要供给，将存在大国来合法充当世界领导力，供给全球公共产品的同时也实施治理。这一责任最好由民主政体的国家来担任，以保证更好的公正透明。Ikenberry 进一步论述道，一国的国内政治体制会影响其处理国际事务的方式。由于美国是民主法治国家，所以，国际社会比较容易接受美国治理规则。而按照西方标准，中国在国内不是民主政体，在国外不会遵循西方规则，国际社会将难以想象中国会民主、透明、规范地实行全球治理，提供公共产品。这即是说，中国要求的国际社会新秩序将难以被接受。对此，中国必须向世界证明，中国有意愿并有能力提供公平透明、规范专业的国际社会新秩序。这意味着，实现符合中国利益的国际秩序将需要时间、大量专业化人才、取得和美国未来而非当下之 G2 关系的共识。

再次，中国应当承担大国责任。Leonard（2013）认为，中美关系与美苏关系不同，美苏是意识形态之争，而中美是实力和利益之争。中美之间曾建立了经济互补性合作的蜜月关系，但随着中美经济结构相似度越高，竞争和冲突越激烈，中美之间的蜜月期宣告结束。他还指出，奥巴马总统在 2009 年就职后，曾希望动员中国加入现有世界秩序，建立中美 G2 关系，确定中国在现有秩序中的利益和责任，以保持冷战后西方主导的国际秩序。但最后他失望了。尽管竞争加剧，中美之间仍有大量共同利益，如美国希望中国增加对美投资，中国希望获得美国建立知识经济社会的经验。

目前，中美在刻意回避正面摩擦。美国希望与盟国一道建立没有中国的高标准规则，如 TPP。同样，中国也希望建立没有西方的统一战线，如金砖国家。美国会继续打压中国违背美国利益建立国际新秩序的努力，中国该如何应对呢？中国应对策略是超越零和博弈，开放合作、避免对抗、寻求两国长期共同利益最大化的交汇点，通过构建新型大国关系为推动经济全球化做出实质性贡献，真正承担大国责任。对此，美国工商领袖曾建议中美合作研究中美机制性合作的前景。美国彼得森国际经济研究所提供的一份研究报告认为，如果中美签订 FTA，将给美国国民收入带来 1% 的净增长，给中国带来 2% 的净增长（彼得森国际经济研究所，2013）。同样，欧盟安全研究所（EU Institute for Security Studies）的尼古拉·卡萨里尼（Nicola Casarini）也认为，在未来的十年中，经济因素将依然是中欧关系的支柱，将很可能达成中欧双边自由贸易协定，这将进一步促进中欧经济和就业增长，同时增进双方之间的战略互信。

（三）我国作为开放大国在构建全方位开放体系建设中发挥重要作用

在 30 多年前，改革开放总设计师邓小平同志就提出过“三个方面开放”、“顾全两个大局”、“对内对外开放”的重要理论。30 多年过去，国内国际形势都发生巨大变化，我国对外开放的重点也应当适时调整，转向构建全方位开放经济体系的新阶段。党的十八届三中全会提出，“适应经济全球化新形势，必须推动对内对外开放相互促进、引进来和走出去更好结合，促进国际国内要素有序自由流动、资源高效配置、市场深度融合，加快培育参与和引领国际经济合作竞争新优势，以开放促改革”。同时提出“抓住全球产业重新布局机遇，推动内陆贸易、投资、技术创新协调发展”；“加快同周边国家和区域基础设施互联互通建设，推进丝绸之路经济带、海上丝绸之路建设，形成全方位开放新格局”。

形成全方位开放经济体系。首先，构建海陆空综合运输网络体系，加快畅通我国与周边中亚、西亚北非、南亚、东南亚、东北亚之间的通道建设和跨境基础设施互联互通；畅通我国与非洲、拉丁美洲、大洋洲、北极洲之间通道建设和基础设施互联互通；畅通我国与美日欧大三角地区之间的通道建设和基础设施互联互通，形成全方位开放新格局。其次，构建全球投资、全球生产、全球出口、全球分销、全球服务与全球合作的国际化网络和生产体系，提升我国境内、跨境、境外商流、物流、资金流、人流、信息流的一体化效率，形成我国跨境生产和贸易供应链体系。最后，构建金融深化和开放、人民币国际化、资本项目开放、汇率和国际收支改革为基础的开放型经济新体制，形成我国跨境金融供应链体系。

三中全会决定提出，“建立中国上海自由贸易试验区是党中央在新形势下推进改革开放的重大举措，要切实建设好、管理好，为全面深化改革和扩大开放探索新途径、积累新经验”。商务部高虎城部长说，在试点政策中，推进外商投资管理体制改革、试行负面清单管理模式，只要在负面清单以外的领域，按照内外资一致的原则，由核准制改为备案制，这是行政管理体制改革中的一项重大突破。在有关服务领域先行开放，在人民币资本项目可兑换、金融市场利率市场化、人民币跨境使用等方面先行先试，都将为今后积累重要经验。可见，上海试验区作为适应国内新一轮高标准改革开放的内在要求，应对 TPP、TTIP 等全球变局，形成面向全球高标准 FTA 网络的试点，将在更高层次、更大范围、更宽领域推动我国经济国际化、现代化、知识化发展，对我国发展成为全球负责任大国、高收入大国、法治大国、创新大国和开放大国，具有重要意义。

上海试点经验能否在我国西部地区成功复制和推广，事关全方位开放经济体系建设大局。一是在引资引智引技的基础上，更加重视引制，全面深化中西部地区的体制改革、能力建设和人才交流。二是建立上海试验区试点与中西部试验区试点之间的合作机制，如加强上海自由贸易试验区与宁夏内陆开放型经济试验区之间的合作。上海国际贸易中心建设进程中，可以把宁夏内陆开放型经济试验区作为平台，两地合作发展对阿拉伯国家的在岸贸易、离岸贸易、保税贸易、线上贸易以及贸易融资、保险、运输、物流等服务贸易项目。三是上海国际金融中心、国际贸易中心、国际航运中心建设，应优先试点扩大对新兴经济体贸易、投资和产业合作。如增强上海、深圳、天津等东部沿海地区通过我国西部地区的平台，发展与西亚、中亚、南亚、非洲、拉美之间的全方位合作，建立“共享发展”、绿色转型、互利共赢的南南合作新模式，同时带动我国西部地区对外开放。

（本文原载《宏观经济研究》2014 年第 12 期）

国际区域经济合作新形势与我国“一路一带”合作战略

申现杰　肖金成

内容提要

当前，我国的“一路一带”建设已经成为国内外广泛关注的热点，本文从国际区域经济合作的新形势出发，分析了新形势下我国实施“一路一带”建设的重要战略意义，并从落实“五通”建设、高标准自由贸易区战略、扩大国际合作的重点领域、优化国内区域开放格局等方面，对“一路一带”战略建设重点进行了相关思考。

2013年9月，习近平总书记在访问中亚四国期间首次提出了共同建设“丝绸之路经济带”的战略构想。2013年10月，习近平总书记在访问东盟期间又首次提出了共建21世纪“海上丝绸路”的战略构想，此后“一路一带”战略得到了国内外的广泛关注。2013年12月，党的十八届三中全会通过的《中共中央关于全面深化改革若干重大问题的决定》关于“构建开放型经济新体制”中进一步明确提出：“加快同周边国家和区域基础设施互联互通建设，推进丝绸之路经济带、海上丝绸之路建设，形成全方位开放新格局”。历届三中全会《决定》是人们判断新一届中央领导集体未来5年乃至10年的施政方针和工作重点的重要依据。因此，在未来一个时期，推进丝绸之路建设将成为我国未来建设开放经济新体制的重要立足点和着眼点。

一、国际区域经济合作的新形势

（一）地区性贸易协定成为区域合作的新手段

乌拉圭回合结束以来，基于WTO成员自身经济条件的差异性和利益的多样性，在诸如技术标准、服务贸易开放、农业市场开放、投资和竞争政策、环境与知识产权保护、劳工待遇、不公平贸易及争端解决方式等问题上，发达国家与发展中国家、发达国家之间已经很难在 WTO 内部通过多边谈判来取得一致性。近年来，多哈回合谈判已经陷入僵局，美国、英国、巴西、印度等国家开始逐渐放弃多哈回合谈判。与多哈回合下的多边贸易谈判机制不同，地区性贸易协定通过成员国之间的相互协商谈判，能以更加优惠的贸易和投资条件，将成员国的经济利益紧密地连接在一起，并增强成员国之间在政治、外交和文化等方面的联系。因此，这种范围小、交易成本低的地区性协定在多哈回合停滞不前的大背景下开始进入蓬勃发展阶段。自 1995 年 WTO 成立到 2014 年 1 月 31 日，WTO 已经收到了 583 项关于区域贸易协定的通知，而在 1948—1994 年期间，GATT 总共收到 124 个与货物贸易相关的区域贸易协定通知，近 20 年来地区性协定的数量是 WTO 成立以前的 4.7 倍，在这些地区性协定中，区域贸易协定、自由贸易协定（自贸区）和局部范围协定占据了总数的 90%，关税同盟占总数的 10%。目前，区域贸易协定的整体数量正呈快速上升趋势，多个区域贸易协定如《跨太平洋伙伴关系协定》（TPP）、《区域全面经济伙伴关系协定》（RECP）等仍在继续谈判之中。由于地区性协定对协定外国家具有一定程度的排他性，并能给协定外国家带来贸易投资转移效应，处在地区性协定之外的国家担心在众多地区性协定中被边缘化、日后进入的交易成本和在该区域贸易投资风险增加等，也纷纷加快了推进双边或地区性协定谈判的步伐。近年来，美、欧、日、韩等贸易大国纷纷将加快实施 FTA 战略作为其拓展经贸合作的基础，如美国自 2003 年开始加快了与有关国家的缔结 FTA 的进程，短短几年已经有 19 个国家与美国签署了 FTA 协议并付诸实施。由此，在多边机制进展缓慢的情况下，地区性协定已经成为国家间战略竞合的重要手段，并进一步削弱了 WTO 多边机制的作用。

（二）地区性协定加快向高标准、全面性迈进

随着各国区域一体化战略的快速发展，在市场化、开放和创新三大驱动之下的区域性协定也开始向全面性和高标准迈进。在区域性协定下，各国间商品和服务贸易自由化、便利化的深度和广度均在不断提高，区域内各国之间在关税、非关税措施、服务业市场准入、贸易投资便利化等方面都在向更加开放和非歧视方向调整，协定内跨国间的纵向生产关系，企业内、产业内和区域内贸易投资日益成为主流，一国的企业已经无法独享本国资源禀赋的比较优势，通过产业内和企业内贸易投资在全球进行资源及政策整合成为国

际贸易投资的主导形态。如美国主导的《跨太平洋伙伴关系协定》（TPP）以最终完成完全消除各领域商品服务贸易的关税及非关税壁垒，实施成员间贸易和投资的高度自由化为目标，实施全面的市场准入；同时，在区域化的制度安排上，涉及服务贸易、农产品贸易、原产地规则、国有企业、政府采购、知识产权、贸易救济和劳工标准、环境保护、竞争政策、技术贸易壁垒、争端解决等多个方面，如对包括农产品在内的99%以上货物实施零关税，要求政府采购透明化等，自由化标准较高且覆盖的领域较广。因此，走向高标准、全面性的区域贸易协定将对区域间的经济贸易投资格局、甚至政治与安全秩序重构产生重大影响，置身于区域协定之外的国家将很难避免被边缘化的危险。

表1　TPP谈判涉及的领域及难点问题

领域	内　容
劳工权益问题	美国维护高标准的劳工权益而不仅仅是劝告，而是必须执行的义务，美国要求成员执行《国际劳工组织关于工作的基本原则和权利的1998年宣言》，该宣言包括以下四项基本原则：结社自由和集体谈判权利；禁止强迫或强制劳动；废除童工；禁止就业与职业歧视
国有企业问题	国有企业不能通过政府补贴、管制例外、优先获得政府采购和其他一些措施获得比私营企业更好的优惠待遇，以使私营企业与国有企业在竞争中处于不利地位
投资者与东道国争端解决机制	在投资者——东道国争端解决机制上，建立国际仲裁制度，使投资者能够以此寻求国际仲裁解决其与东道国政府的投资争端，以保护投资者利益
纺织品问题	纤维纺成地原则：要求成衣的所有制造素材，从纱布缝线到最后的成衣产品本身都必须在TPP内完成，才能享有TPP成员国之间的优惠关税。 供应短缺清单：用肯定列表的方式列出无法从TPP成员国采购或者TPP成员国内无法生产的纱布与纺织品的产品清单。列入供应短缺清单的产品，可以从非TPP国家进口并享受TPP成员国家之间的优惠关税。供应清单分为两种：永久性供应短缺清单包括从TPP成员国外采购或制造的某些特定纺织品；暂时性供应短缺清单期限为三年，包括暂时无法从TPP成员国内立即获得，但将来经过技术引进等可以在成员国之内生产的产品

续表1

领域	内　容
新成员加入	目前TPP提出，最终协议规定与新成员一个个谈判而非事前为扩员设定统一规则，即使对扩员有不同层次的时间表。未来成员必须与每一个成员国分别进行谈判，将产生一层又一层的除外、豁免和保护条款，并赋予每个初始成员国否决权
其他领域	农产品市场开放、货物的市场准入、增加与贸易有关的规则的透明度、海关手续简化、卫生及植物检疫中的检验检疫手续简化、防止安全及环境标准成为贸易壁垒的原则、中央及地方政府采购规则、保护知识产权抑制假冒产品贸易的规则、阻止反垄断行为的规则、商业人员入境及停留规则、跨界服务贸易规则、跨界金融服务、非歧视性投资规则，等等

资料来源：根据赵晋平、唐国强（2013）整理。

（三）以美国为主导的TPP、TTIP将对我国的对外贸易造成巨大的压力

2001年以来，在网络泡沫破裂、“9·11”及随后的反恐战争、伊拉克战争、金融危机等事件的影响，美国、日本和欧盟主要发达国家吸引外资能力逐渐下降，GDP增长缓慢，占世界的比重呈逐渐下滑态势（见图1，图2、图3）。而作为最大的发展中国家的中国，自2001年加入世贸组织以来，已成为世界第二大经济体，货物贸易的第一大国，吸引外国直接投资的第二大国，服务贸易和对外投资的第三大国，2013年GDP占世界比重上升至15.48%，对周边国家乃至世界的影响力日益增强。对此，美国把问题的根源归结为全球化失控和中国搭便车，使美国没有获得预期的全球化红利，并开始将中国作为挑战其经济霸权的竞争对手。

为了扭转经济下滑和外贸失衡局面，并打压中国这一潜在竞争对手，美国立足自身在农产品、服务业、高端制造业上的优势，2009年11月高调宣布加入TPP并开始主导TPP的谈判进程，2013年6月，美国又开始推动与欧盟的《跨大西洋贸易与投资伙伴协议》（TTIP）谈判；与此同时，欧日“经济合作协定”谈判也于2013年3月正式启动；《跨太平洋伙伴关系协定》

（TPP）涉及的 12 个 APEC 国家和《跨大西洋贸易与投资伙伴协议》（TTIP）涉及的欧盟是我国重要的出口市场和外资来源地①，对我国对外经贸起着重要的作用。由于 TPP 等美国主导的区域性协定在新成员加入上倡导的未来成员必须与每一个成员国分别进行谈判，并赋予每个初始成员国否决权的规则体系，政府采购、劳工权益、国有企业、知识产权等新规则和标准我国在短时间内很难达到，使我国在日后加入 TPP 等区域协定上面临着巨大的挑战。美国通过构建起这种超越 WTO 规范的全面性贸易自由化网络，将打造一个以高度自由化为堡垒的市场准入屏障，以使美国、欧盟和日本三大经济体之间透过跨国间的经贸协定（世界前四大经济体中唯独缺少中国），重新掌握全球地缘的政治经济优势，使我国因无法高尺度互惠开放本国市场而无法加入，错失参与新一轮国际贸易投资规则制定的机会，从而削弱中国经济对周边国家乃至世界的影响力。

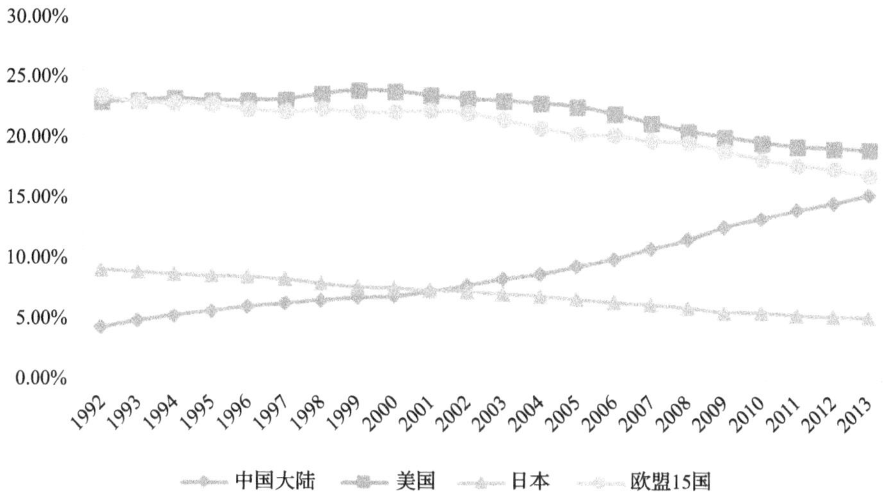

图 1 中、美、日、欧盟 GDP 在世界 GDP 中的比重（%）

资料来源：EIU calculation. World：based on 120 countries。

注：依据 Gross domestic product（GDP）at purchasing power parity（PPP）in US$ 计算。欧盟数据为法国、德国、英国、意大利、西班牙、葡萄牙、奥地利、爱尔兰、比利时、丹麦、希腊、卢森堡、荷兰、瑞典 15 国数据。

① 2012 年，我国 TPP12 国的出口额达到我国出口比重的 35.7%，来自 12 国的外商投资占我国利用外资的 13.3%。对欧盟的出口额占我国出口比重的 16.3%，外商投资占我国利用外资总额的 5.5%。

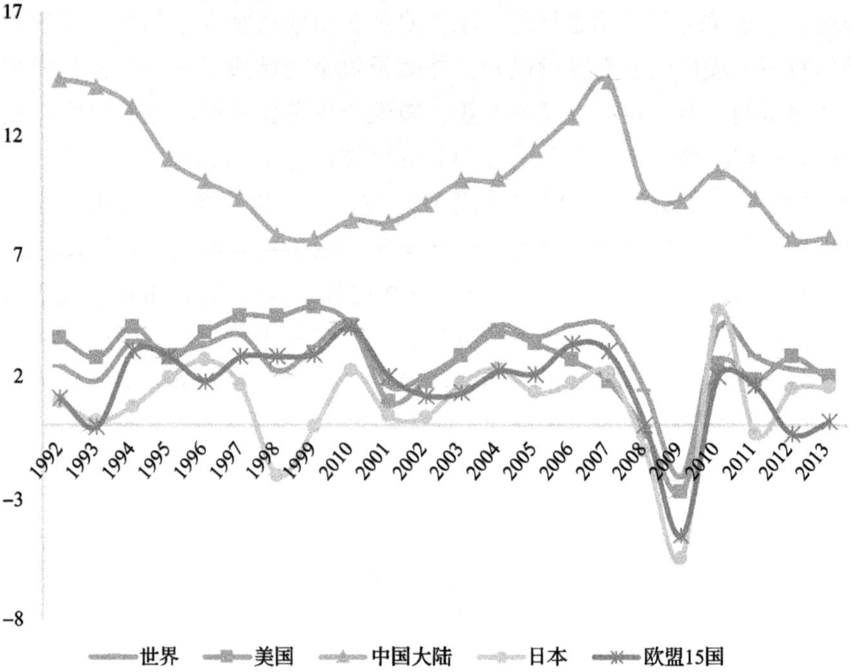

图 2　中、美、日、欧盟及世界 GDP 增长率（%）

资料来源：EIU calculation. World：based on 120 countries。

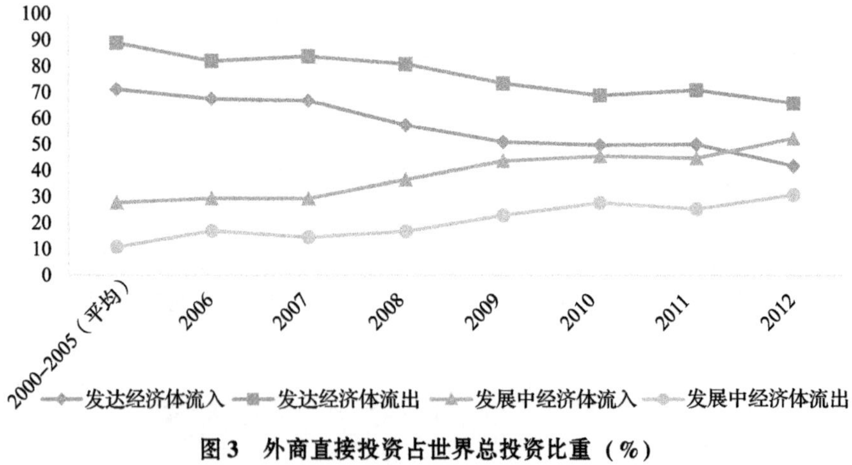

图 3　外商直接投资占世界总投资比重（%）

资料来源：根据历年《世界投资报告》整理得到。

二、我国实施“一路一带”的战略意义

（一）应对美国TPP、TTIP带来的外部压力

以美国为主导的TTIP和TTP谈判几乎囊括了我国的主要贸易伙伴，并对我国参与国际竞争设置重重障碍，使我国有可能处于被“边缘化”的危险。但是TPP和TTIP所追求的高标准，并不是所有加入谈判的国家都可以达到的，欧洲、日本、澳大利亚等美国的传统盟友和体系中的一些发展中国家如越南、印尼等国，能在多大程度上满足美国的高标准要求，将是美国实施TPP和TTIP战略能否成功所面临的重大考验。我国作为最大的发展中国家、世界第二大经济体和开放经济大国，一方面具有与广大发展中国家相类似的贸易条件，一方面新一轮改革开放所释放出的巨大溢出效应将对贸易伙伴带来新的发展机遇。因此，我国具备通过新的区域合作模式应对美国TTIP和TTP战略所引发的外部挑战的条件。

“一路一带”既涉及西欧、日韩等发达国家，也涉及中亚、东欧等原苏东国家，同时还涉及南亚、西亚非洲等第三世界国家。我国实施“一带一路”战略，构建全方位对外开放的新格局和国际合作新架构，通过实施更为主动的开放性政策，以应对美国TTIP和TTP所带来的挑战。一是拓展中欧合作的空间。2014年3月，习近平主席在欧洲出访中提出，中德位于丝绸之路经济带两端，是亚欧两大经济体的增长极，两国应该加强合作，推进丝绸之路经济带建设。随后中欧发布的《关于深化互利共赢的中欧全面战略伙伴关系的联合声明》指出，商谈并完成这一涵盖投资保护和市场准入的全面中欧投资协定，并在条件成熟时签订全面深入的自贸协定。中欧经济合作的巩固有利于提升我国在欧洲市场地位，应对TTIP对我国与欧洲经贸合作带来的挑战。二是深化与中亚、东南亚、南亚等周边国家的合作。发挥我国资金、技术、人才、产业等方面的优势，推进与周边国家在基础设施建设、能源、实体经济发展等方面的合作，增强我国经济对周边的影响力。诚如习近平主席在亚信会议上指出的：“中国将同各国一道，加快推进丝绸之路经济带和21世纪海上丝绸之路建设，尽早启动亚洲基础设施投资银行，更加深入参与区域合作进程，推动亚洲发展和安全相互促进、相得益彰”。三是深化中阿之间的经贸合作。2014年6月，习近平主席在中阿合作论坛上指出，弘扬丝路精神，深化中阿合作，通过经贸和投资基础措施，深化双方在能源开采和运输等领

域的合作。因此，依托“一带一路”建设，通过实施更为主动的开放性政策，构建亚欧经济一体化发展的新机制，积极发挥我国在区域经贸合作中的作用，能够有效提升我国与欧洲、亚洲和非洲等地的国家和地区在人流、物流、资金流、文化流和商品流上的互动层次，促进丝绸之路沿线地区和国家间的利益共同体的形成，为化解美国 TPP 和 TTIP 战略对我国在政治经济上的压力提供新的国际战略架构。

（二）发挥我国在国际区域合作中的积极作用

近年来，中国始终是全球贸易和投资便利化的坚定支持者，积极参与和推动多边贸易体制建设和区域贸易合作进程，通过与有关国家和地区签署和实施自由贸易协定，促进区域经济融合和经贸关系发展。2013 年，我国的进出口总额达到 4.16 万亿美元，约占 2013 年全球贸易的 12%，中国已经成为 120 多个国家的第一大贸易伙伴。在对外投资上，近些年来，我国境外直接投资年均增长 70% 以上，2013 年，我国境外直接投资累计超过 6300 亿美元，已经成为世界第三大对外投资国，我国对周边地区国家乃至世界的经济影响力已经显著增强。在 2014 年博鳌论坛上，习近平主席表示，“中国将继续倡导并推动贸易和投资自由化便利化，加强同各国的双向投资，打造合作新亮点。中国致力于缩小南北差距，支持发展中国家增强自主发展能力。”

制造业和基础设施建设是一国经济发展不可或缺的两大核心要素。从目前来看，无论是印度等南亚国家，还是印尼等东南亚国家及哈萨克等中亚国家，在制造业和基础设施等领域均面临着缺乏资金、技术与经验，发展能力较弱等问题。而我国作为世界制造业大国，具有强大的生产供给能力。因此，依托“一带一路”建设，一是可以在产业发展上积极发挥我国的带动作用。随着中国沿海地区劳动密集型制造业渐趋饱和，加之受土地、劳动力、产能过剩等因素瓶颈的限制，推进我国钢铁、服装、纺织、塑料制品、金属与非金属制品、电子信息等部分产业正在向沿线周边国家转移，提升周边国家制造业的发展水平；二是可以在扩大双边投资和贸易上发挥我国的引领作用。发挥我国的资金、技术等优势，依托双边投资和贸易协定，扩大对沿线周边国家的贸易进口和投资额度，弥补沿线周边国家经济发展在资金、技术、外汇缺口及发展经验上的不足，如中国在高铁方面拥有世界最领先的技术手段、低廉的价格成本和国内基础设施建设运营的丰厚经验，能有效弥补周边国家在大型铁路网络建设初期的资金、技术等方面的缺口。积极鼓励周边国家产品进入中国服务业与制造业市场，扩大对华贸易投资，分享中国改革发展的新机遇；三是可以在开放经济制度安排上发挥引领作用。在与丝绸之路沿线国家双边或地区性贸易投资制度构建中，既要顺应世界贸易投资自由化、便利化及高标准、全面性的发展新趋势，又要适应沿线及周边国家经贸发展的具体国情及发展需要，构建起互惠双赢的地区性贸易投资安排。因此，依托“一路一带”建设，积极发挥中国在区域经济合作中的引领作用，有利于助力沿线国家经济发展，推进国际区域经济的分工、合作与融合，形成以我国为主导的国际区域经济合作的新局面。

（三）提升我国开放经济的质量

改革开放以来，我国形成了外资主导型的加工贸易模式。跨国公司投资于我国，主要实行的是资本和劳动力要素的结合，通过产业的隔代或梯度转移，将其母国的夕阳产业和淘汰技术转移至我国。近年来，虽然跨国公司在我国众多地区也建立了地区总部和研发中心，但也只是配合母国公司总部或进行配套研发，我国并没有真正成为跨国公司的运营和战略中心。在贸易出口结构上，导致我国出口集中于劳动密集型和资源密集型产品，“两高一资”产品比重较高，技术含量较低，处于价值链低端环节，产品的附加值不高。同时，从中国区域开放格局来看，受制于对外开放次序、政策及地理等因素的影响，我国的外贸、外资和对外投资主要集中于东部沿海地区。2012 年，西部 12 省市自治区在全国进出口总额中仅占 5. 96%，外商投资企业注册数和投资总额占全国的比重分别为 8. 33% 和 8. 17%，西部 12 省市区非金融类对外投资存量占全国的比重为 12. 76%，而东部沿海地区非金融对外投资存量占全国的比重为 75%，进出口总额为 86. 41%，企业注册数和投资总额分别为 66. 17% 和 80. 8%。

近些年来，随着人民币升值、国内生产成本上升、中国人口红利的逐步消失以及“刘易斯拐点”的到来等，我国出口产品的竞争在不断被削弱，转型升级已经成为中国外贸竞争力重塑的必然之路。因此，通过陆海丝绸之路建设，一是优化区域开放格局。利用新一轮国际产业转移的新机遇，为我国内陆、沿边地区提升利用外资规模和质量扩大对外开放创造新的外部条件；二是通过与沿线及周边国家在政策、基础设施、法律规章和文化等领域的对接，可以为我国企业及个人扩大对外投资，推动过剩产业和劳动密集型产业向外转移，在全球范围内配置和利用资源提供良好的基础条件；三是通过与沿线国家和地区签署双边或地区性贸易投资协定，一方面有利于我国规避与其他国家的贸易摩擦①，一方面通过双边或地区协定建立起的安全保障合作机制，确保我国在海陆两方面对外经贸交往的安全性和稳定性，提升我国的政治经济影响力。

三、对"一路一带"建设重点的思考

（一）加快落实同周边国家和区域的"五通"建设

按照习近平总书记关于丝绸之路经济带建设的"政策沟通"、"道路联通"、"贸易畅通"、"货币流通"、"民心相通"五个方面的要求，积极推进中国与丝绸之路沿线国家和地区在通道方面的建设。一是积极与丝绸之路沿线的中亚、南亚、欧盟等国家或地区签订相关双边或区域性贸易协定。通过贸易协定的谈判，实现双方在国际经贸文化与政治方面的政策沟通，为丝绸之路经济带的建设创造良好的政策环境；二是提升基础设施的互联互通水平。紧紧抓住新一代信息技术、高铁、新能源等第三次工业革命兴起的机遇，在利用和完善现有本地交通基础设施的基础上，提升或扩大丝绸之路陆上三个大通道的运载能力、运行速度、运行效率和运载内容，提升基础设施的互通、互联水平；三是依托大通道建设，进一步放宽丝绸之路沿线国家和地区外资对华的投资准入。扩大国内企业及个人对外丝绸之路沿线国家的对外投资，打造双方间的跨境投资、生产和贸易网络及跨境产业链条，提升与丝绸之路沿线国家境内外、产供销、上下游、内外贸、产业内与产业间经济贸易一体化的效率；四是进一步发挥人民币国际化对贸易和投资便利化的促进作用。扩大丝绸之路沿线国内重点城市的跨境人民币业务，扩展现有试点省份人民币资金结算、清算渠道极其便捷、顺畅的能力等，进一步满足企业对跨境贸易人民币结算的实际需求。同时，积极推进与丝绸之路沿线国家的金融合作，拓展我国金融机构在资产托管、资产管理、海外银团贷款、出口卖方信贷、贸易融资、国际结算、海外人民币理财等产品的服务范围与领域，搭建起服务中资企业与丝绸之路沿线地区经济发展的金融供应链；五是积极开展与丝

---

① 流入中国的外资主要以纯出口贸易和加工贸易为主，效益不高且加剧了我国的贸易顺差；另，在国际原产地认定规则上，基于欧美等发达国家将中间商在转口过程中的增值部分计入一国的出口，也导致我国的对外贸易额存在高估态势，成为加剧我国与其他国家的贸易摩擦的根源之一。近年来针对中国的贸易摩擦日渐提升，仅2013年就有22个国家和地区对我国发起94起贸易救济调查，同比增长22%。因此，通过对外投资，既可以充分利用外部资源，规避贸易摩擦，也有利于改变我国外资利用效益不高的现状。

绸之路沿线国家和地区的互免签证工作。为促进双方之间的人员往来、经贸文化教育等方面的交流提供便利。

（二）与丝绸之路沿线及周边国家和地区构建高标准的自由贸易区网络

顺应世界贸易投资自由化、地区性协定迅速增长和国际贸易标准逐渐向高端化发展的新趋势，着眼于发挥我国在解决下一代贸易和投资问题中的引领作用，党的十八届三中全会提出，改革市场准入、海关监管、检验检疫等管理体制，加快环境保护、投资保护、政府采购、电子商务等新议题谈判，形成面向全球的高标准自由贸易区网络。近年来，我国已经先后与东盟、巴基斯坦等9个国家和地区签署了自贸区协定，与海合会、澳大利亚、挪威、韩国、中日韩的自贸区协定及东盟的《区域全面经济伙伴关系协定》（RECP）正在谈判之中。与欧盟、日韩等国家和地区相比，我国签署的自贸区协定的数量相对较少，涵盖的国家、贸易领域和标准层次相对较低。“一路一带”战略的提出，为我国与沿线国家彼此更好地利用新的外部环境、参与国际贸易投资新规则制定、促进区域合作带来了新机遇。为此，新的自由贸易协定应包含以下几个方面：

一是实施高标准的开放性政策。推进我国与丝绸之路沿线及周边国家在金融、教育、文化、医疗等服务业领域的相互开放和制造业领域的全面开放，大幅度放宽相互间在绿地投资、并购投资、证券投资、联合投资等方面的外资准入限制；二是建设全面性的制度安排。在包括货物贸易、投资保护、原产地规则、海关手续、贸易救济、卫生和植物检疫措施、贸易技术壁垒、竞争政策、知识产权、政府采购、劳工与环境、临时入境、透明度、争端解决、伙伴关系、行政制度与条款、一般与例外条款等领域，建设既顺应世界贸易标准高端化发展，又符合沿线及周边国家具体国情及发展需要的制度安排。通过高标准自由贸易区的签订，加快与国际高标准规则接轨，为我国与丝绸之路沿线国家之间的经贸往来打造最规范、最公正、最透明的市场经济环境，显著降低双方在跨境生产和贸易供应链的交易成本和制度成本，提升上下游、产供销、内外贸互联互通的一体化效率，提升双方在人员、资金、物流、商务、信息之间的体量、流量和能量。

（三）立足重点领域，扩大国际区域合作

如上文所述，“一路一带”涉及的国家数量较多，类别较广，这就要求我

国的“一路一带”战略必须依据我国开放需要，结合共同的利益点，以寻求“一路一带”建设的突破。

立足贸易的互补性，推进与东北亚、东南亚及澳洲的区域合作。依托海上丝绸之路建设，一是在东北亚区域合作方面，日本与韩国是我国重要的对外贸易伙伴，中日韩三国都主要以进出口为导向，中间产品贸易流量较大，在贸易结构具有一定的趋同性和互补性，推进中日韩自贸区建设，能够进一步提升三国之间的竞争水平和效率，提升三国间贸易的垂直分工和水平分工水平，加速促进三国产业结构的调整。二是在东盟方面，积极发挥我国经济对东南亚国家的贸易溢出效应，加快推进《区域全面经济伙伴关系协定》（RCEP）谈判，提升现有中国东盟自由贸易区在相互投资管理和服务业市场准入方面的水平，深化与东盟的经济合作关系。通过来推动 RCEP 谈判，争取在亚太区域合作格局中的战略主动地位。三是在澳洲方面，拓展中国新西兰自贸区在货物贸易、服务贸易、投资、市场开放等多个领域合作空间，加快与澳大利亚自贸区谈判的进程，提升我国对澳洲的经济影响力。总之，未来依托海上丝绸之路建设，发挥我国在中日韩自贸区、中国东盟自贸区、中国新西兰自由贸易区和中国澳大利亚自由贸易区中的纽带和引领作用，巩固现有亚太经济合作基础，推进亚太地区的一体化进程，消解 TPP 对我国参与亚太经济合作的外部压力。

立足能源、投资等领域，推进与中亚、阿拉伯海合会间的区域合作。海湾合作委员会包括沙特、阿联酋、阿曼、科威特、卡塔尔、巴林 6 国，是世界主要能源生产和出口基地之一，已探明的石油、天然气储量分别占全球的 45% 和 23%。中亚地区包括哈萨克斯坦、吉尔吉斯斯坦、乌兹别克斯坦、塔吉克斯坦和土库曼斯坦五国，也是世界上石油和天然气资源蕴藏最丰富的地区之一。当前，海湾地区和中亚地区均以能源的出口作为国家经济增长的主要途径，均面临着产业结构单一、基础设施薄弱和加工业、服务业不强的困境。我国作为此类地区能源资源出口的重要市场，随着我国“走出去”战略的实施，该类地区也有引进我国资本参与其工业发展的迫切愿望，因此，依托丝绸之路建设，加快中海自由贸易谈判进程，早日开启中国中亚自由贸易区谈判，有利于推进我国与上述地区国家在能源、工业园区建设、基础设施建设的深层次合作，助力这些国家经济的转型和发展。

扩大经贸投资，推进中国与南亚之间的区域合作。从南亚的贸易和资金流入来看，2012 年，南亚地区引进外资为 395.25 亿美元，仅占世界外资流入的 2.5%，出口占世界的比重为 1.94%，进口占世界的比重为 3.31%，南亚国家在全球贸易和投资的比重较低。2012年，我国对南亚地区的投资中，巴基斯坦占比为60%，印度为31%；进出口贸易额中，巴基斯坦占比为13%，印度为73%。当前，南亚地区如印度在基础设施建设（如高铁等）、引进外资、扭转外贸逆差、城镇化、工业园区建设与经验等方面都有拓展与我国的合作的愿望，我国也有拓展南亚市场、深化与南亚国家经贸合作的需求，与印度的自贸区区域贸易安排也正处于研究之中。未来依托路上丝绸之路（中缅印经济走廊）建设，中国与南亚之间在货物贸易、服务贸易、投资、贸易便利化等方面的经济合作水平将会大幅度提升。

立足全面战略伙伴关系建设，提升中欧合作水平。中欧分别位属丝绸之路经济带的两端，是亚欧两大经济体和增长极，彼此互为对方的重要贸易伙伴，在金融、环境、航天、海洋、知识产权、能源、交通、教育、医疗卫生等领域的合作空间较大，尤其是在欧债危机前景尚未明朗的条件下，欧洲需要中国这一新兴经济体扩大对其的投资力度，以促进就业和缓解财政压力。而中国在城镇化、工业转型升级、环境保护、食品安全等方面也迫切需要欧盟在技术、经验等方面的支持。当前，中欧正在积极推进涵盖投资保护和市场准入的全面中欧投资协定，双方并决定在条件成熟时签订全面深入的自贸协定。因此，中欧加强合作，在丝绸之路两端发挥引领带动作用，将能有效推动我国丝绸之路经济带建设这一战略的实现，并推进中欧全面战略伙伴关系建设和促进亚欧经济一体化发展。

（四）提升国内丝绸之路沿线地区贸易投资的数量和质量

近些年来，在国家区域全面协调发展战略的推动下，我国内陆和沿边地区的基础设施进一步完善，已经具备了吸引外资企业从东部沿海地区向内陆沿边地区转移的条件。为此，国家应依托路上丝绸之路经济带建设，一是适当在地区间采取差别化外资政策和技术倾斜政策，以鼓励跨国公司技术溢出向内陆沿边地区企业转化和扩散。充分利用国际金融危机后全球产业新一轮大转移以及高新技术产业跨国公司进行新一轮价值链与供应链布局的新机遇，以增强外资的技术溢出效应为考量，鼓励外资企业投资国内的高新技术产业。对于技术含量高、技术溢出多，能够带动相关国内企业发展的外资项目给予政策倾斜；鼓励外资向内陆沿边地区投资，如适当放宽技术标准等；二是鼓励东部沿海地区加工贸易产业向内陆沿边地区转移。加强中央政府对内陆、沿边地区尤其是丝绸之路国内内陆沿边重要节点地区在资金、信贷和保险、认定和培育示范地、出口基地和外贸公共服务平台、海关特殊监管平台等方面加强政策引导和支持，在鼓励东部沿海省市有序推进产业向内陆沿边地区转移的同时，也支持内陆沿边地区以现有工业园区和各类产业基地为依托，加强配套能力建设，进一步增强承接产业转移的能力；三是积极鼓励内陆沿边企业加大对丝绸之路沿线及周边国家的投资力度。深入了解丝绸之路沿线及周边国家和地区的外资政策，鼓励内陆沿边企业积极到这些国家和地区承包工程、设立加工厂、制造基地、并购或建立技术研发机构以获取技术资源，到能源国家和地区开展开采和深加工业务，通过企业的沿线布局，为扩大我国与丝绸之路沿线国家和地区之间在生产、加工、销售、研发等领域的合作交往奠定基础；四是推进合作型产业园区建设。鼓励国内企业和沿线内陆沿边地区依托现有开发区和高新技术园区，通过合作、合资等灵活方式，在境外合作建立产业园区、境外经贸合作区等各种类型产业合作区。

（本文原载《宏观经济研究》2014 年第 11 期）

美国外国投资国家安全审查制度的启示及我国的应对策略

杨长湧

内容提要

美国外国投资安全审查已成为我国企业赴美投资的重要壁垒。本文模拟出一份美国审查的敏感产业清单，分为高度敏感和敏感两个层次。可以此为基础，从企业和政府两个层面采取有效措施应对美国审查。同时，随着我国对外开放深入，可以美国制度为借鉴，从建立法律依据、明确审查主体、细化审查范围、灵活审查程序和清晰程序终端等五个方面完善我国外资并购安全审查制度。

随着“走出去”步伐加快和外资准入放宽，我国面临两个突出问题：一是在加大对发达国家特别是美国并购投资的同时，如何有效应对其国家安全审查。二是在探索对外商投资实行准入前国民待遇加负面清单管理模式的同时，如何完善国家安全审查制度，构建安全高效的开放型经济体系。《中国（上海）自由贸易试验区总体方案》已明确提出这方面的要求。

美国是全球投资环境最开放的国家之一，也是对外资的国家安全审查制度最完备、最有效的国家之一。深入研究美国外国投资国家安全审查制度，找到应对其安全审查的有效方法，并充分借鉴其运作经验、完善我国外资并购安全审查制度，对于解决上述两个问题有着十分重要的意义。

一、美国的外国投资国家安全审查制度

（一）美国外国投资国家安全审查制度的依据：凭什么审查？

美国对外国投资的国家安全审查依据法律进行。五部法律在构建美国外国

投资国家安全审查制度中发挥了关键作用。一是1950年的《国防生产法》。第721节要求“对可能危及国家安全的兼并、收购或接管进行审查”。二是1988年的《埃克森—佛罗里奥修正案》，对《国防生产法》第721节进行了修正和扩充，明确列举了五项可能威胁国家安全的因素，规定了审查外资的具体程序，赋予总统中止或禁止被认为威胁国家安全的外资并购的权力，成为构建美国外国投资安全审查制度关键的一部法律。三是1992年的《伯德修正案》，对《埃克森—佛罗里奥修正案》进行修正，扩充了安全审查范围，强化了总统向国会报告的义务。四是2007年的《外国投资和国家安全法》（FINSA），对《埃克森—佛罗里奥修正案》进行修正，规定了更多更严格的内容，同时要求外国投资安全审查更加透明化、程序化。五是2008年美国财政部发布的《外国人合并、收购和接管规制：最终规则》，作为FINSA的实施细则。

（二）美国外国投资国家安全审查制度的主体：谁审查？

美国外国投资国家安全审查由美国外国投资委员会（CFIUS）实施。CFIUS成立于1975年，是一个跨联邦行政部门机构，组成部门和人员迄今经历六次大的变化。该机构起初负责审议外资对美国的影响，协调适用于外资的相关政策，但不掌握采取实质性措施的权力。1988年为实施《埃克森—佛罗里奥修正案》，时任美国总统里根签署总统令，授权CFIUS履行该修正案规定的外资审查职责。从此，CFIUS的性质和职能发生根本转变，拥有了对外资并购的调查权，及向总统提出是否中止或禁止并购的权力，成为美国对外资并购实施安全审查的执行机构。

目前，CFIUS成员分三大类。第一类是正式成员（full member），包括财政部等九个联邦行政机构的首长，其中财政部长兼任CFIUS主席。第二类是观察并在合适的时候参与CFIUS行动的成员，包括管理与预算办公室等五个联邦机构的首长。第三类是无投票权的（non - voting）、依职权（ex - officio）的成员，包括国家情报委员会和劳工部等两个机构的首长。该类成员主要就外国投资对国家安全和就业的影响进行详细说明，供CFIUS正式成员参考。

（三）美国外国投资国家安全审查制度的客体：审查什么？

美国外国投资国家安全审查的对象是外国人对美国跨州商业实体的兼并（merger）、收购（acquisition）和接管（takeover）的交易，且这一交易导致外国人对该商业实体的控制。该类交易属于受CFIUS管辖的交易（covered transaction）。CFIUS负责判断受管辖交易是否给美国国家安全带来现实的或潜在的威胁。

（四）美国外国投资国家安全审查制度的程序：怎么审查？

美国外国投资国家安全审查程序由四个阶段构成：一是申报前非正式磋商和草案申报期；二是 CFIUS 审查（review）期；三是 CFIUS 调查（investigation）期；四是总统决定期。前两个阶段是每一笔受管辖交易（covered transaction）都必经的阶段，后两个阶段则并非必经。美国在安全审查程序设计中，充分体现两个原则：一是审查目的并非阻碍投资者进入美国，而是帮助投资者在不影响美国国家安全的情况下顺利进入美国；二是约束权力，防止寻租与腐败。

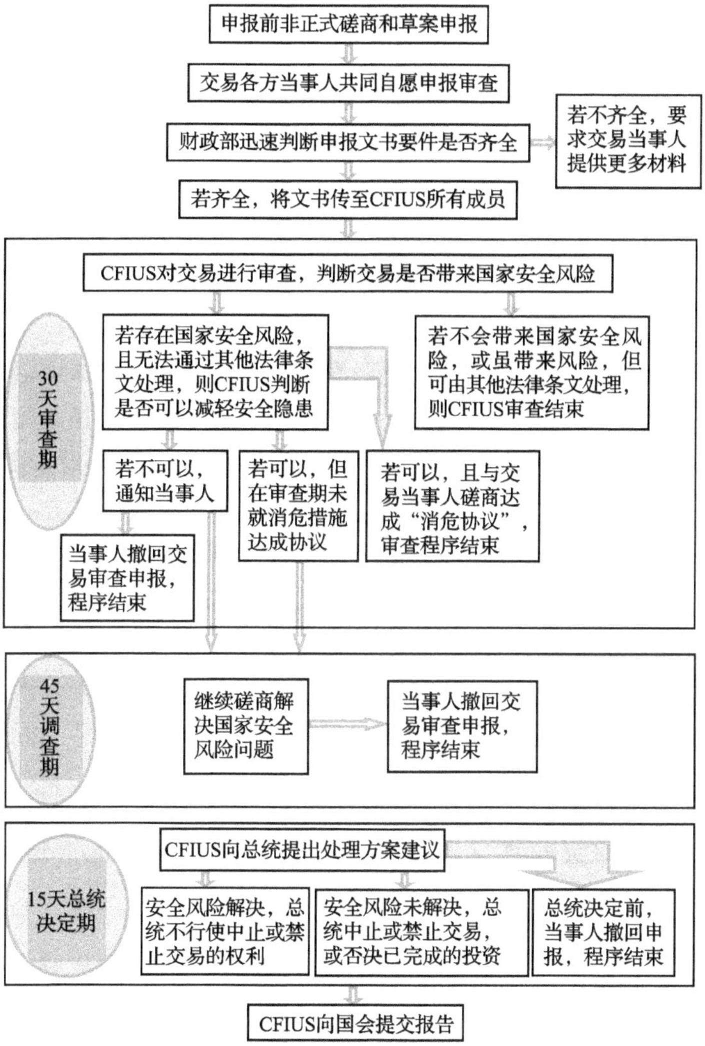

图1　美国外国投资国家安全审查程序

资料来源：CFIUS 网站、IIE 网站及作者整理。

二、美国外国投资国家安全审查的特点及趋势

（一）近五年进入调查期的交易数明显增多，CFIUS 国家安全审查趋严

2007 年后进入 CFIUS 调查期的交易数明显增多，占申报交易数的比重显著提高。只有在审查期发现存在国家安全隐患，运用其他法律无法消除该隐患，且 CFIUS 与交易当事人未达成“消危协议”，交易才会进入调查期。因此，进入调查期的交易数明显增多，说明 CFIUS 在审查期的审查趋严或“消危”要求提高，不少原本可以顺利通过审查的交易也可能被发现存在国家安全隐患。这与 2007 年美国通过《外国投资与国家安全法》，大大扩张国家安全因素有关。这一点将在下文详述。

（二）总统极少做出中止或禁止交易决定，但一些交易在提交总统决定前便已被迫撤销

到目前为止，美国总统仅做出过两次否决交易的决定，都是在交易事后对投资进行剥夺，且都是针对我国企业。第一次是 1990 年时任美国总统布什决定剥夺中国航空技术进出口公司收购美国西雅图飞机零部件制造商 MAMCO 公司的投资，理由是 MAMCO 公司制造的飞机零部件与美国军方有关。第二次是 2012 年奥巴马总统决定剥夺我国三一集团两高管控制的美国罗尔斯公司收购俄勒冈州四个风电场的投资，原因是这四个风电场皆位于俄勒冈海军西北舰队轰炸区的空中管制区内。

不过，一些交易在 CFIUS 提交总统决定前，便已考虑诸多因素而被迫撤销，包括 2005 年中海油被迫撤销收购尤尼科（Unocal）的交易，2008 年华为公司撤销收购 3COM 公司的交易等。

（三）制造业受管辖交易数居首位，计算机与电子产品是受审查最多的行业

2008—2012 年，制造业领域受 CFIUS 管辖的交易数为 223 起，占同期受管辖总交易数的 41%；其次是金融、信息和服务业，占比 33%。制造业中，计算机和电子产品行业占比 45%，运输设备行业占比 17%。

（四）英国企业主导的受管辖交易最多，我国企业主导的受管辖交易大幅增加

英国企业主导的受管辖交易远多于其他任何国家企业。2007—2009 年，英国企业主导的受管辖交易数占同期受管辖交易总数的 27.1%，2010—2012 年占比为 21.4%。我国企业主导的受管辖交易大幅增加，由 2007—2009 年的 13 起增至 2010—2012 年的 39 起，占比从 3.6% 升至 12.3%。我国企业主导的交易集中于制造业领域。

但交易受管辖只是说明该交易在 CFIUS 审查范围内，并不意味着一定不能通过国家安全审查。受管辖交易多与被否决交易多是两个概念。

三、美国外国投资国家安全审查的敏感产业和敏感外国投资主体

美国财政部文件公开表示，CFIUS 考察一项兼并、收购或接管交易是否会威胁美国国家安全时，依据两个标准：一是交易对象所在产业领域；二是外国投资主体的性质。换句话说，对于 CFIUS 审查而言，存在敏感产业和敏感外国投资主体。然而，美国从未公布敏感产业清单，理由是不能泄漏美国国家安全战略，也不能自缚手脚。而对敏感外国投资主体，美国财政部也仅表示对国外政府控制的国有企业会更加关注，但对各个国家本身是否一视同仁则未提及。

事实上，摸清 CFIUS 的敏感产业清单和敏感外国投资主体，对于我国企业赴美投资时拥有更多信息，避开“雷区”，提高交易成功概率十分重要。对此，笔者尝试模拟 CFIUS 敏感产业清单，及判断我国在 CFIUS 敏感外国投资主体中所处的位置，以期为我国政府和企业有效应对美国国家安全审查提供参考。

（一）CFIUS 考虑的国家安全因素

在美国外国投资国家安全审查中，如何界定“国家安全”概念是关键。只有首先划清“国家安全”边界，CFIUS 在审查外资兼并、收购和接管是否对美国国家安全形成威胁时才有明确依据。然而，界定“国家安全”概念十分困难，引发了美国政界和学界诸多争论。实践中，美国采用开放式列表方法，列举与国家安全相关的因素。从《埃克森—佛罗里奥修正案》到《外国

投资与国家安全法》，列表逐步扩充，需要考虑的国家安全因素增多。

按照美国财政部公布的文件及美国国会学者的研究（Jackson，2013），美国国家安全因素列表共有13项内容。

表1 CFIUS审查考虑的国家安全因素列表

1	对国防所需的国内产品的潜在影响
2	对满足国防需要的国内产能的潜在影响，包括对人力资源、产品、技术、材料及其他服务的适用性的影响
3	外国人对美国国内产业和商业设施的控制对美国满足其国家安全的能力的潜在影响
4	交易涉及向支持恐怖活动、导弹技术及生化武器扩散国家转让军事物资设备或技术的潜在影响；以及美国国防部认为交易可能给美国利益施加区域性的军事威胁
5	对美国在国家安全技术领域保持国际领先地位的影响
6	对美国关键基础设施产生的与国家安全相关的影响
7	关于美国关键基础设施（包括主要能源资产）的潜在影响
8	对美国关键技术的潜在影响
9	对美国能源、关键资源和原材料长期需求的潜在影响
10	对军事应用技术的输送和扩散的潜在影响
11	交易是否导致美国企业被国外政府或代表国外政府的实体所控制
12	相关外国政府对防扩散控制机制的遵守情况及与美国进行“反恐”合作的纪录
13	总统和CFIUS认为合适的其他因素

资料来源：美国财政部、美国国会及作者整理。

6—13项是FINSA新增的，极大扩张了CFIUS需要考虑的国家安全因素，并提出了两个重要概念：关键基础设施（critical infrastructure）和关键技术（critical technology）。美国国家安全因素列表呈现两个显著特点：

首先，“国家安全”的内涵从传统的国防和军事安全，扩张到包括国防和军事安全、国家经济安全和公共健康安全。

其次，外国投资国家安全审查与出口管制出现共同考虑的交叉性因素。

（二）美国外国投资国家安全审查的敏感产业清单模拟

笔者根据可得信息，模拟美国外国投资国家安全审查的敏感产业清单。

主要有三个依据：

一是美国出口管制军品清单（USML）和商业管制清单（CCL）。出口管制和外国投资国家安全审查，主要目标都是防止敏感产品和敏感技术落入对美国国家安全存在威胁的主体手中，因此其敏感产业应该存在较多交叉。从2007年FINSA公布后外国投资国家安全审查在“关键技术”领域出现与出口管制的交叉因素，亦可见一斑。

二是美国外国投资国家安全审查典型案例中透露的信息。CFIUS采取逐案审查（case－by－case）的方式，其审查的典型案例可透露出部分敏感产业信息。

三是我国重要国有企业行业布局。我国一直坚持国有企业在关系国民经济命脉的重要领域发挥主导性作用。哪些产业关系国家安全和国民经济命脉，是一个技术性问题，与社会经济制度关系不大。因此，从我国重要国有企业的行业布局，可以部分推测关系美国国防和经济安全的敏感产业。

1．美国出口管制军品清单和商业管制清单

美国出口管制清单分为两大类：军品清单和商业管制清单。军品清单包括21个大类，商业管制清单包括10个大类。商业管制清单的每一大类按照物项性质分为5组，包括：A组，设备、套件及部件；B组，测试、检查和生产设备；C组，材料；D组，软件；E组，技术。

从表9可见，军品清单管制的产品制造行业，是与美国国防和军事安全密切相关的行业。商业管制清单管制的产品制造行业，与美国国防和军事安全的关系虽较军品管制清单要弱，但与经济安全存在密切关系。

表2　美国出口管制军品清单和商业管制清单

军品清单		商业管制清单	
第1类	手枪、步枪、近距离攻击武器和军用手枪	第0类	核材料、设施和设备
第2类	长枪和火炮	第1类	化工品、微生物和毒素
第3类	火药和弹药	第2类	材料加工
第4类	运载火箭、导弹、弹道导弹、火箭、鱼雷、炸弹和地雷	第3类	电子
第5类	炸药、推进剂、燃料剂及其组成部分	第4类	计算机
第6类	军用船舶和海军专用设备	第5类	通信及信息安全

续表 2

军品清单		商业管制清单	
第 7 类	坦克和军用车辆	第 6 类	激光及传感器
第 8 类	飞机及有关设备	第 7 类	导航及航空电子
第 9 类	军用训练设备	第 8 类	海洋
第 10 类	人身保护设备	第 9 类	推进系统、空间飞行器及相关设备
第 11 类	军用电子设备	—	
第 12 类	火力控制装置、测距仪、光学设备和制导与控制设备		
第 13 类	辅助军事设备		
第 14 类	毒剂，包括化学制剂、生物制剂及相关设备		
第 15 类	航天系统及相关设备		
第 16 类	核武器设计和试验设备		
第 17 类	未包含在其他类里的保密物品、技术数据和国防服务		
第 18 类	定向能武器		
第 19 类	特别设计产品		
第 20 类	潜水船只、海洋学设备及相关设备		
第 21 类	杂项		

资料来源：美国商务部。

2. 美国外国投资国家安全审查典型案例

笔者选取 CFIUS 审查的三类典型案例：

一是最终被总统否决或剥夺的交易；

二是虽未被总统否决或剥夺，但交易当事人被迫放弃的交易；

三是虽未被总统否决或剥夺，当事人也未放弃，交易最终通过审查，但引起美国国会、政府和公众较强烈关注，审查通过遭遇很大困难与压力的交易。

由于 CFIUS 并不公开每笔交易的审查状况，笔者只能选取相关文献和媒体报道中经常提及的一些典型案例进行剖析。

表3　美国外国投资国家安全审查典型案例

时间	案　例	结　果	所在行业
总统否决或剥夺的交易（2）			
1990	中国航空技术进出口公司收购美国西雅图飞机零部件制造商MAMCO公司案	总统决定剥夺投资	飞机及其零部件制造
2012	中国三一集团两高管控制的美国罗尔斯公司收购俄勒冈州四个风电场	总统决定剥夺投资	风电
交易当事人被迫放弃的交易（8）			
1983	一家日本公司收购美国一家特种钢生产商	国防部以该美国公司生产的特种金属系用于美国军用飞机制造为由，宣布该金属生产属于军事机密信息，迫使日本公司放弃收购计划	特种钢制造
1987	日本富士通公司收购美国仙童半导体公司	美国国会和国防部认为，富士通公司收购将导致日本控制美国军用电脑芯片主供应商，从而使美国国防工业高科技产品依赖外国资本。迫于压力，富士通公司放弃收购计划	半导体
2005	中海油收购美国尤尼科公司	迫于CFIUS调查可能给公司声誉与形象带来的负面影响，中海油撤销交易	石油
2006	以色列Check Point软件技术公司出资2.25亿美元收购美国Sourcefire公司	迫于CFIUS调查可能给公司声誉与形象带来的负面影响，Check Point公司撤销交易	公司内部网络安全设施制造

续表3

时间	案　例	结　果	所在行业
交易当事人被迫放弃的交易（8）			
2008	华为公司收购美国3COM公司	美方认为交易存在国家安全隐患，华为公司最后撤销交易	网络硬件制造（网络交换机，路由器，无线接取器，IP语音系统和入侵预防系统等产品）
2009	中国西北矿业国际投资公司收购美国Firstgold公司	美国财政部反对交易，理由是Firstgold公司在敏感军事区附件，西北矿业投资公司最后撤销交易	金属矿藏采掘
2010	中国唐山曹妃甸投资公司收购美国Emcore公司	美方认为交易存在国家安全隐患，曹妃甸投资公司最后撤销交易	光纤和太阳能板零部件制造
2011	华为公司收购美国3LEAF公司	美方认为交易存在国家安全隐患，华为公司最后撤销交易	网络服务（服务器虚拟化等，HPC领域核心技术）
最终通过但遭遇很多困难与障碍的交易（6）			
1981	科威特石油公司收购美国Santa Fe石油公司（其子公司C. F. Braun公司是美国核设施供应商）	CFIUS开始试图阻止交易。在美国能源部与外国并购方就“不允许科威特控制C. F. Braun公司的核技术”达成一致后，CFIUS勉强同意了该收购	石油、核设施
2000	日本NTT通信公司收购美国Verio公司	美国联邦调查局（FBI）提起审查要求，CFIUS进行了较长时间的审查和调查，但最终通过了收购	商业网站和网络服务

续表 3

时间	案　　例	结　　果	所在行业
最终通过但遭遇很多困难与障碍的交易（6）			
2006	阿联酋迪拜港口世界公司收购英国半岛—东方航运公司，其中包括美国的 6 个港口。	CFIUS 审查批准，却遭到美国国会极力反对。迪拜世界港口公司被迫宣布，收购英国半岛—东方航运公司相关业务后，将把其在美国港口的经营权转让给一家美国公司	港口
2012	万向集团美国公司收购美国锂电池制造商 A123	万向集团同意剥离 A123 与军方的合同业务，交易通过审查	锂电池制造
2013	日本 Softbank 公司收购美国 Sprint Nextel 公司	CFIUS 要求其将中国华为公司从 Sprint Nextel 供应商名单中移除，经过 9 个月的时间，交易才最后被批准	无线通信服务
2013	中海油收购加拿大尼克森公司（Nexen）及其在美国墨西哥湾的资产	第一阶段 75 天审查和调查期结束后，CFIUS 要求中海油撤回并重新申报材料。向中海油提出不少苛刻“消危”条件。交易最终通过审查	石油

3. 我国中央国有企业主要产业布局

2006 年国务院国资委发布《关于推进国有资本调整和国有企业重组的指导意见》后，国有经济行业布局进行了进一步战略调整，形成对关系国家安全和国民经济命脉的七大重要行业和关键领域的绝对控制力，及对九大基础性和支柱产业领域重要骨干企业的较强控制力。其中，七大重要行业和关键领域是：军工、电网电力、石油石化、电信、煤炭、民航、航运。

4. 美国外国投资国家安全审查的敏感产业清单模拟

从美国出口管制军品清单和商业管制清单、CFIUS 审查典型案例及我国中央国有企业主要产业布局，可以模拟出一个美国外国投资国家安全审查的敏感产业清单。

清单可以分两级：第一级是高度敏感产业，主要是与军事和国防安全相关的产业；第二级是敏感产业，主要是与国家经济安全相关的产业，包括能源、电网电力、电子信息、交通运输、装备制造及生化等六大产业。每一产业中有一些特别需要注意的行业。从过去经验看，并购这些行业领域的企业，被 CFIUS 认为存在美国国家安全隐患的可能性会显著上升。

表 4 美国外国投资国家安全审查的敏感产业清单模拟

级　别	产　业	特别需要注意的行业
一级：高度敏感	军事工业	军用飞机零部件制造
		特种金属制造
		军用电脑零部件（半导体）
		锂电池
二级：敏感	能源	石油
		风电
	电网电力	—
	电子信息	重要网络硬件制造
		光纤制造
		激光及传感器
		导航及航空电子
		掌握核心技术的网络信息服务
		无线通信服务
	交通运输	港口、海运
		民航
	装备制造	核材料、设施及装备
		太阳能板零部件制造
	生化	化工品、微生物和毒素

资料来源：笔者模拟。

（三）美国外国投资国家安全审查的敏感外国主体

容易引发 CFIUS 国家安全忧虑的第二个因素是实施兼并、收购和接管的外国主体的身份。从 CFIUS 审查历史看，收购对象所在的产业相同，但收购主体不同，国家安全审查结果往往会有明显区别。

外国投资者主体的差别表现在两个层面：首先，投资者来自哪个国家。对于美国而言，有些国家属于“敏感”国家，来自这些国家的投资者要并购美国企业，一般会引发 CFIUS 更多的国家安全考虑。其次，投资者属于国有企业还是民营企业。一般而言，国有企业并购更易被 CFIUS 认为存在国家安全隐患。

美国从未明确哪些国家在外国投资安全审查中属于敏感国家，但依然可以借助美国出口管制体系对出口目的地的分类标准，推断美国国家安全审查的敏感国。美国《出口管理条例》（EAR）根据管制严厉程度，将出口目的地分为 A、B、C、D、E 五组，其中我国被列入 D 组，属于管制程度相当严厉的国家。

表 5　美国出口管制目的地分组情况

	国家（地区）
A 组	澳大利亚、加拿大、德国、法国等
B 组	智利、希腊、南非等
C 组	—
D 组	中国、阿富汗、俄罗斯等 36 个国家和地区
E 组	古巴、朝鲜、伊朗、苏丹、叙利亚

资料来源：美国商务部。

可以认为，来自 D 组和 E 组国家的投资者，被 CFIUS 认为是敏感投资者的可能性较 A 组和 B 组要大得多。

四、有效应对美国外国投资国家安全审查

（一）我国企业赴美收购成功与失败案例比较

我国在美国外国投资安全审查中很可能属于“敏感”国家，国内企业赴美并购容易遭遇“身份”劣势。但这并不意味着不能采取一定措施缓和 CFIUS 的国家安全担忧，从而获得并购交易的成功。

表6 两个案例的对比

2005年联想收购IBM全球个人电脑业务	2008年华为公司收购美国3COM公司
1. 签署正式协议前几个月就开始接触应对CFIUS有经验的律师	1. 交易公布后才向有经验的CFIUS律师咨询
2. 与CFIUS进行了申报前非正式磋商，了解CFIUS在国家安全方面的担忧	2. 事先没有与CFIUS进行非正式沟通与咨询
3. IBM公司主动公关媒体	3. 华为在媒体上很强势，且不重视CFIUS提出的国家安全担忧
4. 买卖双方在正式公布交易前，向CFIUS和国会分别秘密、广泛地说明情况	4. 没有事先沟通，买卖双方的交易让CFIUS和国会都感到很意外
5. 买卖双方事先了解到CFIUS的担忧，主动提出缓和措施建议	5. 买卖双方对CFIUS提出的缓和措施要求感到意外

资料来源：Levine（2013）。

（二）应对美国国家安全审查的建议

1. 政府层面：建立敏感提醒规则

建议设立三级敏感提醒规则。商务和发展改革部门在核准赴美并购项目时，按照投资主体和并购对象所在行业，分别给予投资者不同级别的敏感提醒。

表7 政府层面的敏感提醒规则建议

敏感提醒级别	并购主体	并购对象
一级	国有企业或与政府联系紧密的民营企业	一级高度敏感企业（军工企业）
二级	国有企业或与政府联系紧密的民营企业	二级敏感企业（能源、电网电力、电子信息、交通运输、装备制造、生化等）
	一般背景的民营企业	一级高度敏感企业（军工企业）
三级	一般背景的民营企业	二级敏感企业（能源、电网电力、电子信息、交通运输、装备制造、生化等）

2. 企业层面：采取措施减少 CFIUS 的国家安全担忧

从 CFIUS 审查规则及我国企业赴美并购成功与失败的案例中，可以总结应对 CFIUS 审查、减少其国家安全担忧的六条经验。

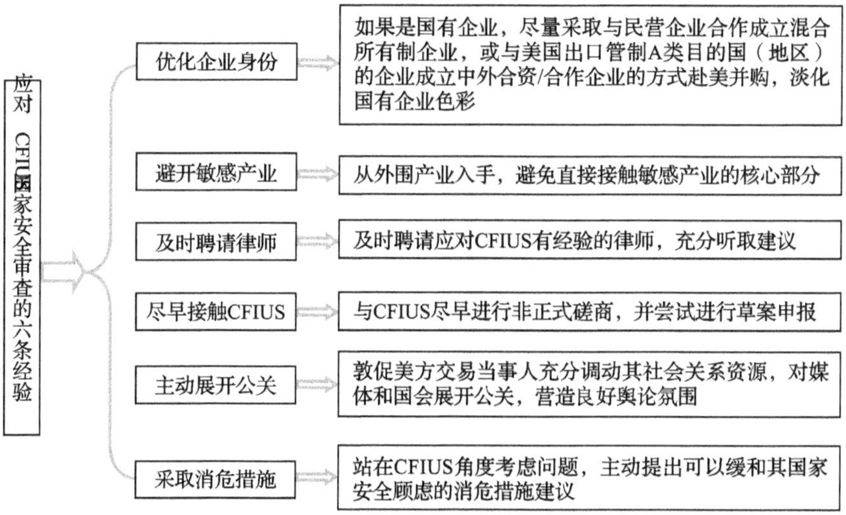

图 2　企业应对 CFIUS 国家安全审查的六条建议

五、完善我国外资并购安全审查制度

（一）我国外资并购安全审查制度现状及存在的问题

我国已建立外资并购安全审查制度。2007 年颁布的《中华人民共和国反垄断法》第三十一条规定，“对外资并购境内企业或者以其他方式参与经营者集中，涉及国家安全的，除依照本法规定进行经营者集中审查外，还应当按照国家有关规定进行国家安全审查”。这是我国首次以法律形式明确对外资并购进行安全审查。

2011 年 2 月，国务院办公厅下发《关于建立外国投资者并购境内企业安全审查制度的通知》（国办发［2011］6 号），从审查内容、审查范围、审查工作机制、审查程序等方面进行了较详细的规定。同年 8 月，商务部发布《商务部实施外国投资者并购境内企业安全审查制度的规定》，按照国办下发通知的要求，进一步明确了外资方申请并购安全审查需要提交的材料等。

中美外资并购安全审查制度有诸多相似处，不排除我国安全审查制度就是以美国为蓝本建立的，但与美国相比尚存在需要完善之处：

一是所依法律效力不充分。美国通过国会颁布正式法律建立外资并购安全审查制度，而我国安全审查制度建立的依据是国务院办公厅下发的通知。从法律来源看，该通知属于行政法规，权威性和有效性尚待提升。若我国安全审查做出的决定，外资并购方不认同、有争议，最后上诉至世界银行解决投资争端国际中心等国际组织裁决，国办通知的法律效力可能受到质疑。

二是审查主体构成不明确。美国 CFIUS 成员构成明确公布，分为不同类型，在 CFIUS 中各自担负不同职责。我国外资并购安全审查由部际联席会议实施，但国办通知只是明确该联席会议在国务院领导下、由国家发改委和商务部牵头，但具体包括哪些部门则没有公布。若部际联席会议的部门构成尚不明确，只是根据具体案件临时调整，可能无法保证安全审查工作的连续性，不利于相关部门持续积累审查经验。若部际联席会议的部门构成是明确的，只是没有对外公布，可能导致对我国外资并购安全审查信息不透明的质疑。

三是审查范围缺乏操作性。我国明确列举了外资并购安全审查的范围，包括九类企业：军工及军工配套企业，重点、敏感军事设施周边企业，关系国防安全的其他单位，关系国家安全的重要农产品企业、重要能源和资源企业、重要基础设施企业、重要运输服务企业、关键技术企业及重大装备制造企业。看似较美国更具体，但其中七类企业都用“重点”、“重要”、“关键”、“重大”等词语描述。“重点”、“重要”、“关键”、“重大”的标准是什么？由谁判断是否是“重点”，是否“重要”，是否“关键”，是否“重大”？这些都没有明确回答，导致范围看似更具体，实际操作难度却更大。同时，九类企业外没有设置“其他”的兜底条款，可能导致出现意外情形时无法有效应对。

四是审查程序尚欠灵活性。与美国相比，我国安全审查程序至少有两处灵活性有待提升：一是外方正式申报前，只能就程序性问题与商务部商谈，而不能像美国那样，可以与 CFIUS 就交易实质性问题进行非正式性磋商；二是审查发现并购交易存在影响国家安全的因素时，没有像美国那样通过达成“消危协议”解决国家安全隐患的机制。

五是审查程序终端模糊化。美国安全审查程序的终端是总统决定。在这一环节，美国规定了 15 天的期限，且赋予其不受司法审查的终局性权威。我国安全审查程序的终端是国务院决定，但没有明确期限，也没有赋予终局性权力。一旦外方对国务院决定不服，是否可以上诉？依据什么上诉？向哪一级法院上诉？这些都没有清晰的制度安排。

表8　中美外资并购安全审查制度比较

	我　国	美　国
法律依据	1.《国务院办公厅关于建立外国投资者并购境内企业安全审查制度的通知》（国办发［2011］6号） 2.《商务部实施外国投资者并购境内企业安全审查制度的规定》（2011年8月25日）	1.《国防生产法》第721节（1950年） 2.《埃克森—佛罗里奥修正案》（1988年） 3.《伯德修正案》（1992年） 4.《外国投资和国家安全法》（2007年） 5.《外国人兼并、收购和接管规制：最终规则》（2008年）
审查主体	外国投资者并购境内企业安全审查部际联席会议	美国外国投资委员会（CFIUS）
审查对象	外资并购境内企业，且实际控制权可能被外国投资者取得的交易	外国人对美国跨州商业实体的兼并、收购和接管的交易，且这一交易导致外国人对该商业实体的控制
审查程序（见附图二）	1. 正式申请前的商谈期 2. 30天一般审查期 3. 60天特别审查期 4. 国务院决定期	1. 申报前非正式磋商和草案申报期 2. 30天CFIUS审查期 3. 45天CFIUS调查期 4. 15天总统决定期
是否可与交易当事人达成消除国家安全隐患的协议	不可	可达成"消危协议"
国家安全审查考虑的因素	四个因素、九类企业	十三个因素，没有明确列明产业领域

注：[①]四个因素指交易对国防安全、国家经济稳定运行、社会基本生活秩序、涉及国家安全关键技术研发能力。

（二）完善我国外资并购安全审查制度的五点建议

一是建立法律依据。建议由全国人大常委会制定《外国投资和国家安全法》，通过法律形式构建我国外资并购安全审查制度。该法应明确国家安全的概念，通过开放式列表列明审查所应考虑的国家安全因素，使安全审查程序规范化、透明化。在此基础上，建议由国家安全委员会或国务院出台行政法规，制定《外国投资和国家安全法》实施细则，进一步明确安全审查主体、对象、程序等关键内容。

二是明确审查主体。如果部际联席会议构成部门尚不明确，建议尽快确定，且可借鉴美国经验、设置两类成员：第一类是常务成员，作为部际联席会议固定组成人员，应参与每次外资并购安全审查并按工作程序提出明确意见。根据我国实际情况、参照美国经验，建议该类成员包括七部委：国家发展改革委、商务部、外交部、国防部、科技部、工业和信息化部、安全部；第二类是特殊成员，不作为部际联席会议固定组成人员，只在外资并购涉及其管理权限内的企业时参与安全审查并提出明确意见。如，若涉及银行业，中国银行业监督管理委员会应作为特殊成员参与安全审查；若涉及文化企业，文化部应作为特殊成员参与安全审查。如果部际联席会议构成部门已明确，建议对外公布，增强外资并购安全审查的透明度。

三是细化审查范围。制定较详细的敏感产业清单，便于部际联席会议实际操作，且设置兜底条款，使其成为开放式而非封闭式清单。敏感产业清单要严格保密，不对外公布。

四是灵活审查程序。借鉴美国经验，设置申报前非正式磋商和草案申报环节，由商务部负责，提前了解并购交易情况，并与交易当事人进行非正式磋商。建立“消危”机制，发现并购交易存在国家安全隐患时，敦促交易当事人采取“消危”措施，建议设置四类“消危协议”：（1）业务剥离协议。对被并购企业履行机密合同或敏感合同的业务采取安全保护，要求并购者将这部分业务从被并购企业中剥离。（2）管理层协议。与被并购企业管理层达成协议，要求其承诺外国投资者不得接触特定信息或对特定合同履行施加影响。（3）少数股份协议。要求外国投资者只能拥有被并购企业少数股份，不得对被并购企业形成实质性控制或影响。（4）基础设施安全协议。包括确保我国重要基础设施安全的各种限制性措施，如对有权接触通信网络数据的人员实行监控、限制向外国公司业务外包、限制非中国公民参观等。

五是清晰程序终端。对国务院决定设置期限限制，同时赋予不受司法审查的终局性权力。

（本文原载《宏观经济研究》2014 年第 12 期）

我国技术进口研究

陈长缨

内容提要

“十一五”以来，我国技术进口总量在保持稳定增长的同时，更侧重于“纯技术”进口，技术进口的先进性不断提高。目前，我国技术进口主要采取目录管理方式和利用行政和财政政策进行调节，整体上以鼓励进口国外先进技术为主要目的。我国过去技术引进及其政策效果利大于弊，不但技术进口“外溢效应”大于“挤出效应”，而且技术进口在促进产业发展的正面效果更为突出。近年来，我国国内技术研发能力和成果都有了很大提高，我国先进技术来源正在由过去主要依靠进口转为主要依靠国内自主研发。从未来我国经济发展对技术需求、国内研发要素供给、国际技术环境变化等方面考察，自主技术研发的重要性都进一步突出，为此我国技术进口政策也应该进行相应调整，其核心是对具备自主技术研发创新能力的先进技术，应转为“中性”或限制技术进口的政策，即“高级阶段的技术进口替代政策”。

一、技术进口的概念和基本特征

国际技术贸易是指不同经济体企业之间，一方将某种内容的技术通过签订商业协议或合同的形式转让给另一方，并收取一定的技术使用费的行为。国际技术贸易既包括技术知识的跨境交易，也包括与技术转让密切相关的机器设备等货物的跨境交易。

与一般货物贸易相比，国际技术贸易具有一些特征。一是交易对象不同，货物贸易交易的是各种具体物质产品，技术贸易交易的是知识产品，是在科学实验和生产过程中创造的各种科技成果；二是所有权转移不同，货物贸易交易商品的所有权随贸易过程而转移，原所有者不能再使用和出售，而技术贸易出口方一般不转移所有权、只转移使用权，在技术转让后，技术所有权仍属技术所有人，一项技术原则上可以多次转让；三是交易过程不同，一般货物贸易在交易完结后，贸易活动即完成，而技术贸易交易过程较长，一项技术在转移过程中，往往须经过提供资料、掌握技术、消化技术等过程，最后才完成技术贸易行为，这个过程有利于进口方的知识积累；四是交易主体关系不同，货物贸易的出口方和进口方一般关系不大，而技术贸易双方多为生产领域一致但技术水平存在较大差异的企业，他们之间利益和竞争关系复杂，如技术出口方要在出口技术获得利润和保持技术垄断力之间进行权衡；五是交易条件不同，一般货物贸易交易比较简单，而技术贸易交易条件比较复杂，不但包括技术内容、专利使用范围，而且包括交易双方的义务和责任等，技术的交易价格构成也比较复杂。

二、我国技术引进现状和特征

在我国，技术进口通常称为技术引进，我国只有对技术引进合同金额的统计，而没有对实际技术引进金额的统计。下面，我们重点考察“十一五”时期即2006年以来，我国技术引进合同额的动态变化特征。

从技术引进总量看（表1），近年来虽有波动、但整体上保持稳定增长。若横向比较，我国技术进口增速落后于货物贸易和服务贸易增速，例如，货物进口从2006年到2012年间增长了1.3倍。

表1　2006年以来我国技术引进合同额

	2006	2007	2008	2009	2010	2011	2012
合同数（项）	10538	9773	10170	9964	11253	9480	12988
合同额（亿美元）	220.23	254.15	271.33	215.72	256.36	269.68	442.74
#技术费（亿美元）	147.56	194.06	235.47	186.08	218.47	228.52	416.9
技术费/合同额（%）	67.0	76.4	86.8	86.3	85.2	84.7	94.2
单个项目合同额（万美元）	209.0	260.1	266.8	216.5	227.8	284.5	340.9

资料来源：根据历年《中国科技统计年鉴》整理。

从技术费占技术引进比重看，增幅也非常明显。我国技术引进分为两个部分，即技术费和设备费，前者主要是技术进口的“软件”部分，包括购买专利、专有技术、技术咨询等，后者是技术进口的“硬件”部分，主要是与技术转让有关的机器、设备等，“软件”部分的技术含量比“硬件”部分要高一些。过去很长一段时间，我国技术进口以设备进口为主，但随着我国设备制造能力快速提高，设备进口越来越少，“纯技术”进口越来越多，2006年到2012年，技术费由147.56亿美元迅速上升到416.9亿美元，占技术引进比重由67%快速上升到94.2%。

从技术引进来源地看，我国技术引进高度集中在发达国家。日本和美国是我最重要的两个技术进口国，2012年来源于日本、美国的技术引进分别为109.4亿美元和81.2亿美元，分别比2006年大幅增长了108%和93%，占我国多年技术引进比重分别高达24.7%和18.4%。德国占我国技术进口的比重长期维持在第三位，2012年占进口比重为10.4%。近年来源自韩国的技术进口出现了较快增长，2012年比2006年增长了1.79倍，大体稳定在我国技术进口的第四位。其余位居我国技术引进前列的国家包括法国、英国等西欧国家以及瑞典、芬兰等北欧国家。此外，中国香港和新加坡也是我国技术引进的重要来源地，其中香港更多地发挥了我国内地从海外技术引进的中介作用。从地理分布来看，我国技术引进来源地分布与全球科技研发能力分布及其动态变化高度一致。

从技术引进方式看，引进国外专有技术、专利技术、由国外提供技术咨询和服务是我国引进国外技术的三种最主要方式。2012年，专有技术的许可或转让占我国技术引进的比重为36.4%，技术咨询、技术服务的比重为32.2%，专利技术的许可或转让的比重为15.3%。相比之下，与技术引进有关的成套设备、关键设备、生产线等进口比重逐渐下降，2012年其比重仅为3.3%，这也进一步说明我国技术引进越来越侧重于“纯技术”的进口。

从国内技术引进的区域分布看（见表2），东部地区一直是我国技术引进的最主要的地区。2012年，东部地区占我国技术引进的比重为68.3%，西部地区为23.1%，中部地区为4.6%。从动态变化看，近年来西部地区技术引进增速很快，已经超越了中部地区，主要原因是重庆等西部地区核心城市引进技术增长很快。若分省份考察，我国技术引进高度集中在直辖市和沿海经济大省，2012年位居前六位依次是江苏、重庆、上海、北京、广东和天津，从动态看，近年来广东技术引进比重有所下降，而重庆比重则迅速上升。

表2 近年来我国各地区技术所占比重（%）

	2006	2008	2010	2011	2012
东部地区	68.1	79.9	70.2	72.8	68.3
中部地区	5.4	10.0	8.2	8.6	4.6
西部地区	3.7	4.9	11.9	18.6	23.1
总计	77.2	94.8	90.3	100	96.0

注：国外技术引进合同有一部分无法按地区分类，所以分地区之和不一定等于全国总计。

资料来源：根据历年《中国科技统计年鉴》整理计算。

从行业分布看，我国技术引进高度集中在制造业。2012年，制造业占我国技术引进的比重为占84.2%，这与我国全球制造基地，以及制造业升级对引进技术需求增加是一致的。其余技术引进比重较大的行业，包括信息传输计算机服务和软件业（4.1%）、电力煤气及水的生产和供应业（2.6%）、房地产业（2.4%）。

三、我国技术进口政策和效果评估

（一）我国技术引进的政策

我国在对大多数国外技术采取“中性”进口政策，也就是准许自由进口的同时，也对一部分国外技术采取“有偏”进口政策，其中既包括鼓励部分先进技术进口，也包括对部分技术禁止或者限制进口，其中对限制进口的产品，实行许可证管理。

加入WTO后，我国技术进口调节主要通过目录管理方式，利用行政和财政手段进行调节，这符合国际通行规则。需要注意，技术进口政策按是否包含设备分为两类，如果是不含设备的“纯技术”进口，则进口时无须缴纳关税，如果技术进口包含设备，则进口时需要缴纳关税和进口环节税，目前我国技术进口大部分属于前者。

目前，我国技术进口按政策取向共分为四类。第一类是鼓励进口的技术，它被列在由国家发改委、财政部、商务部共同发布的《鼓励进口技术和产品目录》中。政策主要目的是促进我国自主创新和结构调整。这类技术主要包括国内尚未掌握的先进技术，国家批准或核准的重点建设工程引进的先进技术等。我国对这类技术给予贴息优惠政策支持，贴息率以一年期贷款基准利率为上限。

第二类是限制进口的技术，它被列在由商务部发布的《限制进口技术目录》中。我国限制进口技术的确定原则主要包括，对国家安全、公共利益、公共道德、人的健康安全、生态环境等会产生不利影响的技术，不符合产业政策的技术，为保证国际收支安全而限制进口的技术，以及为建立国内特定产业需要限制进口的技术等。

第三类是禁止进口的技术，它被列在《禁止进口技术目录》中，我国不允许这类技术进口。禁止进口技术的确定原则主要包括，对国家安全、公共道德、人的健康安全、生态环境等会产生危害的技术，属于被淘汰的生产工艺技术等。

第四类是允许进口的技术，即不包括在前三类目录的技术，我国对这类技术允许自由进口。

目前鼓励进口的技术共209项。我国鼓励进口的先进技术大多具有动态升级的特征，即开始鼓励进口的技术水平较低，而当我国掌握这项技术后，新的鼓励政策指向为水平较高的技术。通俗而言，对同一类技术，我国鼓励技术是由一代、二代、三代……不断向上升级。

需要指出的是，目前我国技术引进的政策是在我国技术比较落后、国内技术研发水平不强的背景下设计的，整体上偏重于通过鼓励进口国外先进技术以推动产业发展，在当前我国技术水平显著提高、自主研发能力大大提升后，以上政策应及时进行调整。

（二）技术进口推动了我国产业和技术发展

长期以来，技术进口是我国先进技术的重要来源。总体看来，过去的技术引进对我国经济发挥了积极作用。从产业层面看，进口技术可直接利用国外先进的技术资源，比自主研发技术缩短了开发时间、节约了开发成本，在短期内提升了我国的技术结构，突破了技术对产业发展的瓶颈制约，大大促进了我国产业尤其是制造业发展，使我国能充分发挥比较优势，成为全球首要的制造基地。从技术层面看，技术引进还通过消化吸收、“干中学”等技术外溢过程，提升了我国技术平台，培育了技术研发能力，不但缩短了我国与国际先进技术的差距，而且缩小了我国与先进国家技术研发能力的差距。与货物进口相比，技术进口可以使我国更好了解技术背后的原理、知识和方法等，对提高我国自主研发能力有重要作用。

（三）技术进口存在的主要问题

第一，容易引发外方对我国的技术控制。持续的技术进口，一方面易导致我国技术来源越来越依靠国外，另一方面外方对转移技术拥有话语权，以确保向我转移的技术不会对其构成威胁。外方技术控制程度与我国研发能力建设以及外方对技术的垄断程度有关：我国技术研发能力越强，外方技术控制就越难以实现；国外技术提供者越多，我国进口技术的选择空间也越大，也就越难以被外方技术控制。当进口技术达到中高端技术时，外方的技术控制更为明显。

第二，对我国自主研发形成“挤出效应”。技术进口会降低我国企业自主研发意愿，导致参与自主研发活动和研发人员减少，削弱了自主研发能力，反过来加强了对进口技术的依赖。

第三，进口鼓励政策不利于我国自主研发创新。我国动态升级的技术进口鼓励政策，会导致企业形成持续引进预期，即未来对更先进的技术将继续给予进口优惠鼓励，因此企业不愿对更先进技术进行自主研发，进一步强化了企业对国外先进技术的依赖。

第四，进口技术的消化吸收低于预期，对自主研发和创新的带动作用不强。我国技术进口的重要目的是，通过研究学习掌握进口技术，提高自身技术研发能力、进行自主研发和创新，这也就是引进消化吸收再创新过程。但从效果看，我国对引进的消化吸收效果并不显著，其原因除引进技术不合适、国外转让方设置壁垒、企业对自主研发不够重视外，对引进消化再创新等后续活动投入不足更是一个重要原因。

不过从总体看，我国过去技术引进及其政策是利大于弊的，不但技术进口“外溢效应”大于“挤出效应”，而且技术进口在促进产业发展的正面效果更为突出。

四、近年来我国技术进口变化的主要原因

（一）国内技术水平快速上升，对国外技术形成替代

随着我国国内技术水平和研发能力不断攀升，与国外静态技术整体差距缩小。由于国内技术与国外技术存在替代效应，当国内技术水平提高后，必然将减少从国外的技术进口，我国先进技术来源已开始更多依赖国内。

专利量是衡量技术水平的重要指标。我国专利分为对国内专利授权和对对外专利授权两个部分，近年来国内授权专利不但迅速增加，而且占全部专利的比重明显上升。2012 年，我国国内专利授权数为 116.3 万件，是 2006 年的 5.2 倍，占我国全部专利授权的比重由 83.5% 提高到 92.7%。更重要的是，从三种专利中技术含量最高的发明专利看，国内专利的增速更为惊人。2012 年，我国国内专利授权数为 14.4 万件，是 2006 年的 5.8 倍，占全部发明专利的比例也由 43.4% 上升到 66.3%，虽然该比例在三种专利中比例最低，但已实现了国内比重超过 2/3 的跨越发展，而且加速上升的趋势非常明显。

企业的先进技术来源是高度市场化的行为，即企业在国内自主研发和国外引进之间进行决策，若国外引进技术的成本—收益优于国内自主研发，则企业将优先选择技术引进，反之则优先选择国内自主研发。因此，我们可通过国外技术引进合同额与国内研发经费支出的比例，直观地考察企业直接购买国外技术和在国内从事研发投入的关系。经汇率调整后，2006 年我国这个比例为 58.5%，而到 2011 年迅速降为 20.1%，2012 年虽然回升到 27.1%，但仍显著低于 2009 年前的水平。这意味着，在短短的七年时间内，我国企业的技术来源实现了由主要依靠国外引进到主要依靠自主研发的重要转换。如果考虑到人民币汇率持续升值导致技术引进成本降低的因素，实际上我国对进口技术的依赖程度下降更快。

（二）国内产业不断升级，对国外技术需求逐渐减少

一国技术水平与国内产业发展情况密切相关。产业技术结构是产业结构的重要内容，一般来说，一国拥有和掌握什么样的技术，产业结构就能达到什么样的高度，先进技术是产业升级的动力。在开放经济条件下，一国先进技术通常有三个来源，一是技术进口；二是通过利用外资带来先进技术，但这种技术有可能局限在外资企业内部，外溢效应较差；三是国内进行自主研发，其中包括对国外技术消化吸收基础上的创新。

通过进口和外资渠道引进的国外技术通常具有先进性，这种技术是国内不能提供的。当一国国内技术水平很低时，几乎所有的国外技术都是相对先进的，因此该国对国外技术存在巨大需求，但实际的技术进口取决于该国产业发展对技术的需求、预期的技术消化吸收能力以及支付水平。因此一国通常先引进中低端技术，而当技术水平和产业结构达到一定高度后，技术需求的整体结构向上升级，只有那些高于当时国内水平的技术才是先进的，此时对国外先进技术需求范围也逐渐缩小。

近年来，我国产业结构和相应的技术水平都有了很快提升，国内技术需求结构也随之升级，我国对中低端和一般技术需求明显下降甚至消失，而未来产业结构继续升级所需的技术越来越集中在关键技术、核心技术等中高端技术方面。单个项目合同额与技术水平的先进性有关，一般单项合同额越高，表明技术越先进，近年来我国单个项目合同额明显增加，2006 年平均为 209 万美元，2012 年上升到 341 万美元，这表明我国需要引进的技术水平不断提高。

（三）发达国家对向我国出口中高端技术存在较多限制

发达国家对中高端技术出口存在较多限制。从企业层面看，随着我国产业结构和技术水平不断升级，与发达国家企业在产业、产品中的竞争关系日趋增强。核心技术、关键技术关乎发达国家企业在差异化竞争市场上的垄断地位，是企业对产业链控制力、国际竞争力和高额利润的重要来源，因此企业有必要将高端技术保留在企业内部，一般情况下不但不会出口，而且对外投资时也会限制其在东道国的应用。我国对国外先进技术有较强的应用和学习能力，加之我国研发能力越来越强，发达国家企业更为担心向我国出口对它们造成的威胁，因而不会向我出口高端技术。从国家层面看，除担心向我国出口高端技术对国家竞争力构成的威胁外，还有更多其他方面考虑，例如，在信息通信、生物医药、航天航空、军民两用等敏感产业，担心向我国转移技术可能引发安全威胁，再如将技术出口管制作为它们谋求其他方面利益（如要求扩大市场开放）的谈判工具。其中，美国、欧盟长期对我国限制高科技产品和技术出口最为典型，技术水平越先进，对我出口限制越严格。

五、国内外环境变化要求我国提升自主技术研发作用

（一）自主技术研发是未来我国经济发展的重要支撑

从理论和经验看，先进技术应成为我国转变经济发展方式、实现经济可持续发展的重要支撑因素，我国不但需要更先进的技术引导产业贸易升级，还应该通过掌握高端技术构建由我国主导的国际分工体系。要达到以上目的，必须依靠自主技术研发，获得拥有自主知识产权的技术，这也是我国实现创新驱动，提高技术对经济增长贡献率的必然要求。

未来先进技术仍是引领我国产业结构升级的重要因素。一方面，我国需

要根据国内要素禀赋变化和产业升级要求，继续推动现有技术结构升级，即由中低端向中高端技术迈进，原则上这种升级通过技术进口或自主技术研发方式都可以实现，但中高端技术进口更容易陷入外方技术控制的泥沼，因此自主技术研发方式对我国更为有利。另一方面，我国新兴产业、高技术产业发展需要的、属于国际领先的高端技术、尖端技术，由于外方不愿转让，而只能依靠自主研发取得突破。

在当前全球分工体系下，先进技术尤其是中高端技术需要长时间、大规模的资本和人力投入，难以被模仿被复制、具有较高的进入门槛，是贸易产业链中的稀缺要素；相比之下，生产制造环节进入门槛较低，在市场上拥有众多的制造企业，因此先进技术的拥有者可以充分选择生产制造方，而生产制造方只能被动接受这种选择。技术越先进、垄断优势越显著，对贸易产业链的控制能力越强，因此先进技术是在全球范围内配置资源、控制贸易产业链、组织生产制造的关键，是国际高端分工地位和国家核心竞争力的重要表现。进口技术一般不具有垄断性，即外方向我出口后，不但本身可以继续使用，而且还可以继续出口给其他方。目前，我国已进入全球化生产经营阶段，为更好地在全球范围内配置资源、提高对全球贸易产业链的控制力，同样需要通过自主研发获得具有垄断优势的技术。

（二）我国自主技术研发创新基础条件显著增强

第一，我国技术水平大大提升，未来自主技术研发建立在一个更高的平台上。

第二，我国具备自主技术创新的人力资本条件。人力资本是技术创新的关键。目前我国高层次人才素质、数量正在发生前所未有的变化。事实上，近年来跨国公司越来越看重我国人力资本条件，把我国作为越来越重要的研发中心，我国企业更应该利用好人才优势，推动自主技术创新。

第三，我国具备自主创新的市场、资金等条件。我国人口众多，未来经济仍会保持较高增速，在国际金融危机后市场成为全球短缺资源的情况下，我国不但是全球最大、最有活力的市场之一，而且产业结构升级速度也将明显加快，这为我国先进技术发展和技术结构升级提供巨大的需求空间，我国应充分把握这个机遇，支持自主技术创新。与此同时，我国还将保持较高的储蓄率，国内资金供给充裕，能为自主技术创新提供资金支撑。

第四，我国促进自主技术创新的体制将逐步完善。科技体制是我国深化改革的重要内容，未来我国将健全技术创新的市场导向机制，企业等技术创新主体将更多根据价格、成本、收益、风险等市场信号配置研发资源。在我国研发能力增强的情况下，市场化的技术创新体制，加之金融、人才等制度改革，有助于引导更多的资金、人才等投入到自主技术研发活动中，形成更多的自主技术成果。技术进口政策也是技术创新体制的组成部分，也应该发挥支持自主技术创新的重要作用。

（三）自主技术创新是应对全球技术环境变化的有效手段

金融危机后，发达国家和不少新兴发展中国家为摆脱危机影响、培育新经济增长点、形成全球竞争新优势，纷纷加大科技投入和政策支持，国际技术创新活动明显加快，智能制造、页岩气、3D 打印、大数据、物联网、生物医药、新材料等都成为全球研发的重点，技术创新面临多点突破，新技术正在成为引领全球发展的新动力。因此我国在传统产业技术整体向中高端升级的同时，还面临全球新产业及其新技术带来的挑战。由于新技术处于发展初期，其技术路线、方向、方法等都存在不确定性，加之新技术拥有方不愿转让，因此我国很难进口新技术。但也要看到，在新技术领域我国与先进国家并不存在巨大差距，在我国技术研发能力增强情况下，有望通过自主技术研发在形成新产业和新技术中取得突破。

另一方面，如前所述，发达国家不可能向我国出口最先进的高端、尖端技术，我国不可能通过不断升级的技术进口政策，获得与发达国家同步的先进技术。获得最先进的高端、尖端技术，最终还要依靠自主技术创新，这就要求当技术进口达到一定阶段时，及时采取支持自主技术创新的政策。

六、我国技术进口战略需要调整

（一）开放条件下，我国技术进口政策可划分为三个阶段

对于大多数国外先进技术，我国技术进口政策可大致划分为三个阶段，即鼓励进口—限制进口—自由进口。

第一阶段是指在国内技术为空白或水平较低的时期，应采取鼓励技术进口的“有偏”政策。总体看来，这个阶段技术进口的收益明显大于成本，而自主技术开发的成本大于收益，因此我国先进技术来源应主要依靠技术进口而非自主开发，在政策取向上也应采取鼓励技术进口的政策。同时也要减少外方技术控制等负面影响，为此应采取鼓励技术消化吸收、培养研发人才等

政策。改革开放以来，我国技术引进政策基本是按照这个阶段制定的，总体上这些政策被证明是行之有效的。

第二阶段是指国内技术水平大大提高、与国际先进技术缩小的时期，应转为采取支持自主研发的限制进口的“有偏”政策。随着进口技术动态升级，技术进口的积极作用逐渐下降，而被外方技术控制等负面影响递增，特别是进口技术达到中高端时，外方将大大提高要价或不出口技术，导致技术进口净收益明显下降，长期依赖技术进口有可能使我国被“固化”在技术等级的中低端。与此同时，这个阶段我国要素禀赋和比较优势发生重大变化，前一阶段技术进口对提升我国研发能力的外溢效果也逐渐积累，国内技术开发能力逐步增强，在中高端技术领域自主突破可能性明显增加，这个阶段自主技术开发与技术进口的成本—收益关系发生了逆转，因此我国先进技术来源应及时转为依靠自主开发，并摆脱对进口技术的依赖，因此应采取适当限制进口的保护政策。

第三阶段是指国内技术水平明显提高，已经基本达到国际先进水平的时期，应转为开放竞争的“无偏”自由进口政策。该阶段若延续限制技术进口政策，则不但容易对国内研发机构形成过度保护，使其失去继续技术研发创新的动力，而且也不利于了解国外技术的新动向，不利于保持和强化我国技术领先地位。因此在该阶段应及时进行进口政策的第二次转型，即通过自由进口使我国技术研发机构直接参与国际前沿竞争，通过竞争压力以及与国际先进技术成果、人才的双向流动，迫使企业不断提高技术能力。

（二）未来我国技术进口政策调整的主要方向

从近年来我国技术引进和国内自主研发的关系判断，在越来越多的先进技术领域中，我国已进入由技术进口向自主技术研发的转换时期，也就是由第一阶段向第二阶段过渡。未来我国技术进口政策应顺应国内外环境的重大变化，在总体上应为支持我国自主技术创新服务。

首先，对具备自主技术研发创新的先进技术，应转为采取“中性”或限制技术进口的政策，我们称之为“高级阶段的技术进口替代政策”，这是未来技术进口政策调整的重点。这类技术一般具有以下特征：国内现有技术已达较高水平，与国际先进技术差距不大；我国具有自主创新的技术、人才、资金、市场等支撑条件，有望取得突破、获得技术成果；自主开发对下游制造业和产业的不利影响和风险在可控范围内等。这类先进技术不一定是尖端、高端技术，只要是我国具备自主研发条件、出现技术突破的可能，都可以归为这类技术。过去，我国对这类技术主要采取动态升级的鼓励政策，给予技术进口企业以补贴，而未来转为“中性”或是限制进口政策，就是要把我国产业发展引致的对先进技术的需求空间，较多留给国内机构自主技术开发，实现对国外先进技术的“进口替代”。从微观机理看，实行“中性”或限制技术进口政策后，国外进口技术的成本将提高，或可能不被允许进口，这将诱导企业选择自主开发获得先进技术。当然，进口政策调整还要考虑对其他方面尤其是对产业的影响，例如，在一定时间内，由于自主开发的技术不及进口，使用自主技术的产品、产业竞争力有可能下降，但这是推动自主研发必须付出的短期代价。

其次，对国内尚不具备自主研发创新能力的先进技术，继续维持鼓励进口的政策。这类技术的基本特征包括：我国与国际先进技术有较大差距；国内自主创新能力不强，在短期内无法实现技术突破；先进技术对产业发展有重要促进作用等。根据前面分析，这类技术仍属于第一阶段的先进技术，技术进口净收益高于自主技术研发，因此应采取鼓励进口政策。

再次，对于我国已经掌握的先进技术，以及接近国际前沿水平的技术，应及时调整为“中性”进口政策。在“中性”进口政策下，国内、国外技术在同一个政策平台上竞争，在外国技术竞争压力下，国内技术机构也必须不断提高技术水平，这既有助于产业发展，也可以提高我国技术研发能力。

最后，继续在部分特殊领域实行特殊技术进口政策。我国禁止或限制进口技术领域包括对国家安全、社会公共利益、人的健康安全、动植物的生命健康、生态环境等有不利影响的技术。随着经济社会发展，我国群众普遍对环境保护、生命健康、社会公共利益等更为关心，为此也要及时调整上述技术范围。另外，随着科技发展和实践检验，一些技术也面临重新评价的问题，技术进口政策也应及时反映这些变化。

（本文摘自《新华文摘》2014 年第 13 期，
原载《国际贸易》2014 年第 4 期）

国际服务贸易协定（TISA）对我国的影响及建议

刘　旭

内容提要

《国际服务贸易协定》（TISA）是由美澳等发达国家发起，旨在达成覆盖服务贸易所有领域的、更高水平的协定。与TPP、TTIP协定一起，成为美国推动全球贸易规则变革的三大重要举措。加入TISA可能对我国部分服务业产生较大冲击，但从总体上看有利于我国服务业乃至整个经济的发展。建议利用我国庞大的市场规模作为谈判筹码，同时加快服务业开放和国内有关体制改革，做好应对准备。

一、TISA的由来与最新进展

（一）TISA的由来

世贸组织（WTO）的《服务贸易总协定》（GATS）是全球第一个具有法律约束力的国际服务贸易协定，于1995年1月正式生效。2001年11月开始的多哈回合谈判，目的是促进成员国市场开放、推动形成新的贸易规则。然而，由于发达成员与发展中成员的利益分歧，多哈回合谈判没有达成一致意见而陷入僵局。自2012年初，以美国为主导的发达国家开始采取一种新的服务贸易谈判策略，《国际服务贸易协定》（Trade In Services Agreement，TISA）应运而生。TISA谈判由美国和澳大利亚等国发起，已经持续两年时间，目前有23个成员，所占全球服务贸易比重接近70%。TISA成员中既有美国、欧盟、日本等发达经济体，也有智利、巴基斯坦等发展中国家，还有我国香港和台湾地区，包括中国、印度、巴西在内的新兴大国并未参加。

（二）TISA目标是达成覆盖服务贸易所有领域的、更高水平的自由贸易协定

与GATS相比，TISA在服务贸易规则、领域和模式上提出了新的要求，其目标是在GATS的基础上，达成覆盖服务贸易所有领域的、更高水平的协定。由于TISA谈判和磋商过程是以秘密的方式进行的，所以外界对其内情并不完全了解。综合现有的信息来看，TISA确立的原则主要包括：全面给予外资国民待遇，即除各国明确保留的例外措施外，所有服务部门，包括目前不存在但未来可能出现的各类新型服务业，均需对外资一视同仁；原则上应取消必须设立合资企业的各种要求，不得限制外资控股比例和经营范围；新的开放措施一旦实施不得收回等。同时，TISA还将在国内管制、国企竞争、信息通信技术、电子商务、金融、专业服务、海运、政府采购、服务业补贴、自然人移动等领域制定新的贸易规则。

（三）TISA谈判进展比预期缓慢

TISA首轮正式谈判开始于2013年4月，原希望在2013年年内通过5轮谈判达成最终协定。但当年仅完成了4轮谈判，原定于11月30之前所有成员提交的市场准入清单也一再推迟。在2014年2月的第5轮谈判中，23个成员中有21个提交了各自初步的市场准入清单，显示该谈判即将进入实质性阶段。据悉，已提交的市场准入清单是根据各成员现行双边或区域贸易协定所提出的服务特许权（services concession）来制定的。其中，美国与欧盟提出的初始清单来自于各自分别与韩国签订的双边自由贸易协定中的内容。

（四）美欧在TISA主要内容上存在一定分歧

TISA成员众多，在谈判过程中存在一定分歧。特别是美欧两个主导方，在一些方面并未达成一致。现有研究显示，在谈判路径上，欧盟主张TISA与WTO服务贸易总协定（GATS）兼容，采用正面清单，目的是方便未来其他WTO成员加入，并可融入WTO法律框架；美国则比较激进，主张用负面清单的方式来确定各成员服务业的市场准入。最终可能是在这两者之间取得妥协，既有正面清单也有负面清单。此外，在TISA框架下究竟采用有条件的最惠国待遇还是无条件的最惠国待遇，美欧之间也存在分歧。

二、美国推动 TISA 谈判的主要动机与意图

（一）拓展市场是美国等发达经济体发起谈判的动机

自从 2008 年国际金融危机爆发以来，美国等发达经济体经济复苏乏力、增长缓慢。为了大力增加出口，创造更多就业机会，拓展服务贸易市场成为其关注重点。美国贸易代表柯克表示，美国服务贸易出口潜力巨大，服务业每出口 10 亿美元能为美国提供大约 4200 个就业岗位；如果服务贸易能够实现与货物贸易同等程度的自由化，那么美国服务出口可增加 8000 亿美元，创造的就业数量可能会达到 330 万个。根据彼得森国际经济研究所的报告，TISA 谈判达成后，美国和欧盟的出口增幅将会最大，分别增长 140 亿美元和 210 亿美元左右。因此，发挥自身最大优势，仅针对服务贸易进行选择性的谈判，成为美国发起 TISA 谈判的初衷。

（二）TISA 是继 TPP、TTIP 协定之后美国推动全球贸易规则变革的又一重要举措

当前，美国在亚太区域大力推进跨太平洋伙伴关系协定（TPP）谈判的同时，又在推动跨大西洋贸易与投资伙伴关系协定（TTIP）谈判。TISA 是美国继 TPP 和 TTIP 之后，出台的又一个更为深刻的国际贸易规则。美欧日合谋 TISA，就等于垄断了全球服务贸易总量的近 70%，服务贸易游戏规则就牢牢掌握在美欧日手中。从规则标准来看，TPP、TTIP 和 TISA 侧重点不同，TISA 强调服务贸易及投资自由化，TPP 和 TTIP 是区域性的自由贸易协定。但三者存在交叉、具有共性，更加关注长期规则制定。三大协定覆盖广、标准高，将重构当前国际贸易投资规则。

（三）目的是巩固自身在全球贸易规则制定上的话语权和垄断权

美国推动 TISA 谈判，其目的是要巩固在全球贸易规则制定上的话语权和垄断权，推动建立有利于自身的国际经济贸易新规则，同时具有排斥中国等新兴大国的强烈意图。在 TISA 谈判和定期磋商中，美国、欧盟起着主导作用，特别是美国，在纳入谈判的市场开放的要素、新议题的范围等，基本都是先由美国提出的。虽然 TISA 多数成员方欢迎更多国家加入谈判，而部分成员则提出要让后加入谈判者交“入场费”，接受已有进度并履行相应承诺。

2013年9月，中国政府表明愿意参加谈判。在目前23个成员中，美国最不情愿中国加入，并对中国设置了很高的前提条件；欧盟则对中国加入谈判持愿意接纳的立场。

三、加入TISA的必要性及对我国经济的影响

（一）加入TISA是适应服务贸易自由化趋势的需要

WTO的多哈回合遭遇挫折，直接影响了全球贸易自由化的进展。全球出现了以区域贸易协定替代WTO推进贸易自由化的浪潮。在各种区域自由贸易安排中，有关国家和地区根据自身服务业发展水平和实际情况，做出服务部门开放的具体承诺，同时也向区内其他成员提出扩大开放的要求。目前大多数区域贸易协定服务业市场开放程度，已完全超过了WTO的承诺内容。再加上全球新形态服务业日新月异般的兴起，制定新的服务贸易游戏规则乃是大势所趋。TISA作为一项新的贸易协定，一定程度上代表了新形势下服务贸易自由化的趋势和潮流。我国提出申请加入TISA谈判，既是主动适应服务贸易自由化趋势的需要，也有利于扩大服务业开放，进一步开拓国际服务业市场。

（二）加入TISA可能对我国部分服务业产生较大冲击

我国服务业整体发展水平相对落后，与发达国家有着明显的差距。我国服务贸易有优势的部门主要是建筑服务、劳务出口等传统的劳动密集型行业。在金融、保险、电信、会计审计等领域中，我国明显处于劣势地位。相对而言，我国服务业的开放程度远远落后于制造业。特别是在这些劣势行业中，我国对外资保留了较高的准入条件，包括设置外资准入资格、进入形式、股权比例和业务范围等，对国内产业进行了严格的保护。加入TISA对我国这些行业的冲击可能会比较大，容易加剧我国经济的外部风险，甚至对我国的经济安全造成一定的威胁。

（三）加入TISA总体上有利于我国服务业乃至整个经济的发展

总体来看，加入TISA将给我国经济尤其是服务企业创造巨大的潜在发展机遇，主要表现在创造市场空间、完善体制和市场环境、吸引服务业高级人才等三个方面。

首先，市场开放为我国服务业发展创造空间。我国企业将面临一个更为

广阔的市场，发展空间也会更大。同时，本国市场开放为外来竞争者提供了更多机会，其提供的服务会对国内消费市场的培育提供动力，也反过来促进服务业的升级。

其次，有利于构建我国服务业开放所需要的体制和市场环境。加入 TISA 虽然对本土相关行业有一定冲击，但对促进这些行业的市场体系建设和体制改革产生积极作用。

第三，有利于我国吸引更多的服务业高级人才。TISA 如果能够在自然人移动领域建立更为开放的平台，将会有效减少高端人才跨境移动的壁垒，为中国经济发展提供新的动力。

四、对策建议

（一）利用我国自身市场的规模作为议价能力，积极参与加入 TISA 的相关谈判

我国总的态度应该是，积极参与加入 TISA 的相关谈判，参与国际服务贸易规则的制定，促进其他国家开放更多的服务贸易市场，推动建立平等、自由的世界服务贸易体系，推动世界各国逐步放宽对服务贸易从业人员的出入境管理，为服务贸易发展创造良好的外部环境。TISA 谈判刚刚起步不久，现有主要成员的需求也千差万别，在多个领域都存在着共同利益和矛盾摩擦并存的情况。因此，应该对其特色和需求加强把握，将服务业市场准入作为与主要成员对话的筹码，以国内市场的积极稳妥开放，换取我国加入并获取在对方市场的相应利益。一旦加入谈判后，应该努力把握话语权，在坚守 WTO 的基本原则和精神的前提下，积极提出自己主张和要求。同时全面梳理和评估要价和出价清单，针对重点行业领域和方式做好谈判预案。

（二）以加入 TISA 为契机，加快服务业开放

根据促进服务业发展、优化服务业产业结构的需要，扩大服务业开放。一是放开市场准入限制，进一步优化投资环境。按照党的十八届三中全会的要求，探索对外商投资实行准入前国民待遇加负面清单的管理模式。大幅下放外商投资服务业项目审批权限，简化审批程序，集中受理和审批外商投资服务业项目。二是优先选择开放一些具有一定国际竞争力的成熟的服务产业，引进国外先进的技术和管理经验，通过溢出效应带动国内产业的发展。同时

充分发挥出口行业的前向和后向关联效应，带动整个服务业的增长，实现跨越式发展。三是强化外资政策与产业政策的协调，拓展吸收外商投资方式，吸引包括新建、并购、风险投资在内的多种服务业跨国投资。四是注重对外国服务业先进技术和管理经验的引进和消化吸收，提高我国现代服务业的服务质量和竞争力。五是贯彻国民待遇原则，凡是向外资开放的领域，要全部向民间资本开放。

（三）坚持国内体制改革与加入 TISA 谈判同步进行

服务业的开放与发展，迫切需要在建立完善的市场经济体制方面有根本性的突破，最大限度地减少服务业发展的体制障碍。一是加快破除行政性垄断和地方保护主义，保障公平竞争，充分发挥市场在资源配置中的决定性作用，赋予非公经济主体统一的国民待遇，进一步优化投资环境。二是服务业领域众多，不仅涉及经济领域，也涉及社会领域和文化领域。应学习发达经济体有关市场经济、法律体系、社会管理等方面的经验，特别是要学习它们的法制建设、精细化管理等先进理念和办法，形成新的发展模式和管理体制。三是借鉴发达经济体行业协会在加强行业自律、规范、维权，提高公信力等方面所发挥的重要作用，加快行业协会制度创新，使之成为相关行业的具有公信力的权威机构。

（本文原载《调查研究建议》2014 年第 33 期）

第三篇　产业发展与社会事业

社会力量积极参与社会事业发展的思路

杨宜勇

内容摘要

社会力量积极参与社会事业发展对于促进我国的经济建设、政治建设、文化建设、社会建设和生态文明建设具有重要意义，社会力量参与社会事业发展是社会事业基本属性的本质要求。我们必须坚持促进社会力量积极参与社会事业发展的目标——普遍购买、多元供给；完善标准、与时俱进；信息公开、全面监督——不动摇，积极稳妥地推进基本公共服务采购计划、深化国有事业单位改革、基本公共服务标准建设和完善信息公开监督体系，以社会事业体制改革为先导，以培育社会力量发育为依托，以健全社会事业服务标准为依归，以加强360°监督为保障，逐步实现社会力量从积极到普遍、从普遍到全面参与社会事业发展的宏伟蓝图。

传统的社会事业是指中央和各级地方政府主导的社会建设和社会服务事业，是与行政部门和企业（包括金融机构）行为相并列的活动。在社会主义市场经济时期，我国的社会事业作为一个整体的概念，涉及经济增长在内的社会结构、人民生活、科技教育、社会保障、医疗卫生、社会秩序等多个方面的内容，并把消除贫困、公平分配、大众参与、生态保护、社会稳定和可持续发展等多种社会价值作为发展目标。

参与包括三个方面的含义：一是社会力量过去不许参加的，未来要允许参加，即社会事业（或者公共服务）供给多元化；二是社会力量要参与社会事业服务标准（或者公共服务标准）的制定；三是社会力量要参与社会事业服务质量（或者公共服务质量）的评估和监督全过程。

一、促进社会力量积极参与社会事业发展的目标

未来促进社会力量积极参与社会事业发展的目标，应当是普遍购买、多

元供给；完善标准、与时俱进；信息公开、全面监督。

（一）竞争导向：普遍购买、多元供给

过去我们向国有事业单位的拨款机制，实际上是定向购买。随着民办非企业、行业协会、商会和基金会的大力发展，未来社会事业也好，基本公共服务也好，都要向社会普遍购买服务，甚至在同等条件下，可以向企业、社会组织等社会力量普遍购买。多元供给可以引入竞争，改善服务供给端的惰性。当然这是以国有事业单位战略性调整（即缩小国有事业单位比例）、改革国有事业单位内部治理结构为基本前提的。因此，普遍购买目标的实现必须以大力推进事业单位供给端的改革为先导，只有供给多元化，才有可能实现普遍购买、公平竞争的目标，进而改进社会事业服务或者基本公共服务的绩效和质量。

（二）标准引领：完善标准、与时俱进

实现社会事业或者基本公共服务的普遍购买和多元供给，必须首先给出各类社会事业或者基本公共服务的相应标准。现在我国各类社会事业或者基本公共服务的相应标准一方面相当缺乏，另一方面不甚科学。必须建立社会事业或者基本公共服务的标准体系，并在实践中不断改进，并随经济发展水平提高而逐步完善。

（三）满意至上：信息公开、全面监督

社会事业或者基本公共服务各类信息充分公开，是实现社会事业服务全面社会监督的重要前提。各级政府要主动公开各类社会事业财政支出的详细清单，以及相对应国有事业单位和各类社会组织或者经济组织承担各类社会事业服务的基本状况和第三方评估报告。结合社区各社会事业服务的相关投诉，对当地社会事业服务进行总体性的宏观评估以及360°的微观评估，确保各类社会事业服务的落实和改进。

二、促进社会力量参与社会事业发展的重点

（一）制定基本公共服务采购计划

各级政府要全面制定各类社会事业服务或基本公共服务的中长期采购规

划和年度采购计划，给各类社会力量积极参与社会事业一个合理发展预期，这样做的目的是为了避免社会力量过分竞争而造成社会资源浪费。基本公共服务采购计划范围，一般应该包括保障基本民生需求的教育、就业、社会保障、医疗卫生、计划生育、住房保障、文化体育等领域的公共服务，广义上还包括与人民生活环境紧密关联的交通、通信、公用设施、环境保护等领域的公共服务，以及保障安全需要的公共安全、消费安全和国防安全等领域的公共服务。着重点是关注保障基本民生需求的公共服务采购规划制定。

（二）深化国有事业单位改革

事业单位改革是继政府改革、国有企业改革之后，我国改革进程中一项重要的改革，也是难度较大的改革，其改革的成败关系到社会稳定和可持续发展。目前我国事业单位的3000多万员工中，高职高管人员占75%，专业人才占60%，是国家建设和发展的最重要的“人才库”，也是我国稳定和发展的基本力量。因此，在事业单位改革中要提高事业单位人员的工作积极性，认真研究事业单位改革的路径。公共服务机构的管理和技术人员与政府机构、国有企业相比，在相同的等级上其薪资、福利及养老保险应大体持平。

（三）规范基本公共服务标准

基本公共服务标准建设即社会事业服务标准建设。比如在教育标准方面，至少包括小学义务教育的最低标准、初中义务教育的最低标准、高中义务教育的最低标准和幼儿园教育的最低标准以及大学学士、硕士、博士各有关教育的最低标准。除此之外，要建立和完善各类医药卫生服务的最低标准，公共文化和体育服务的最低标准，公共就业服务的最低标准，社会保障服务的最低标准，计划生育服务的最低标准，住房保障服务的最低标准，等等。

（四）完善信息公开监督体系

一是通过制定《政府信息公开条例》实施细则，促进社会事业服务信息的公开。明确将政府信息公开的重点放在与公众利益联系度高的民生问题（如就业、社保、医改、教育、住房等）和公众关注度高的政府行政成本问题（如公车使用、公款招待、公费考察等）上，并设立公开信息解释答疑机制，使该信息便于公众理解。

二是把现有的政府规章、行政法规上升为国家和地方的法律。综合现行的《中华人民共和国保密法》、《中华人民共和国档案法》和《政府信息公开条例》的相关内容，制定统一的《中华人民共和国信息公开法》。

建立完善政府社会事业服务信息公开的监督体系。第一，社会事业服务信息的人大监督。各级人大成立专门监督机构，对政府社会事业服务信息公开情况进行监督检查，并提出评估意见。第二，社会事业服务信息的民主监督。政协、民主党派、人民团体、公众可以向政府相关部门就社会事业服务信息公开的有关问题提出要求或建议，政府相关部门应予答复。第三，社会事业服务信息的媒体监督。媒体可就政府社会事业服务信息公开情况进行报道，提出询问与建议，政府有关行政部门应予说明与答复。

三、社会力量积极参与社会事业发展的路线图

（一）以社会事业体制改革为先导

一是正确区分社会事业领域的“基本”与“非基本”属性。教科文卫体等社会事业，都具有双重属性：其一是“事业”的属性，作为一种“公共产品”由政府向全社会提供，属于政府保“基本”的范畴；其二是“产业”的属性，作为一种“社会服务（产业）”由社会成员按需购买，这部分职责属于“非基本”的范畴，需要借助企业或社会力量来承担。社会事业体制改革总的方向是：一方面，政府要加大公共财政投入，集中力量搞好基本公共服务，着力推进基本公共服务均等化，为全体公民提供基本而有保障的公共产品；另一方面，在非基本公共服务领域，大力推进市场化改革，鼓励社会力量和民间资本以多种方式进入社会事业和民生领域，加快发展相关产业，增强多层次供给能力，满足人民群众多元化需求。

二是对于必须由政府提供的基本公共服务，须创新服务提供方式。要围绕提高公共产品供给效率这个目的，按照不同类型公共产品的特点，加快公共服务提供方式创新。对于属于公益性范围的基本公共服务项目，可采取两种改革路径：一种是必须由政府直接举办的，要引入市场竞争机制，强化成本核算和绩效管理，提高服务效率和服务质量；另一种是政府不必具体承办，可采取出资向市场主体和社会组织购买服务的方式提供，也即“养事不养人”、“花钱买服务”，同时鼓励和引导社会力量以多种方式参与，努力扩大公共产品供给渠道。而对于经营性公共服务项目，则需要纳入社会服务范畴，加快社会化、市场化改革步伐，放开市场准入门槛，坚决消除垄断，让各类公共服务提供者平等参与市场竞争。

三是深化事业单位改革。改革的基本思路是，按照社会功能将现有事业单位划分为主要从事公益服务、主要承担行政职能和主要从事生产经营活动三个类别，同时改革事业单位人事管理、收入分配、社会保险等方面制度和完善相关财政政策。通过改革，要建立功能明确、治理完善、运行高效、监管有力的管理体制和运行机制，全面提高事业单位的效率与活力，促进社会事业更快更好发展，进一步改善政府的公共服务。

四是加快发展社会服务业。要尽快放宽对社会发展领域“非基本”部分的市场准入和投资限制，形成提供主体多元化、提供方式多样化的社会服务业发展新格局，满足人民群众多层次需求。对社会力量和民间资本举办的社会服务机构，给予与公共事业机构相同的“国民待遇”，在设立条件、资质认定、登记管理、税收政策、土地政策、信贷政策和政府购买服务等方面，一视同仁、同等对待。对举办社会养老、社会救济（社会互助）、慈善捐助、就业培训、扶贫等方面的社会服务机构，要实行特殊的税收减免和政策扶持。总之，只要符合国家的产业政策、城乡规划、环境保护、资源利用和公共安全要求的社会服务项目和投资，政府就应鼓励社会投资的介入。

（二）以培育社会力量为依托

促进社会力量参与社会事业发展，既要加大对原有国有事业单位的改革，更要强化对社会力量的培育，让社会组织能尽快承接社会事务管理的大部分职能。应大力推进政社分离，推进政府与社会组织在人员、机构、职能、财务、场所、责任上的分开，实现社会组织从政府的附庸转换为平等、独立的主体。

目前的问题并不在于社会力量的匮乏，而是政府的全能型体制转型还不够，因此，有必要放松对社会组织从批准成立到日常监管的控制程度，促进社会组织尽快成长起来，让更多有能力有意愿承接社会管理职能的社会组织尽快涌现出来，以求营造健全的外部环境。

（三）以健全社会事业服务标准为依归

我国以往不太关心服务业的标准，尤其不关心社会事业服务的标准。许多社会事业服务只相信原有国有事业单位的身份，也没有建立完整的市场资质认证体系。国家标准化管理委员会应该结合促进社会力量参与社会事业发展的精神，负责制定国家社会事业服务标准化事业发展规划；负责组织、协调和编制相关社会事业服务的国家标准的制定、修订计划；并尽快拟定全国社会事业服务标准化管理规章，制定相关制度；组织实施标准化法律、法规和规章、制度，建立健全社会事业服务标准体系。

（四）以 360° 监督为保障

360°监督包括：（1）完善各级政府部门对相关社会事业部门的监督，特别是加强各级人大、政协对教育、医疗、民政、文化、人力资源和社会保障等社会事业部门的有效监督；（2）社会事业服务对象对社会事业服务提供者的监督，以投诉监督和舆论监督为主；（3）社会事业服务提供者同行之间的互相监督，以行业协会自律为主；（4）司法部门的依法监督，以事故和腐败法律问责为主；（5）内部监督，以社会力量内部的理事会、职工大会和监事会三方互相监督为主。

（本文原载《调查研究建议》2014 年第 13 期）

我们需要什么样的社会政策和福利制度

李　爽　常兴华　李　欧

内容提要

保障和改善民生应是我国现阶段社会政策的指导思想。适度普惠和发展型相结合的社会福利制度是现阶段相对合理的选择。政府主导、多元分担应是我国社会政策行动体制改革的基本取向。

社会政策是现代国家的一项核心职能。从发达国家的实践来看，社会政策是工业化和城市化发展到一定阶段必然呈现的结果，它表明了政府干预社会问题、修复社会结构和重塑社会关系的系统努力与制度设置。现阶段，我国正在着力推进五位一体的社会主义建设事业，社会建设是其中重要一环，完善的社会政策体系是社会建设的载体，其中，建立什么样的社会政策体系和福利制度，是当前必须重视和审慎研究的问题。

一、惠及各阶层的社会福利政策更有利于社会和谐稳定

从世界不同模式的社会政策及其实施效果来看，具有普遍惠及性的社会福利政策更有利于社会的和谐与稳定。在这一点上，瑞典、丹麦等北欧国家为代表的社会福利政策最具典型性。北欧国家福利的普遍性不仅体现在福利对象覆盖范围上的普遍性和福利待遇的人人平等，而且还体现在福利内容的普遍性，以及政府和公共部门在社会福利政策实施中充当主要角色的政策运行体制。深厚的社会民主主义政治文化、以强制性储蓄为特征的税收制度以及强大的公共部门体系，是这一社会政策模式得以持续的基础。北欧各国的幸福指数始终处于世界前列。

日本作为亚洲后发资本主义国家，其社会政策的设计路线经历了从初期德国式社会保险为主体的社会保障模式到后来取向北欧和英国“普遍主

义”模式的过程。该国在20世纪40年代提出的“国民皆保险”方针，在60年代就已经大体上得以实现，并在此后又得到不断发展和完善，日本突出的国民素质和高度的民族凝聚力与其实行的普遍性社会福利政策不无关联。

相比之下，在一些国家的社会政策制度中，社会福利阶层特点较为明显，所享有的社会福利有较大差异，社会阶层间、行业间流动性较差。尤其在欧洲的一些福利国家中，对中产阶级来说，某种程度上说享有比较优越的福利特权，劳工阶级则难以站在同一个福利平台上。要解决社会地位和福利问题，不仅要靠工会跟雇主去争，也要去和国家去争（国家把雇主的权利和义务做了规定）。近几年，法国等国家社会冲突不断，与这种块状的、阶层固化的福利制度是不无关系的。

二、社会福利政策既可以是危机的缓冲器，也可以成为危机的放大器

一直以来，对福利国家社会福利政策为民众带来高福利进行称道的同时，也不断充满了质疑，认为所谓高福利会带来经济的低效和社会的惰性、沉重的债务负担和福利的不可持续性等。尤其是欧债危机的爆发，这种质疑之声再次升高。如何认识欧债危机与其社会福利政策的关系，对社会政策方向和模式的选择和设计至关重要。

分析欧洲国家社会福利政策与欧债危机的相关性，不难看出，福利支出的高低与国家债务并无直接关系。社会保护支出占GDP比重最大的国家（如丹麦、法国、瑞典、荷兰、德国等）均超过了30%，但目前遭遇债务危机最严重的希腊、西班牙、意大利、葡萄牙和爱尔兰等的福利支出却基本上都在30%以下。福利支出最高的丹麦，债务水平为GDP的43.7%；素有“福利国家橱窗”之称的瑞典，公共债务不到GDP的40%；社会支出占GDP约16%的爱尔兰，其负债水平却接近GDP的100%。因此，并不能说明福利支出越高债务越严重。实际上，欧债危机政府赤字最高的几个欧洲国家的具体原因也是有所不同的。

需要进一步阐明的是，到目前为止，并没有证据证明高福利会降低一国竞争力。相反，多项研究都证明国民福利与国家竞争力之间存在显著的正相关关系。在世界经济论坛发布的《2011—2012全球竞争力报告》中，北欧高福利国家的国家竞争力仍居世界前列，而东南欧的一些福利水平较

低的国家则排名较低。虽然，北欧国家在20世纪90年代曾经经历了经济衰退时期，但北欧各国纷纷对自身的福利制度进行了改革，使其更富有弹性和应变能力，在欧债危机面前显示了其应对危机的能力和发展的可持续性，提供了“经济问题社会解决”的范例。尽管如此，我们仍需要看到，不顾自身经济发展水平盲目攀比社会福利支出确实是欧洲一些国家，如希腊等陷入此次债务危机的不能排除的重要原因之一。由此可见，社会福利政策要依据本国具体国情循序渐进、合理设计，合理的社会福利政策可以成为危机的缓冲器，但不合理的社会福利政策也会成为危机的放大器。

三、民粹主义的“福利赶超”陷入“增长陷阱”

在经历了20世纪50—70年代末的增长黄金时代后，拉美国家普遍进入负增长，人们称之为“失去的80年代”。进入21世纪，人均GDP年增长也只有0.2%的低速增长，其中一个重要原因就是民粹主义及其与之密切相关的“福利赶超”型社会政策。民粹主义在拉美有着深厚的社会基础，至今流行甚广。

拉美民粹主义在各国的不同时期均有所表现，例如智利（1970—1973）、阿根廷（1973—1976）、秘鲁（1985—1990）、墨西哥（1970—1976）、委内瑞拉（1974—1978）等国家，都程度不同地实行了以劳工利益为基础的政治制度。拉美民粹主义政策的核心内容，就是效仿发达国家的福利制度和就业保障制度，试图通过政府主导的收入再分配和超过财政承受能力的补贴政策，以达到快速提高低收入阶层的收入、快速缩小收入差距的目的。横向比较看，由于民粹主义的影响，拉美的社会支出一直以来都比亚洲国家高出一截，社会支出占GDP比重从80年代的5%左右达到90年代末的48%左右，其中的个别国家，如巴西、阿根廷、智利、乌拉圭达到了60%或70%以上的水平。因其社会政策与经济增长相脱节，增长对机会的创造不足，使大幅增加的社会支出并没有获得预期的效果，带来的却是全面短缺和通货膨胀上升、财政赤字急剧恶化、实际工资大幅下降和贫富差距不断拉大。

民粹主义的“福利赶超”和与之相关的拉美“增长陷阱”的教训，对发展中国家尤其是对于我国这样的快速追赶型的发展中国家更应引以为戒，避免重蹈盲目“福利赶超”之路。

四、积极的福利政策和合理的社会政策内部结构，更能保持经济增长与社会福利的协调和可持续发展

“二战”后西方世界经历了一个长达半世纪的社会安定繁荣的时期，不少国家尤其是西方发达国家在经济长足增长的同时，纷纷走上了福利国家之路，国民越来越多地享受到经济发展所带来的福利。然而，在20世纪70年代末和进入21世纪后西方世界的经济危机，对福利国家的社会政策提出了严峻挑战，迫使其社会福利政策不断做出调整，以适应经济形势的变化。这种调整主要表现在，调整社会政策内部结构，强调实行积极的福利（positive welfare），注重社会政策的可持续性及对经济增长的促进作用。

德国在进入21世纪以来实行的“哈茨一号”到“哈茨四号”的社会救济制度改革，实施了一系列促进就业、增加和激励工作机会和就业岗位、惩罚和规训拒绝就业者的措施，有效调整了社会福利与经济增长的平衡协调关系。因而在此次欧洲债务危机中依然保持了旺盛的经济增长，创造了新的“德国奇迹”。

瑞典从20世纪50年代强调公民的“社会权利”转变为80年代用福利手段解决就业问题，再到90年代的社会福利制度市场化改革，以适度削减福利支出为核心，重点进行结构调整，在社会福利中增加就业指标，使“愿意就业”成为享受社会福利的基本条件，在一些领域适当进行私有化和市场化，实施减税等，对提高其社会福利政策的生命力取得了成效。

总体上看，自20世纪70年代以后，美、英为代表的新自由主义国家，开始采取缩减政府福利开支，推进福利民营化（privatization）的方式来重建经济竞争力。而后来的亚洲新兴经济国家和地区的发展型社会福利制度，是在学习西方福利制度的同时，更注重把社会福利与经济增长联系起来，强调在保证社会最弱势群体的最基本生活的基础上，把福利津贴与就业和人力资源联系起来，使社会福利的发展能够对经济起到积极的促进作用。这些国家的社会福利制度与西方传统福利制度比较，显得更具有制度效率和发展活力。

在当今经济全球化日渐深化的环境下，作为全球化意识形态支持的新自由主义对各国福利制度走向的影响开始加深，以“紧缩化”、社会伙伴多元共担均衡责任、以促进积极就业替代单纯给付，似乎正在成为社会福利政策改革的一种趋向；倡导转变当代社会福利概念、采取社会福利多元化、实施“社会投资国家”（social investment state）策略的“第三条道路”理论正在被更多人所认同。近年来兴起于欧盟的“社会质量”（social quality）取向模式，

则强调通过重新审视“社会”内涵，使社会政策和经济政策服从于社会质量这一目标，建立欧洲经济发展和社会发展之间的平衡，彻底改变社会政策和经济政策之间的不平等关系，也为经济发展与社会福利的有机融合提供了一条新的思想政策路线。

五、我们需要什么样的社会政策和福利制度

（一）保障和改善民生应是我国现阶段社会政策的指导思想

我国的社会政策经历了改革开放前“城乡二元社会福利、国家承担重要角色”，改革开放后到21世纪初“社会政策服务于经济政策、公共政策局部调整”，再到21世纪以来“社会政策重建、着力保障和改善民生”的发展阶段。与西方福利国家相比差距依然较大，尚处于“补缺”阶段和“福利不足”状态，基本公共服务还没有实现均衡覆盖，且标准和水平较低，作为经济发展和社会稳定调节器的社会保障基础还不稳固。

在我国现阶段乃至未来一个时期内，都应将保障和改善民生作为我国现阶段社会政策的指导思想，这不仅对经济转型时期保持社会稳定至关重要，而且对实现全面小康战略目标、跻身世界中上等收入国家行列也是势在必行。

（二）适度普惠和发展型相结合的社会政策是我国现阶段相对合理的选择

目前，我国的社会福利正在由过去的补缺型“小福利”向适度普惠型“大福利”转变。适度普惠型社会福利是基于本国国情，向全体国民提供的、涵盖其基本生活主要方面的社会福利。

我国长期以来形成的巨大的城乡差距、地区差距和体制内外差距，以及较低的人均收入水平等国情，决定了在相当长时期内，还只能实行适度普惠型的福利制度。并且，从发展阶段看，我国正在从生存型阶段跨入发展型阶段，而发展型的社会体制下，市场和社会在逐步发育，同时，社会政策与经济政策相互联系、相互影响的趋势在日益增强，过度强调一种政策将很难达到预期目标。日益复杂多变的内外环境也迫使我们不能顾此失彼，既要警惕民粹主义盲目狭隘的“福利赶超”，又要坚持“以人为本”的发展理念，使人民群众从增长中得到实惠；既要使社会福利水平稳步提高，又要防止造成未来的社会福利“路径依赖”，保持与经济增长间的协调互促。因此，相对于

补缺型、普惠型的福利政策，走适度的中间道路、重视与经济增长促进的发展型社会福利模式显然更适合我国现阶段的发展实际。

我国社会政策的设计和福利制度的完善，要注重保持社会政策行动中公平与效率的统一，社会福利支出计划要兼顾经济增长的不同阶段特征，确立以增进全体社会成员经济和社会活动能力的社会政策策略目标，提高人力资本和社会资本的存量，实现经济政策与社会政策融合互补，推进经济与社会的协调和可持续发展。

（三）政府主导、多元分担应是我国社会政策行动体制改革的基本取向

在社会福利体制上，我国从新中国成立以后经历了计划经济时期的国家统包统配福利供给阶段、改革开放后传统公有制为依托的福利供给体制解体后的公共服务下滑阶段，以及目前的公共服务供给体制改革阶段。当前和未来一个时期，全球化和经济结构转型对社会结构和社会秩序的影响将日益突显，社会矛盾将明显增多，公众对公共服务的需求将会随之迅速上升，对我国新形势下的社会政策内容和行动体制提出了新的挑战。而我国目前的社会政策行动体制，既保留了部分传统公办体制的特征，民间公益慈善力量相对薄弱，同时在基本公共服务供给中政府缺位问题依然存在。

面对新形势和新挑战，必须改革我国现有社会福利供给体制和社会政策行动体制，调动社会各方参与社会事业的积极性，使之创造更加丰富的公共服务和社会福利资源，更加充分地满足人民群众的需求。在新体制下，政府无疑要在社会政策和福利制度建设中继续当好“守夜人”的角色，要在法律制度层面进一步明晰政府的公共服务责任边界，并健全相关责任执行机制和监督机制，保证和监督政府对其基本职能履行到位；同时，要充分发挥市场和社会参与社会公益事业的积极作用，对政府职责范围内的纯公益和部分准公益事业，可以以政府购买、委托经营、公私合作经营等多种市场运作方式，引导市场主体和社会公益力量经办和运营公益事业、提供公益性产品和服务，对政府职责范围之外的社会服务领域，一律向社会和市场开放，以完全的市场规则规范管理和运行，以营利性产品和服务满足社会多样化、个性化需求。搭建起与市场经济体制多元主体的社会责任相对应、既有分工又有协作、满足社会多层次需求的社会政策行动体制。

（本文原载《调查研究建议》2014 年第 5 期）

关于我国粮食安全与粮食政策问题的思考
——基于谷物自给率与日、韩相关经验的借鉴①

姜长云　李显戈

内容提要

本文讨论了粮食安全与谷物自给率的关系，提出谷物自给率具有较强的国际可比性；分析了近年来我国谷物自给率的变化。通过探讨日、韩两国谷物自给率下降的过程及其原因，对我国粮食问题进行了思考，提出要更加重视主食自给和供求平衡，更加重视统筹利用两种资源、两个市场，加快我国粮食价格政策的创新，加大对农业发展方式转变的支持引导，鼓励提高农产品质量并引导农产品消费方式转变。

尽管在我国粮食安全问题上，更好地利用国外资源和国际市场，是长期的必然趋势和理性选择；但作为一个发展中大国，在今后相当长的时期内，解决我国粮食安全问题仍应主要依靠国内。这对于维持我国的长治久安和履行我国的国际责任都是必要的。在我国粮食生产中，谷物一直占据绝对主导的地位。鉴于近年来我国谷物自给率下降的趋势已经显现，吸取部分国家发展过程中谷物自给率下降的教训，避免重蹈覆辙并防患于未然，对于今后有效防止我国粮食或谷物自给率的进一步快速下降，具有重要的借鉴意义。日本、韩国与我国同属东亚国家，农业生产的资源禀赋相似，都具有人多地少等基本国情。自20世纪60年代以来，日本、韩国都经历了一个谷物自给率迅速下降的过程。本文将基于对日、韩两国20世纪60年代以来谷物自给率下降的过程及原因分析，就我国粮食政策问题进行思考。

---

① 本文是由国家发展改革委宏观经济研究院姜长云研究员担任首席专家的国家社科基金重大项目“产业链视角下的加快转变农业发展方式研究”（课题批准号：12&ZD056）的阶段成果，中国农业大学经济管理学院博士生董欢帮助查找了部分日、韩两国的数据。

一、粮食安全与谷物自给率

粮食安全是指“所有人在任何时候都能在物质、社会和经济上获得充足、安全和富有营养的粮食，以满足其积极和健康生活的膳食需求和食物偏好”。① 作为拥有十几亿人口的世界粮食生产和消费大国，我国政府历来重视粮食生产，强调主要依靠自己解决国内粮食安全问题。1996 年，由国务院新闻办公室发布的《中国的粮食问题》白皮书郑重提出，“立足国内资源，实现粮食基本自给，是中国解决粮食供需问题的基本方针。中国将努力促进国内粮食生产，在正常情况下，粮食自给率不低于 95%，净进口量不超过国内消费量的 5%”。2008 年发布的《国家粮食安全中长期规划纲要（2008—2020 年）》明确提出“保障粮食等重要食物基本自给”的目标，要求将粮食自给率稳定在 95% 以上，其中稻谷、小麦保持自给，玉米保持基本自给。

（一）谷物自给率可以较好反映我国的粮食安全状况，并具有国际可比性

在我国，谷物自给程度对于粮食安全状况具有决定性的影响。如 2000 年和 2012 年，全国谷物产量分别占当年粮食总产量的 87.7% 和 91.5%。在比较国内外粮食安全水平特别是粮食自给率时，采用谷物自给率可以近似代替粮食自给率，较好地反映我国的粮食安全状况。况且，在国际上并不存在与我国口径一致的“粮食”概念。在我国现行粮食统计中，真正能与国际比较的，不是“粮食”，而是“谷物”。联合国粮农组织统计中的“食物”概念，要比我国现行统计中的“粮食”概念宽泛得多。我国通常翻译的“粮食安全”，其英文是“food security”，准确译法应该是“食物安全”。② 按照联合国粮农组织的统计口径，谷物包括小麦、稻谷和粗粮，粗粮又包括玉米、大麦和高粱等。而按我国现行粮食统计口径，粮食包括谷物、豆类和薯类，其中谷物主要包括稻谷、小麦、玉米和高粱、谷子及其他杂粮等。可见，国内外谷物自给率具有较强的统计可比性。由于我国“粮食”与联合国粮农组织等国际组织在“食物（Food）”统计口径上存在明显不同，国内外粮食自给率（国

---

① 参见 FAO：《世界粮食不安全状况 · 2010》，www.fao.org/docrep/013/i1683c/i1683c/pdf。

② 在联合国粮农组织的《食物平衡表》中，食物（Food）包括 8 大类 106 种，这 8 大类分别是：①谷物类，②块根和块茎作物类，③豆类，④油籽、油果和油仁作物类，⑤蔬菜和瓜类，⑥糖料作物类，⑦水果、浆果类，⑧家畜、家禽、畜产品类。

外严格地说是食物自给率）反而不具有统计上的可比性。

此外，长期以来，我国大豆供求平衡高度依赖进口的格局一直在不断强化。在我国，大豆进口主要用于榨油，兼用豆粕提供饲料蛋白。尽管大豆占我国粮食产量和消费量的比重都远远低于稻谷、小麦、玉米等三大谷物，但在分析我国粮食安全状况和粮食自给率时，粮食中是否包括大豆，对于分析结果和研究结论往往具有举足轻重的影响，甚至一度影响对我国粮食供求平衡方向的判断——是供大于求，还是供不应求？如按照我国现行粮食统计口径，即包括谷物、豆类和薯类等，2003 年、2007 年和 2008 年我国粮食净进口量分别为 53.0 万吨、2199.0 万吨和 3663.0 万吨。但在这些年份，我国谷物分别呈现净出口格局，净出口量分别达到 1986.0 万吨、831.0 万吨和 32.1 万吨。两者形成鲜明反差。只是从 2009 年开始，我国粮食和谷物才同时呈现净进口格局，当年净进口量分别为 4397 万吨和 177.4 万吨。2011 年，全国大豆进口量已占粮食净进口总量的 92.5%。2012 年，全国大豆进口量再创新高，达到 5838.5 万吨，较上年增幅接近 11%，大豆自给率仅为 18.4%。同年，全国粮食和谷物自给率分别下降到 89.4% 和 97.7%。可见，按照我国现行的粮食统计口径，把大豆纳入粮食统计，实际上夸大了我国粮食安全问题的严重性。

（二）近年来我国谷物自给率的变化

通常用一国当年谷物产量与谷物消费量之比，衡量该国该年的谷物自给率。鉴于当年谷物消费量的数据往往很难准确取得，通常用当年谷物产量与当年谷物净进口量之和近似代替谷物消费量。长期以来，由于我国政府积极完善粮食生产支持政策，引导地方政府和农民等利益相关者不断增加粮食生产投入，我国的粮食安全状况不断改善。到 2008 年为止，在绝大多数年份内，我国谷物自给率一直稳定在 100% 以上。2000 年我国谷物净出口 1063.0 万吨，2003 年增加到 1986.0 万吨，2007 年和 2008 年分别仍达 831.0 万吨和 32.1 万吨。[①] 但是，近年来，我国谷物完全自给的界线不断受到冲击。从 2009 年开始，我国谷物已由之前基本呈现净出口格局，转为净进口格局。2009 年、2010 年、2011 年，全国谷物净进口量分别达到 178.0 万吨、446.5 万吨和 423.2 万吨。尤其是 2012 年，全国谷物净进口规模明显扩大，全年谷

① 本文与我国相关的数据凡未注明出处者，均根据农业部《2012：中国农业发展报告》有关表格和由农业部市场信息司发布的对应年份我国农产品进出口数据计算。

物净进口1296.7万吨，较上年增长了206.4%；谷物中的稻谷、小麦和玉米分别净进口209.0万吨、341.5万吨和495.1万吨，分别是上年净进口量的25.5倍、3.7倍和3.1倍。

随着谷物净进口规模的迅速扩大，我国谷物自给率不断下降，导致我国粮食安全问题再度升温。自2009年谷物开始呈现净进口格局以来，2009、2010、2011、2012年，我国谷物自给率已分别下降到99.6%、99.1%、99.2%和97.7%。我国谷物主要是稻谷、小麦和玉米三大类。以2012年为例，全国稻谷、小麦、玉米产量合计占谷物总产量的98.4%。近年来，我国三大主要谷物自给率下降的趋势均已显现，尤以未来需求增长潜力最大的玉米为甚，详见表1。因此，在分析我国谷物自给率的变化并进行国际比较时，结合分析稻谷、小麦、玉米自给率的变化，更具参考价值。

表1　近年来我国三大谷物自给率的变化　单位：%

年份	谷物	稻谷	小麦	玉米
2009	99.6	100.4	99.2	100.1
2010	99.1	100.1	98.9	99.2
2011	99.2	99.96	99.2	99.2
2012	97.7	99.0	97.2	97.7

资料来源：根据：《中国农业发展报告·2012》相关数据整理。

注：2011年我国稻谷净进口8.2万吨，稻谷自给率99.96%，四舍五入为100%。

二、日、韩两国谷物自给率的变化过程及原因

日、韩两国的经济发展水平都远远高于我国，两者分别于20世纪60年代和90年代加入OECD，是亚洲国家中最先进入这种“富国俱乐部”的两个国家。按2000年不变价格计算，日、韩两国的人均GDP1961年分别为8487美元和1180美元，2009年分别达38242美元和15326美元。自20世纪60年代以来，日、韩两国都经历了一个谷物自给率迅速下降的过程（图1）。1961—2009年，日本的谷物自给率由75.02%下降到23.62%，韩国的谷物自给率由90.54%下降到29.55%。[①] 其中，日本谷物自给率的显著下降过程主

① 本文中与日、韩两国相关的谷物及其中大米、小麦、玉米自给率的数据，除特别说明者外，均据联合国粮农组织网站中食物平衡表相关数据计算，网址为：http://faostat. fao. org/site/368/default. aspx。

要发生在20世纪60年代和70年代，到1980年，日本的谷物自给率已经下降到27.22%，1961—1980年间年均下降2.52个百分点。韩国谷物自给率的显著下降过程主要发生在20世纪60年代到90年代中期，1995年韩国的谷物自给率下降到27.50%，1961—1995年间年均下降1.85个百分点。除大米外，日、韩两国的谷物消费均已形成对国际市场的高度依赖。

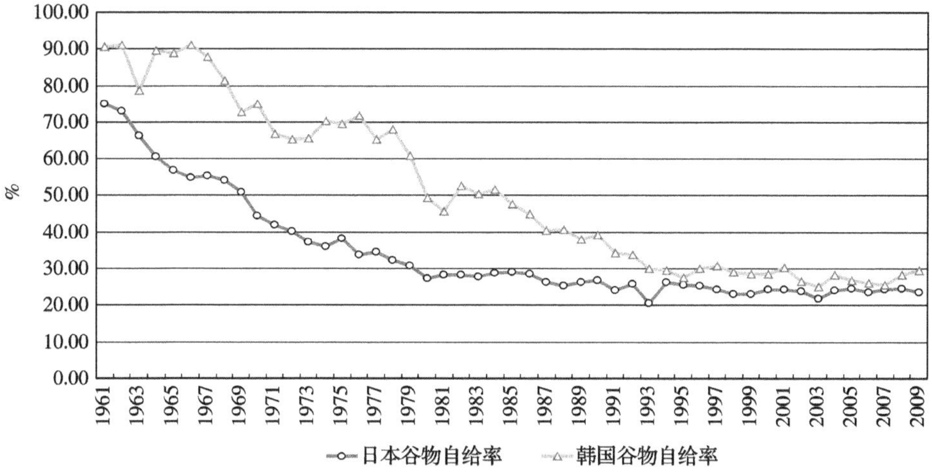

图1　日本、韩国谷物自给率的变化

第一，经济高速增长和工业化、城镇化的迅速推进，加剧了同农业发展争夺资源和生产要素的矛盾。日本从20世纪50年代中期到70年代初期，经历了持续时间长达18年的经济高速增长。韩国从20世纪60年代初期到90年代中期，经历了持续时间长达30余年的经济高速增长。经济的持续高速增长，导致耕地、劳动力、资金等生产要素从农业和农村向工业和城市大量外流，影响谷物产量的增长，甚至导致谷物或其部分品种产量下降。如韩国的谷物产量1975年为688.5万吨，2009年下降到494.0万吨。

第二，饮食结构、消费习惯的变化和指向扩大非谷物生产的农业结构调整，推动了谷物自给率的下降。日、韩两国素以大米为主食，近几十年来都经历了一个饮食结构和消费习惯逐步“西化”的过程，增加面包消费，甚至以麦代米。随着收入水平的提高和消费结构升级，二者对蔬菜、水果和动物性食品的消费量也在迅速提升。对蔬菜、水果消费量的迅速提高，往往加剧了谷物生产在耕地、劳动力甚至资金等方面的竞争弱势，抑制其产量的增长。对动物性食品消费需求的提高，拉动玉米等饲料粮消费需求的迅速扩张。结果导致在日、韩两国生产不具比较优势的小麦和玉米大量进口，日、韩两国谷物自给率的下降主要表现为小麦、玉米自给率的迅速下降。

第三，小规模农户经营和以农为辅的兼业经营的普遍化，导致国内部分谷物品种的生产缺乏国际竞争优势。第二次世界大战后，日、韩两国都确立了“耕者有其田”的自耕农体制，形成了以小规模农户家庭经营为主的格局。近几十年来，日、韩两国农户兼业经营，特别是以农为辅的所谓“第二种兼业农户”都普遍发展，加剧了农户小规模兼业经营的问题，制约了谷物生产效率的提高，削弱了本国谷物的国际竞争力。

第四，农业劳动力的快速老龄化，导致耕地闲置和劳动力不足对谷物自给率下降的影响加大。日、韩两国都是农业劳动力老龄化较为严重的国家，日本尤其突出。

第五，本币升值和农产品贸易自由化，推动了谷物自给率的下降。日、韩两国的小麦和玉米市场很早都对国外开放，引发小麦和玉米进口的大量增加，小麦和玉米自给率迅速下降。两国长期实行对大米市场的高国境保护和高米价政策，维持了大米较高的自给率。但是近年来日、韩两国在国内外面临的开放大米市场的压力不断加大，带动了大米进口相应增加。本币升值，也为国外谷物产品的进口增加了便利。

三、借鉴日、韩经验对我国粮食政策问题的思考

2004 年以来，在我国粮食产量“九连增”的同时，我国粮食自给率仍然由 2003 年的 99.9% 下降到 2012 年的 89.4%，降幅超过 10 个百分点；谷物从 2009 年开始净进口以来，净进口规模迅速扩大，尤其是 2012 年谷物净进口规模较上年增长了 200% 以上。日本、韩国谷物自给率迅速下降的过程及其原因，值得我国高度重视，以防患于未然。稍有不慎，我国粮食或谷物自给率在现有基础上再下降 10 个百分点，未必需要太长时间，甚至 10 年之内即可发生。但是，我国是一个拥有 13 亿人口、人口接近世界人口 1/5 的大国。这种现象一旦发生，由此形成的对世界粮食安全、粮食市场和国际形象的不良影响，将是不可想象的。基于日、韩两国谷物自给率下降过程的经验教训，在我国粮食政策上需要注意：

（一）总量平衡与结构平衡统筹兼顾但更加重视结构平衡，将主食自给和供求平衡置于更加重要的政策地位

自 20 世纪 60 年代以来，虽然日、韩两国的谷物自给率出现了大幅度下

降，但作为主食的大米自给率始终维持在很高水平。以2009年为例，日、韩两国的大米自给率分别为92.00%和94.91%。同年，日本小麦和玉米的自给率分别为12.49%和0%，韩国小麦和玉米的自给率分别为0.48%和1.04%。这与两国政府对大米作为主食自给的特殊重视密切相关。作为粳稻系的日本大米，对日本人具有特殊的使用价值，一直是日本国民习惯食用的主食。长期以来，日本实行的是“基本口粮自给+进口替代”的谷物战略。即努力保障基本口粮——大米自给，同时进口国内生产效率较低的谷物品种，主要是饲用谷物，以满足养殖业对饲料的需求，也包括满足谷物加工业对原料的需求。在韩国文化和农产品政策中，稻米的重要地位是其他农产品不可替代的。甚至在相当长的时期内，韩国仍有70%左右的农民以种植水稻为主要收入来源。近年来，国内外要求日、韩两国开放农产品市场的压力不断加大，在此背景下两国对农产品市场的开放也是先从非主食品种开始，对大米市场开放的影响进行审慎评估。当然，这有两国国内利益集团和政治格局方面的原因，但对国内大米自给和大米生产能力建设的特殊重视也是重要原因之一。我国已经加入WTO，不可能效仿日、韩两国对大米市场实行高度保护的做法，但日、韩两国特别重视主食自给的经验，仍是值得我国学习的。

从中长期的角度看，对于粮食安全和粮食自给问题，在政策选择上，不仅要有总量概念，更要有结构主义视角。鉴于我国稻谷和小麦主要作为口粮，玉米主要作为饲料粮和工业用粮，大豆兼有榨油和提供饲料蛋白等多种用途，今后在我国粮食安全问题上，对于稻谷、小麦自给和供求平衡问题，应该给予特别的重视；至于玉米特别是大豆，适当扩大利用国际市场将是必然趋势。粗略地看，在2020年前，小麦特别是大米的自给率，政策目标仍应确定在基本自给的水平之上，即不低于95%。考虑到未来粮食需求的增长将主要表现为饲料粮特别是玉米的增长，到2020年玉米自给率只要达到90%，也就没有什么大问题。至于大豆供求高度依赖进口的格局，短期内很难看到根本改变的曙光，只能顺势而为、适当引导。未来粮食政策的完善，应该根据政策目标的重新设定，进行相应调整。

（二）更加重视统筹利用两种资源、两个市场，在推进农产品贸易自由化过程中努力做到扬长避短、趋利避害

随着经济全球化的深化，农产品贸易自由化不断扩大已是大势所趋。我国不可能置身于农产品贸易自由化的大潮之外。统筹利用两种资源、两种市

场的重要性和紧迫性正在显著增强。日本小麦和玉米消费很早就高度依赖进口，一方面原因是当时日本强烈依赖的美国出现了小麦、玉米等产品的大量积压，需要通过出口甚至对外粮食援助来消化小麦、玉米过剩压力，美国影响的因素很强；另一方面原因是日本进口小麦、玉米的价格已经低于国内生产的价格，在一定程度上也是日本权衡利用两种资源、两个市场的得失后所采取的选择。当然，由此导致日本国内生产者生产小麦、玉米的比较利益相对于稻米迅速下降，推动日本国内小麦、玉米的生产能力迅速萎缩，也使日本付出了较大的代价。这也提醒我们，在参与农产品贸易自由化的过程中，如何保持国内谷物生产能力的基本稳定，至少免受“毁灭性破坏”，是政府需要高度重视的问题，在此方面多一些战略意识和决策远见是必要的。

从日、韩两国的经验教训来看，在农产品贸易自由化的大潮下，科学设计农产品贸易自由化的优先序和农产品市场的开放度，加强对谷物、粮食乃至农业产业安全的合规性支持保护，以求减少对相关产业的损害和对产业安全的侵蚀，仍是必要的。近年来，日、韩两国政府在开放大米市场上的态度和考虑，较为充分地反映了这一点。近年来，如何防止谷物自给率出现进一步下降的趋势，日益成为日本政府重视的问题。1999 年日本制定的《粮食、农业、农村基本法》要求，“以扩大国内农业生产为本，将其与进口及储备妥善结合”。日、韩两国政府很早就注意从重视农业多功能性的角度，强调对农业的支持保护，并在推行农业保护政策与开放农产品市场之间谋求平衡。如重视水稻生产在防洪蓄水、传承稻米文化、净化空气和环境等方面的作用。在日、韩等国的强力影响下，WTO 农业协议中的“非贸易关注”也充分考虑了农业的多功能性问题。在 WTO 农业谈判中，韩国政府强调国内生产是食物稳定供给和保障食物安全的基础，单纯依靠进口会削弱国内食物供给结构，损伤本国农民利益，据此强调对国内农业生产的政策支持和对农产品市场的干预。[①] 这种认识在相当程度上建立在对韩国谷物自给率下降过程的科学分析之上，具有较强的启发意义。

在农产品贸易自由化日益深化的背景下，统筹利用两种资源、两个市场，要努力做到扬长避短、趋利避害，不仅要促进农产品贸易政策与国内农业产业政策的衔接，统筹考虑国内生产和进口问题；还要注意特定农产品贸易自由化对相关产业、相关地区的影响，加强农产品贸易政策变化的风险评估和

① 曹俊杰：“韩国农业多功能性建设的经验及其借鉴意义”，《学术研究》2009 年第 3 期，第 77 页。

预警研究。注意有效运用国际贸易规则和关税等措施，加强对产业的合理保护，有效运用贸易救济、贸易补偿等措施，确保农产品国内生产和市场稳定，维护主要农产品的有效供给能力。自20世纪60年代以来，日、韩两国在此方面进行了大量积极的探索，虽然有些探索未必成功，但其思维逻辑仍是值得借鉴的。如近年来，鉴于大米进口压力加大、国内大米过剩问题加重、小麦和玉米等谷物消费长期高度依赖国际市场，日本调整了之前“减少水稻种植面积政策”，转而实行促进水田充分利用政策，鼓励在原先种植稻谷的水田上种植小麦和饲料作物等战略作物，政府向相关种植农户提供战略作物生产补贴等，以激励农户增加小麦和饲料作物等生产，借此带动谷物自给率的提高。

（三）科学评估通过政府干预来稳定谷物自给率政策的长期影响，创新我国粮食价格政策日趋迫切

20世纪50年代初期，日本对作为主要粮食的稻米实行了双重米价制度，即为实现稻米增产，国产米的政府收购价格以“确保稻米再生产”为宗旨来确定，稻米的政府销售价以“稳定国民生活”为宗旨来确定，前者定得较高，后者定得较低，两者的差额由政府补贴。[①] 这为后来长期实行的高米价政策奠定了基础，对促进大米增产和大米保持较高的自给率发挥了重要作用。这种双重米价制度，建立在政府对大米市场的高度管制之上，扭曲了大米贸易，对大米过剩局面的形成产生了重要影响。自1968年以来，在大多数年份日本大米产量大于国内消费量，存在严重的过剩问题。1999年，日本制定了新的《食品·农业·农村基本法》，废除了1961年后一直作为农业政策基准但不适合WTO规则的《农业基本法》。之后政府对大米市场的管制逐步松动，由于大米过剩和市场自由化的深化，大米价格和比较利益下降的问题迅速凸显，甚至稻米产量中可以覆盖生产成本的比例急剧下降。在此背景下，如何维持大米自给率，日益成为日本农业面临的新挑战。从2010年开始，日本对大米实施农户收入补贴和价格变动补贴制度，与此有很大关系。

韩国长期实行稻米增产政策，导致稻米过剩问题加重。尤其是20世纪90年代中期后一方面稻米连年丰收，另一方面国民消费减少，结果稻米库存增加，市场大米价格下跌。在此背景下，2001年韩国农林部发表“稻米产业中长期对策”，将之前长期实行的稻米增产政策调整为以优质大米为主的适量生

---

① 晖峻众三：《日本农业150年（1850—2000）》，中国农业大学出版社2011年版，第104页。

产政策，同时将之前不断提高大米收购价格的做法，调整为实行“稳定收购价格”政策。对因收购价格下跌而遭受损失的农户给予适当补贴。鉴于近年来国际上对韩国开放大米市场的压力不断加大，在此背景下的这种政策调整，也有利于韩国避免在今后开放大米市场后陷入被动。

从2004年开始，我国先后在粮食主产区对稻谷、小麦等重点口粮品种实行最低收购价政策。当市场粮价高于最低收购价时，国家不启动此项政策；当市场粮价低于最低收购价时，国家委托指定的企业按最低收购价入市收购，促进市场粮价回升。最低收购价由国家根据每年粮食生产成本等变化情况确定。2008年之后，我国在实行最低收购价政策的同时，又出台了对玉米、大豆等重要农产品的临时收储政策。临时收储价格由国家根据生产成本、农产品供求状况及国内外市场情况确定。这些政策有效地促进了粮食增产和农民增收，维持了粮食价格的稳定，也避免了粮食或谷物自给率出现更大幅度的下降。但是，由于近年来粮食最低收购价甚至临时收储价水平不断提高，带动国内粮价高于国际市场的局面迅速形成，为国外谷物产品的大量进口提供了便利。由于我国农产品市场的开放程度较高，平均关税水平较低，这种情况很可能导致在谷物大量进口、自给率下降的同时，国内谷物生产的滞销问题加重，挫伤农业经营主体增加谷物供给的积极性。与此同时，随着稻谷、小麦最低收购价和玉米、大豆等临时收储价水平的提高，国家财政负担不断加重，并因相关产品进口量的扩大，形成大量的财政补贴效益外泄。2012年，我国谷物进口大量增加，部分地区出现较为严重的国内谷物滞销问题，与国内价格高于国际价格均有很大关系。与此同时，长期实行稻谷、小麦最低收购价政策和大豆、玉米临时收储政策，在一定程度上形成了政府定价左右市场定价的问题，也容易导致以中储粮公司为代表的国有粮食收储企业在粮食市场的垄断地位，影响市场机制在粮食市场的正常作用。从日、韩两国的经验教训及推进贸易自由化的影响来看，加快粮食最低收购价和粮食收储制度的改革，已经日趋迫切。在此方面，越早改革越主动，代价越小；越晚改革越被动，代价越大。

（四）加大对农业发展方式转变的支持引导，有利于增强农业的国际竞争力

日、韩两国在谷物自给率下降的过程中，仍然采取了一些措施稳定谷物自给率。尽管这些措施未能根本扭转谷物自给率下降的趋势，但换个角度看，如果不采取这些措施，日、韩两国谷物自给率的下降过程可能更为迅速，负

面影响可能更大。

支持农业发展方式转变，增强农业的产业竞争力，一直是日、韩两国维护谷物自给率的重要政策导向之一。如日本1961年颁布的《农业基本法》，确立了培育自立经营农户的政策方向，虽因种种条件限制未能实现预期目标，但很难说这种政策导向是错误的。根据速水佑次郎和神门善久对日本农业的研究，日本农业要想脱离政府保护而自立，最关键的还是要多培养一些能够在规模扩大了的土地上熟练使用新技术、面对市场环境的变化及时调整投入、产出的具有较高文化和经营素质的农民，发展自立型专业农业。① 这种结论对于我国也具有警示意义。从日本经验看，以大型机械为主导的农业机械化及与此相配合农业技术开发应用，有利于促进小规模农户的土地流转，并为规模化的自立农业经营创造条件。

20世纪90年代中期，日本就提出要支持以稻作为中心的“高效、稳定的农业经营体”发展，为此日本地方自治体进行了“认定农业者”工作，将按要求提出经营改善计划、有意愿的农业生产者确定为“认定农业者”，引导农地向其集中，并给予融资、税制优惠。② 为提高谷物自给率，近年来，日本以培育大规模经营为对象，通过收入保险方式补贴稻米生产的收入，并推进农业经营体法人化。韩国政府1996年出台的“大米产业促进综合计划”，要求增加对农业基础设施的投资，培养专业农民，改良农业机械，扩大农场规模，建立大米加工中心等。这些措施多少类似于我国当前支持家庭农场等新型经营主体、促进农业产业化经营的政策导向。

从日、韩两国的经验看，面对农村劳动力老龄化背景下耕地闲置和劳动力不足等问题，通过土地流转或土地租借等方式，促进土地向自立经营农户或规模化种植主体集中是一个方向，但是农业作业承包的发展也是一个重要途径，主要表现为小规模兼业农户或高龄农户将耕耘、收获等部分乃至全部农业作业委托给设备齐全的专业农户。进一步地说，将培育农业企业家或发展自立经营农户，与发展农业服务业有机结合起来，可望更好地培育农业的产业竞争力和自我发展能力。③ 少数农业企业家+大量老弱化的农民+发达的

① 速水佑次郎、神门善久：《农业经济学》（新版），中国农业出版社2003年版，第238、310页。

② 晖峻众三：《日本农业150年（1850—2000）》，中国农业大学出版社2011年版，第184、193页。

③ 姜长云：《中国农民增收现状及其中长期影响因素》，《经济与管理研究》2013年第4期，第12页。

农业服务业，不失为发展现代农业的重要途径。

（五）支持农产品质量的提高和引导农产品消费方式转变，可以成为提高农业竞争力的重要措施

长期以来，日、韩两国农产品成本高、价格高，尤以稻米为重，这成为日、韩两国农业广受诟病的重要原因之一。但是，日、韩两国的稻米质量较高，在国际上也是不争的事实，这在相当程度上弥补了两国农产品价格竞争力的弱势。20 世纪 70 年代稻米实现基本自给后，韩国对大米高产的重视逐步让位于对品质的重视，加强对稻米质量的控制。近年来，面对大米贸易自由化的压力不断加大，韩国及时修订了大米标准，通过技术壁垒手段应对大米进口。新修订的大米标准分为国产大米标准和进口大米标准，进口大米标准严于国产大米标准。这样既保护了国内消费者利益，又保护了国内稻米产业免受太大冲击。[①] 在韩国人看来，稻米质量首先是安全属性，其次是营养价值，然后是食味和经济价值。[②] 近年来，韩国政府进一步重视稻米质量的提高，希望以此为基础，增强稻米的国际竞争力，更好地应对大米市场开放的挑战。追求稻米质量的提高，在一定程度上影响稻米单产的增加，成为推高农产品成本的重要原因之一。

日本在 20 世纪 50 年代中期作为主食的大米达到历史最高产量后，大米不足问题基本得到解决，对大米供给数量的关注就转向对优质大米的关注。在日本人看来，当国民可以对主要粮食的品质和安全放心，并以可以接受的价格买到粮食时，才可以说国民的粮食安全得到了有效保障。[③] 日本大米的质量往往明显高于外国米，口感和味道尤其如此，这是外国米难以代替的。近年来，在国内外推进大米贸易自由化的压力下，随着稻米进口规模的逐步扩大，日、韩两国稻米产业遭遇的冲击往往未必像事前预期的那么大，除与两国对进口大米的用途仍有较强限制有关外，一个重要原因是，日、韩两国的稻米质量较高，与进口的低质大米处于不同的市场层级。近年来，在我国市场上，日本大米的价格往往高出国内大米很多倍但仍能畅销，一个重要原因是日本大米的质量较好，迎合了部分高端消费群体的购买力。

通过政策支持和宣传措施，引导居民消费和消费方式转变，也是日、韩

---

① 马雷、张洪程：《韩国稻米政策与标准研究》，《粮食与饲料工业》，2005 年，第 6 页。

② 马雷、张洪程：《韩国稻米政策与标准研究》，《粮食与饲料工业》，2005 年，第 5 页。

③ 晖峻众三：《日本农业 150 年（1850—2000）》，中国农业大学出版社 2011 年版，第 196 页。

两国影响谷物自给率变化的重要措施。近年来，为解决日本水田利用率下降问题、用足水田，日本政府注意通过消费引导措施，拓展国民对水田产出作物的新需求，力求借此解决大米生产过剩问题。如宣传以大米为主食的饮食结构营养均衡，可以避免许多现代病；从环保角度宣传食用自给谷物的好处，比如可以避免大量食用进口食物增加碳排放，引导居民消费国产农产品，特别是地产地消农产品；要求学生餐提供每周若干次的米饭供应；开发利用非主食用大米，如饲用、面包用、食用油用大米等；借助食品质量安全事件，引导国民疏远进口谷物、增加国货消费。[①] 近年来，面对日趋严重的大米过剩问题，韩国采取了一系列促进大米消费的政策，如把旧米用于酿造酒精，把新米提供给学校食用，加强对大米消费市场的研究和大米加工制品的开发，宣传用大米消费代替面粉消费的好处，甚至开展“买爱国米运动”。

近年来，随着谷物贸易自由化的推进，我国部分谷物库存增加、国内滞销的问题开始显现。2012 年以来尤其如此。从日、韩两国经验看，今后随着收入水平的提高、收入差距的扩大和市场细分的推进，消费者对农产品品质，特别是食品安全、健康、便利、消费体验的需求将会快速增强，以质量为依托的高端大米市场将会呈现更快扩张的态势。提高谷物质量对于增强相关产业竞争力的重要性，仍将进一步提高。加强对居民消费和消费方式转变的引导和宣传，也在一定程度上有利于增强国内谷物的市场竞争力。

（本文原载《宏观经济研究》2014 年第 3 期）

① 杨秀平、刘合光、张昭：《低食物自给率下日本朝野的不安全感与应对措施》，《中国软科学》2009 年第 8 期，第 46、47 页。

打造中国工业经济“升级版”关键要突破“技术升级陷阱”

付保宗

内容提要

我国在向高等收入国家迈进的过程中，需避免工业增速和比重过快下降。为此需要突破“技术升级陷阱”，实现技术进步由外源引进主导向自主创新转变，并不断强化企业在技术创新中的主体地位。

我国已经进入实现工业化的关键时期，逐步接近迈向高等收入国家的重要门槛。未来工业能否持续健康发展，直接关系到能否顺利完成“基本实现工业化和全面建设小康社会”的战略任务。

一、我国持续多年的工业高增长和高比重或将终结，向更高收入水平迈进需避免工业增速和比重过快下降

改革开放以来，我国工业高增长和占国内生产总值的高比重成为推动经济高增长的重要力量。近年来，驱动我国工业发展的内外部条件发生深刻变化，工业增速和比重呈现明显的回落趋势。2002 年至 2012 年工业年均增长 11.1%，增速比前 10 年年均增速下降了 2.2 个百分点。其中，2007 年至 2012 年工业年均增长 10.6%，年均增速比 2002 年至 2006 年又降低了 1 个百分点。2006 年，工业增加值占 GDP 比重达到 42.3% 的阶段性高点，2012 年和 2013 年分别下降至 38.5% 和 37%，正逐步接近改革开放以来的低点。

短期看，2008 年以来的国际金融危机和经济周期性调整对工业增长产生很大冲击。长期看，工业增速和比重的阶段性下降趋势逐步形成，持续多年的工业高增长和高比重或将终结。一方面，在转轨的体制机制作用下，受要素市场化改革滞后等因素影响，资本、土地、资源环境等要素成本扭曲对工

业形成一定隐性补贴，对工业快速发展构成很大支撑。另一方面，在低要素成本及其他因素作用下，高投资和出口依存型的需求结构对工业高增长和高比重也形成很大拉动作用。由此导致我国工业比重始终显著高于国际一般规律。从历史看，美国、英国、德国等先行工业化国家和韩国、日本等后起追赶型国家工业比重超过40%时，人均GDP普遍接近或超过10000美元（1990年不变价），而我国在人均收入极低的条件下工业比重已经超过40%。目前，我国工业增加值占GDP的比重比世界平均水平高20个百分点，比中高等收入国家高10个百分点。在持续多年高速增长之后，我国工业发展的内外部条件已经发生深刻变化，要素低成本比较优势趋于弱化，高投资和高出口依赖型工业增长积累的矛盾日益凸显。工业高增速和高比重的持续性正在受到很大挑战。

实践证明，经济高增长往往与工业高比重相伴而生，工业比重见顶将可能意味着经济高增长时代终结，而工业比重过快下滑将会导致经济增速的快速下降。相比农业和服务业，工业更易于保持较高速的增长源于具备三个基本特征：一是劳动生产率大幅度提高，二是产品产量迅速增加，三是产品价格趋于下降。而其他产业都不能同时符合上述三个条件。从世界经济发展历史看，西欧及部分西欧后裔国家率先启动工业化进程，目前多数已进入后工业化时期。在工业化启动前的上千年时间里，西欧国家人均GDP年均增长率一直徘徊在0.2%以下，而工业化启动后则快速提高到1%以上甚至更高；在工业化完成并进入后工业化时代后，人均GDP增长率随工业比重的下降又逐步回落。20世纪尤其是“二战”以来，更多国家和地区启动了工业化进程，工业比重不断提高成为推动经济加速增长的重要动力，但随着工业比重见顶回落经济增速又明显降低。在工业比重见顶前后的十年，日本GDP年均增速由10.7%下降至4.1%，韩国GDP年均增速由9.1%下降至5.5%。巴西在工业比重见顶之后10年经济年均增速由前10年的3.6%下降至1.9%，而后陷入很长的经济徘徊阶段。

横向比较世界不同收入水平国家也可以看出，工业比重与经济增速间存在显著正向关系。从1961年到2011年的50年间，工业比重较高的中低等收入国家和中高等收入国家年均经济增长分别达到4.6%和4.7%，而工业比重较低的低收入国家和高收入国家年均经济增长分别仅为3.4%和3.3%。

党的十八大报告提出，到2020年“实现国内生产总值和城乡居民人均收入比2010年翻一番”。要完成这一目标，未来我国年均经济增速仍需保持在7%以上的较高水平，因此需要避免工业增速和比重的过快下降。由于传统工业增长模式难以为继，进一步释放工业发展新活力，打造中国工业经济“升级版”成为必然选择。

二、我国进入重化工业深化发展阶段，越过“中等收入陷阱”关键要突破“技术升级陷阱”

从20世纪末开始，我国进入新一轮重化工业化阶段。1999年至2012年，重工业总产值在工业中的比重由50.8%迅速上升至71.8%。受过度追求经济高增长以及要素价格扭曲影响，我国新一轮工业结构重型化表现为显著的能源原材料工业为主导的特征。1995年至2011年，能源原材料工业产值占工业总产值的比重由42.8%提高到46.5%，几乎占据了工业总产值一半。尽管我国工业的名义技术密集化程度上升，但技术密集化水平被明显高估。单从行业分类来看，1990年至2011年，我国中高技术和高技术制造业比重由38%提高到46.4%。其中，高技术制造业比重由6.5%上升至10%以上。在全球产业和产品内分工体系中，我国利用要素低成本优势主要参与了高技术和中高技术密集型产业的中低端环节，实际技术密集化水平与先进国家仍然存在很大差距。2012年，我国高技术产业研发强度仅为1.46%，尚不及美国、日本的10%和20%，甚至远低于美、日、德、韩等国家全部制造业平均研发水平；其中我国电子信息制造业研发强度仅为1.5%，不及美国的10%，仅相当于日本的15%左右，德国和韩国的20%左右。

国际经验表明，在重化工业深化发展阶段，向高加工度和技术密集化升级是工业持续发展的必经之路。但同时，工业结构升级表现出较明显的非连续性变化，相比之前由劳动密集型向资本密集型转换，工业结构向高技术密集度升级的难度明显增大。究其原因，一是由于阶段转换所需的驱动要素变化较之前更为显著。在劳动密集型向资本密集型转换阶段，生产规模扩大能够带来劳动力技能经验和资本的不断积累，从而为发展资本密集型产业创造条件；而生产规模扩张却未必带来研发创新和品牌优势的提升，后者培育需要更多其他条件协同支撑和更长的时间，因此也就具有更大的难度。二是由于现有产业国际分工体系对后起追赶型国家技术进步产生明显压制。目前，跨国公司在产业高端关键环节形成不同程度垄断，而众多其他关联企业则在中低端环节进行分散竞争，由于议价能力较弱而导致分工利益被人为压低，削弱了技术创新动力，使分工锁定难以突破。

“二战”之后，世界上多数迈入中等收入水平的经济体在工业化中后期遭遇“技术升级陷阱”，仅有韩国等少数经济体真正实现了工业结构向技术密集型方向升级。“技术升级陷阱”表现在较长时期内难以摆脱技术进步缓慢、停滞或倒退的状态，并由此导致经济发展水平难以进一步提升而陷入“中等收入陷阱”。具体来看，国际上不同国家的制造业技术密集化水平并未随收入水平提高单调上升，而是在中高收入水平区间出现明显的下凹形态。也就是说，中高等收入国家的技术密集度不仅低于收入水平较高的高收入国家，也低于收入水平较低的中低等收入国家。2009 年中高等收入国家中高技术和高技术制造业比重为 35.3%，分别低于高收入国家和中低收入中国家 20.5 个百分点和 9.2 个百分点。这一现象表明，中高等收入国家在向高收入国家迈进的过程中，由于要素成本上升，参与技术密集型产业中低端环节国际分工的传统比较优势受到削弱；但由于技术进步遭遇瓶颈，未能及时向技术密集型产业高端环节升级。因而导致高技术和中高技术产业比重下降。

目前我国日益接近多数中高等收入国家陷入“技术升级陷阱”时期的收入区间。随着我国收入水平继续提高，要素成本上升将不断削弱发展一般加工制造环节的传统优势，工业结构进入向技术密集化升级的关键时期，跨越“技术升级陷阱”成为越过“中等收入陷阱”的关键任务。

三、技术进步面临由引进主导向自主创新转变，技术创新的企业主体地位有待尽快强化

改革开放以来，外商投资企业成为我国工业间接利用国外技术的重要途径。1982 年到 1993 年，外商直接投资占 GDP 的比重从 0.21% 大幅提高到 6.25%。从 20 世纪 90 年代末开始，我国通过购买和转让形式直接引进技术逐步增加。1997 年到 2011 年，我国对外支付知识产权费用年均增长 27%，占世界的比重由 0.9% 大幅提高到 6.9%，成为直接技术引进大国。以全球化布局为导向的跨国公司往往根植性较弱，随着我国要素低成本优势减弱，外商投资进入减缓甚至出现再转移风险。近年来，外商直接投资占我国 GDP 的比重总体呈下降趋势，2011 年比 1993 年的最高点下降了 3 个百分点。而且，由于技术研发等核心能力始终由跨国公司主导，多数内资企业在获得一般技术的同时关键技术却仍然受制于人。随着工业发展水平的继续提升，外商直接投资的技术扩散效应正在减弱。而随着引进数量的增加，技术引进步伐开始趋缓，2002 年到 2011 年我国对外支付知识产权费用年均增速（5 年移动平均）已由 40% 以上下降至 20% 以下；同时，对外支付知识产权费用占 GDP 的

比重由2005年的0.24%降至2011年的0.2%。显示随着我国技术位势提高，进一步直接引进技术的成本和难度有所加大。当前，工业企业的外部直接技术来源呈现由国际主导向多元化转换趋势，2000年到2012年，我国工业企业技术引进费用与购买国内技术之比由9.3倍下降至2倍，与国内消化吸收费用之比由13.5倍下降至2.5倍。随着技术进步方式由跟随引进向自主创新转换，技术进步的难度和风险将有所加大。

我国工业企业自主研发能力和动力却明显不足。近年来工业企业研发强度增长明显慢于全社会增长，且与发达国家差距的缩小也并不十分明显。考虑到全社会R&D支出还包括其他支出，工业企业研发支出更能直接反映工业研发投入和技术水平。1996年到2012年，我国研发投入占GDP的比重由0.57提高到1.98，已接近世界平均水平（2008年为2.14）；但同期我国大中型工业企业研发支出占主营业务收入的比重仅由0.5%提高0.93%。2012年，我国全社会研发强度相当于美国和日本2008年水平的比重已分别达到71.1%和57.5%，但我国制造业研发强度仍仅相当于美国和日本的25.4%和24.8%。企业研发强度增长严重滞后，一方面，反映了全社会研发资源被较多地分配到非产业领域，对企业获取研发资源形成一定挤出效应；另一方面，反映产学研存在明显脱节，技术供给与产业需求间存在突出矛盾，技术创新资源潜力未能有效转化为产业实际创新能力。另外，尽管我国高技术产值和出口快速增长，但技术水平存在显著高估，出口产品中的劳动力要素仍然以非熟练工人为主。根据测算，我国制造业出口中所包含的非熟练工人是熟练工人的40倍以上。由于外商投资企业是我国高技术产品出口的主体，多数国内企业在产业纵向分工中主要承担较低端的加工制造环节。

因此，强化和突出企业技术创新主体地位，不断激发和释放技术进步的内生动力，才能保障我国成功跨越“技术升级陷阱”，从而顺利实现“全面建设小康社会”的战略目标。

（本文原载《调查研究建议》2014年第7期）

促进服务业对外开放的战略思考

王海峰

内容提要

全球化时代，服务业对外开放的基本原则是要在更大范围、更深层次和更高标准上与国际先进水平接轨。总体思路是要“解放思想，以我为主，重点突破，有序推进”。同时，服务业对外开放必须认真处理好服务业开放与行政管理制度改革，服务业开放与制造业转型升级，服务业开放与“走出去”之间的关系。

一、服务业对外开放目标

服务业对外开放是市场化和服务业自身发展的必然要求，正成为全球化新特征。国际经验表明，“靠保护落后发展不起服务业”。我国改革开放30多年的实践也不断证明，服务业发展离不开改革开放，加快服务业发展，必须主动加大改革开放力度。

（一）从国内看，服务业对外开放不仅可以促进服务业快速发展，而且可以进一步培育和完善市场经济体系，推动经济结构转型升级，促进行政管理体制改革，支撑国民经济的长期平稳发展

一是引入新的竞争要素，构建统一开放的市场体系。服务业对外开放可以在更高的层次引入外部资金、技术、标准、管理、信息和市场营销理念，使国内市场更好地对接国际市场，促使各种生产要素更有效率地流动，进而形成统一开放、竞争有序、充满活力的市场体系。

二是引导居民消费倾向，增强私人消费和内需对经济发展的拉动作用。在由中高收入国家向高收入国家发展过程中，私人消费特别是服务消费所占比重将会显著提高，扩大服务业对外开放有利于引入先进的消费理念和方式，

正确引导居民消费倾向，有效增强消费对经济发展的贡献。

三是扩大服务产品供给，全面提升服务产品质量。相比于制造产品，我国服务产品的供给总量、结构和质量均存在较大缺口。服务业对外开放有利于进一步发挥市场比较优势，打破部门、地区和行业垄断，通过充分的市场竞争，稳定服务产品的市场价格，提升服务产品质量，有效扩大服务产品的供给。

四是促进行政管理体制改革，构建有利于服务业快速发展的政策法规体系。服务业改革是我国当前经济改革的重点、难点和焦点，关乎改革的成败。扩大服务业对外开放，有利于通过市场开放形成的外部压力，倒逼国内行政管理体系改革，构建有利于服务业快速发展的政策法规体系。

（二）从国际看，服务业对外开放有利于推动我国由经济大国转型为经济强国，突破中等收入陷阱中的人才、技术和制度瓶颈，主动参与全球经贸规则制定，有效防控经济风险，提升我国参与国际竞争合作的综合能力

一是塑造我国经济的核心竞争力。新一轮国际竞争围绕产业链、技术链、知识链和价值链展开，紧紧依托高端服务业。最近几年，财富500强企业绝大多数为金融、运输、电信、网络等服务企业，以制造业为基础的跨国公司也需要靠服务环节的优势来构筑其核心竞争力。从国内看，2013年我国服务业增加值首次超过制造业，绝大多数制造业企业的竞争力也主要体现在专利、技术、品牌、人才等服务领域。而且，开放度高的部门，往往竞争力强。

二是扩大服务出口和对外投资能力，更好地分享全球化红利。服务市场早已成为全球最大的市场，作为全球第一大贸易国、潜在的第一大经济体，2013年我国服务出口不到美国的1/3，也明显落后于英国、德国和法国，排名全球第五，服务出口具有巨大发展空间。服务业对外开放可以提升我国服务业竞争力，推动我国服务出口和对外投资。

三是更好地参与全球治理和经贸规则制定。服务业开放水平较低，在很大程度上制约了我国参与全球经济治理的能力，与我国目前的国际地位极不相符。服务业对外开放不仅有助于提升我国产业竞争力，为参与全球经济治理打好基础，也有助于我国与国际先进规则接轨，参与国际经贸规则制定，更加有效地维护国家的经济利益。

四是构建开放的以市场为基础的风险防范体系。服务业对外开放核心是市场的开放，通过引入竞争要素，显著改善市场环境，最终通过市场机制有

效地把控、防范、吸收和对冲各种外部风险，构建起以市场为基础的风险防范体系。实践中，通过各种行政管理和政策限制带来的市场分割、封闭和扭曲，更容易积累和引发系统性风险。

二、服务业对外开放思路

服务业对外开放是当前我国改革开放的重要任务，基本原则是要在更大范围、更深层次和更高标准上全面与国际先进水平接轨。总体思路是“解放思想，以我为主，重点突破，有序推进”，将市场准入的“负面清单”和行政审批制度改革作为服务业对外开放战略的着力点。

解放思想。就是要将服务业对外开放作为我国改革开放新阶段。经济发展改革的外部动力，坚决破除一些部门和行业存在的“不想开放、不愿开放和不敢开放”的思想束缚。要从沿海地区和行政垄断比较普遍的领域入手，坚决打破部门利益，克服畏难情绪，理性认识风险，大胆推进改革开放。为此，首先要理性认识服务业开放风险。从各国服务业开放实践看，只要实体经济不出大问题，服务业开放本身不会诱发系统性风险。20 世纪 80 年代拉美债务危机、90 年代中期后日本的通缩、90 年代末期亚洲金融危机、21 世纪 2008 年全球金融危机乃至此后的欧洲主权债务危机，表面上体现为金融危机，实际上是实体经济出现了结构性问题。

以我为主。就是要将服务业对外开放作为我国当前改革开放的重点工作。从国内经济社会发展自身需求变化出发，把握好服务业开放的主动权，拿捏好服务业开放进程和步骤，以服务领域的市场开放促进行政管理制度改革，通过外部竞争来扩大服务产品供给，提高服务质量，使服务业成为支撑我国经济社会发展的主导力量。以我为主，要尽可能利用各种形式的多边、双边服务贸易和投资谈判。如，新的服务贸易协定（TISA）、跨太平洋伙伴协定（TPP）、中美双边投资协定（BIT）、中欧双边投资协定等来倒逼和带动服务业对外开放，不应该教条地以相关协定谈判作为服务业开放前提和底线，要尽可能使服务业开放走到相关谈判承诺之前。

重点突破。就是要将金融、电信、运输、专业服务作为我国服务业对外开放的重点领域。通过上海自由贸易试验区的先行先试，选择重点区域复制推广来尽快取得突破。既要稳步推进投资准入的“负面清单”改革，有序开放市场，让外资企业、民营企业公平参与竞争，也要加快行政审批制度改革，取消不合理管制，为民营经济充分参与服务业竞争创造条件，让市场发挥决定性作用。金融、电信、运输是最主要的生产性服务业，国有经济比重大、行政垄断较普遍、政策法规限制多、改革阻力很大，是各界关注焦点，也是上海自由贸易试验区重点试验领域。这些领域改革开放成功与否，不仅决定着服务业自身的改革开放和健康发展，而且也在很大程度上影响到我国改革开放的全局。

有序推进。就是要统筹众多的服务部门，清理纷杂的政策法规，主动对接国际先进规则，从时间、空间、方式和区域几个方面有序推进服务业对外开放。不仅要在上海自由贸易试验区、重点城市和沿海地区有序推进金融、电信、运输、专业服务等关键领域的对外开放，而且要大胆选择试点推进视听服务、个人文化娱乐等相对敏感领域的对外开放，还要适时适度推进教育、医疗、养老等公共服务领域的对外开放，更要积极主动推动建筑、旅游、特许和许可权、计算机和信息等竞争相对充分领域的对外开放。要通过服务业有序开放，促改革、促发展，带动服务业全面发展。

三、服务业对外开放必须处理好三大关系

（一）将加快服务业开放与深化行政管理体系改革结合起来

改革与开放是服务业发展的两个轮子，相互支撑，缺一不可。与制造业类似，服务业发展离不开市场，必须依靠市场，改革和开放都是市场经济的内在要求。扩大服务业开放就是要引入外部的竞争要素、竞争对手、竞争规则、竞争机制，使市场竞争更加规范透明，没有服务业的对外开放，服务业的竞争就不充分，服务业的改革就难以到位。同时，服务业市场化改革重点是规范政府行为，打破行业垄断，增强市场的透明度，释放市场活力，使市场供需相互作用，要素和资源得到最佳配置，服务业改革会为服务业开放创造条件。站在新一轮全球化大背景下，必须将加快服务业对外开放与深化服务业改革结合起来，全面统筹服务业改革、开放和发展，培育市场竞争新优势。

（二）将加快服务业开放与促进制造业转型升级结合起来

作为全球制造和货物贸易大国，我国制造业发展今后更多地需要围绕产业链、技术链、知识链和价值链来做文章，也就是推动以研发和服务为核心的制造业转型升级，重点是生产性服务业发展。从产品价值链看，制造产品

的研发、设计、品牌处于价值链高端，属于服务业范畴；而市场、营销和相关专业服务也处于价值链高端，也属于服务业范畴。服务业对外开放带来的直接和间接的溢出效应，会有效促进制造产品向微笑曲线的两端延伸，直接带动生产性服务业的发展。同时，制造业的转型升级也需要加大相关服务业的对外开放，通过不断引入新的竞争主体、竞争要素、竞争规则，使制造业竞争由低端向高端延伸。

（三）将加快服务业开放与促进服务业“走出去”结合起来

改革开放 30 多年来，我们已由过去的被动开放转为主动开放，我们不仅主动向外资开放市场，也在积极鼓励国内企业走出去投资、生产和经营。近年来，无论是利用外资还是对外投资，服务业所占比重越来越大，已成为参与国际竞争合作的重点领域。加快服务业对外开放，不仅有利于培育我国服务业企业的国际竞争力，也有利于我国服务业企业更好地适应国际先进标准和规则，还有利于增加国际服务贸易规则的谈判能力。如果说 21 世纪初，我国入世更多的是主动开放国内服务市场；那么近年来，我国主动参与新的服务贸易谈判、多双边自贸区和投资协定谈判，更多地则是为了更好的服务国内企业“走出去”投资、生产和经营。

（本文原载《调查研究建议》2014 年第 93 期）

提升我国在全球价值链中位势的对策：基于中日韩典型产业比较的分析

李大伟

内容提要

全球价值链理论将产品从研发、生产、营销到最终消费的全过程划分成多个相对独立的环节，每一层级、每个环节都参与最终产品价值的创造，并在整个价值形成链条和价值分工中占据不同的位置和份额。实证分析表明，中国在大部分最终产品的加工组装环节保持优势，在中间产品的生产环节与最终产品的研发、营销、品牌构建等环节与日韩相比整体上仍有差距。提升我国价值链位势，除积极向高附加值的中间产品生产环节延伸外，更要通过构造“软环境”，向处于价值链高端的最终消费品的研发和品牌构建环节攀升。

一、中日韩典型产业在全球价值链中位置的比较

（一）中、日、韩三国在全球价值链中的整体位势判断

为对比三国整体在全球价值链中的位势，可以首先采用联合国 BEC 分类方法，将所有产品分为中间产品、资本品和消费品等三大类以及 18 个小类并分别对三国在整体价值链中处于何类商品的生产环节进行测算，然后基于 PCT 专利、知名品牌数等指标，对三国处于何类商品的研发环节进行分析得出结论。

1. 中国在全球价值链上正在由消费品生产为主转向中间产品和资本品的生产为主。2002 年以来，在绝大多数消费品中，中国的比较优势虽然一直维持在较高水平，但整体呈现下降趋势，其中易耗消费品等技术含量较低的劳动密集型产品的下降较为明显；而在资本品中的比较优势明显上升。此外，

中国在大多数中间产品，特别是零部件类中间产品的比较劣势明显减弱。如，在资本品零部件的TC指数由2002年的-0.258上升到2012年的-0.132，在交通运输设备零部件的TC指数更是上升到2012年的0.232，这说明中国企业已开始转向更多地出口而非进口中间产品。

2. 日韩两国主要在资本品、中间品领域处于比较优势。统计分析表明，均在生产资本品的中间品、资本品等领域具有明显的比较优势，其中日本在中间品的比较优势强于韩国。而韩国在耐用消费品领域具有一定优势，但已明显减弱；日本在耐用消费领域已经处于比较劣势。

3. 在双边贸易中，在生产消费品（除载客汽车之外）的领域，中国在中日、中韩双边贸易中均处于优势地位；而在各种中间产品、资本品以及轿车这一特殊耐用消费品中，日本相对韩国和中国处于优势地位，韩国则相对于中国处于优势地位，相对于日本处于劣势地位。且这种结构在过去的十年中并未发生明显变化。

4. 从整体上看，中韩两国正在迅速进入研发和品牌环节，中国和韩国之间的差距要明显大于韩国和日本的差距。从图1中可以看出，金融危机以来，中国的PCT专利申请数量增长十分迅速，目前已明显超过韩国，接近德国，与美国和日本的差距也有所缩小。而从三国在全球品牌500强中的情况对比看，中韩两国企业数量和排名均有所上升，特别是韩国的三星上升到第7位，已为亚洲第一；但中国制造业品牌的排名仍明显落后于日本和韩国。

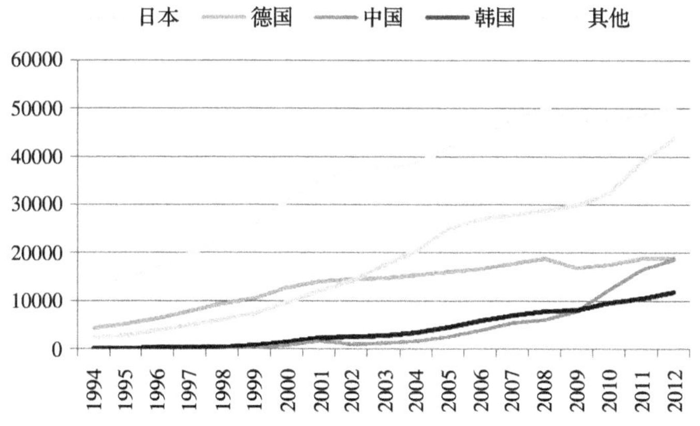

图1 中、日、德、韩四国PCT专利数量对比

资料来源：作者根据WIPO数据库测算。

（二）对中国在 IT 产业典型产品全球价值链中的位势分析

图 2 给出了 PC 和智能手机的价值链示意图。按照同样的方法，可以得出如下结论。

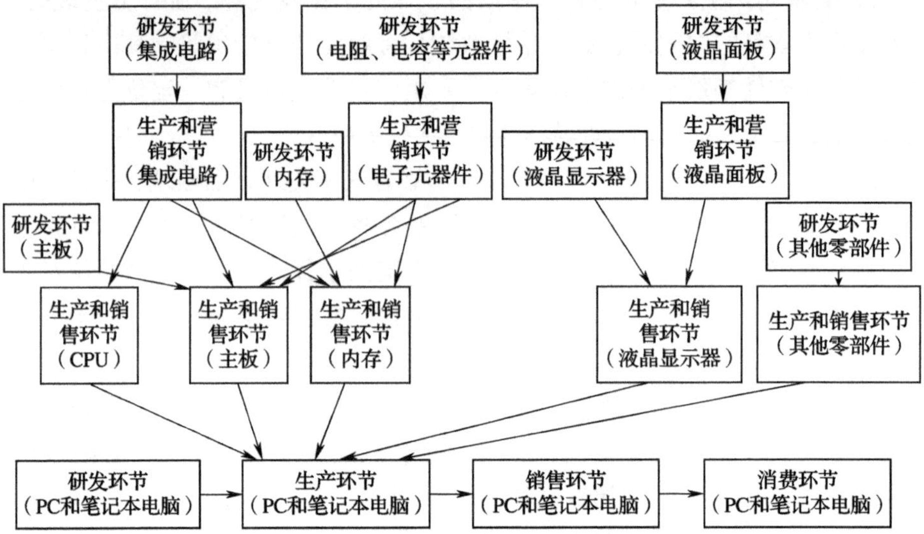

图 2　PC 和笔记本电脑价值链示意图

1. 中国在终端产品制造环节的优势仍在持续，并已逐渐上升至第 1 层级的中间产品生产制造环节，正处于努力向第 2 层级的元器件攀升过程中，整体上看尚未达到这一层级。

2. 韩国在终端产品生产领域缓解已不占优势，在第 1 层级的优势在弱化，而在第 2 层级的优势在强化。在第 1 层级的中间产品生产环节，韩国在大多数产品上仍有一定优势，但已较金融危机前明显弱化；而在第 2 层级的生产环节，韩国则在液晶面板和部分种类的集成电路和电子元器件上处于优势地位。

3. 在终端产品生产环节，日本已经处于绝对比较劣势地位，已经基本不再从事这一环节；在第 1 层级产品的生产环节，日本也已逐渐处于比较劣势地位；在第 2 层级的中间产品生产环节，日本基本仍处于明显的比较优势地位。

4. 三国不同层级产品分工差异在双边贸易中的情况表现得更为明显。在绝大多数最终产品领域，中国处于绝对优势地位；而在大多数 1 级中间产品领域，日本在日韩和日中贸易中已经处于绝对劣势地位，而在中韩贸易中，中国已经基本和韩国在同一水平。在2级中间产品领域，中国在中韩贸易和中日贸易中处于绝对劣势地位；其中大多数产品日本在日韩贸易中也处于绝对优势地位，但在液晶面板、部分集成电路（如ROM）等领域，韩国已经赶超日本，处于明显的优势地位。

5. 在最终产品领域，中国已经拥有了联想、华为、小米等一批较为知名的品牌，但排名低于日本和韩国；在第1层级的中间产品领域，中国也拥有一些有一定知名度的品牌，如联想的主板、长城的液晶显示器等，但品牌价值要远低于日韩等国的相关企业；在技术含量较高的第2层级，中国相较日韩则缺乏知名品牌。

综合来看，可以判断中国IT产业处于价值链由第0层级的最终产品制造、研发、营销向第1层级的制造、研发、营销等环节升级的阶段。而韩国则已经在第0层级处于明显的优势地位，并在第1、2层级的部分产品处于优势地位；日本的优势地位则集中于第0层级的研发和品牌环节以及第2层级部分高端产品的生产环节。

（三）对中国汽车产业典型产品在全球价值链中的位势分析

对汽车行业，按照同样的方法，可以得出如下结论（数据分析从略）。

1. 中国尚未处于轿车价值链中较为核心的中间产品生产环节，但在部分技术含量较低的中间产品生产环节上的优势已经较为巩固。发动机、变速箱等中间产品是轿车价值链中较为关键、直接影响轿车性能的产品。中国在这些产品的TC指数明显偏低，整体上大部分依赖进口。在车体、轮胎、车架等技术含量较低的中间产品生产环节，中国的TC指数较高，部分产品甚至已经接近1，说明已经具有较强的国际竞争力。

2. 在技术含量较高的整车设计和组装生产环节，中国仍处于明显的劣势地位。与PC不同，汽车的整体设计和生产线组装在价值链中同样处于极为重要的环节，其技术含量相当高。中国虽然有大量合资企业和本土企业在国内建立了较大规模的汽车生产基地，但相当一部分轿车仍然依赖进口。

3. 日、韩在绝大多数整车和以发动机为代表的核心零部件方面均处于明显优势地位，仅在个别附加值较低的外围零部件（如轮胎）处于相对劣势地位。

4. 中国在轿车行业的技术专利数量仍然远低于德国、日本和美国，部分技术甚至低于韩国。而在知名品牌方面，目前全球的著名轿车品牌和轿车零部件厂商名单中，基本没有中国企业。

综上所述，中国在轿车行业主要处于部分技术含量较低的零部件生产环节，而在整车研发生产、发动机等高端零部件生产和品牌建设等关键环节的位势要较弱。相较 IT 行业，中国在轿车价值链中的位势明显处于较低水平。

（四）对中国纺织服装产业典型产品在全球价值链中的位势分析

1. 中国的传统优势产业——服装产业，除完全依靠自然资源禀赋的个别中间产品外，在大多数产品的生产环节均有明显的比较优势，而日、韩两国在化学纤维生产环节具有比较优势。

2. 在服装的设计和品牌构建环节，中国的位势要明显弱于日本和韩国。通过对全球和中国知名服装品牌情况的梳理表明，在全球最知名的 50 个服装品牌中，没有 1 个中国品牌和韩国品牌，只有 3 个日本品牌；但在亚洲最知名的 50 个服装品牌中，日本品牌、韩国品牌的数量要远多于中国品牌。因此，中国服装行业在设计以及营销网络、品牌构建等环节的地位还较弱。

（五）小结

1. 中国在全球价值链中的位置正在由最终产品的加工组装环节向中间产品的生产以及各类产品的营销、研发和品牌构建环节提升。对整体数据的分析表明，中国已经由主要从事消费品类最终产品的生产转向资本品类最终产品和中间产品的生产，且各类制造业的研发投入规模大幅度上升，开始形成了一些知名品牌，且其品牌的排名也在不断上升之中。

对三大典型产业的分析表明，中国 IT 产业、汽车产业和纺织服装产业均已延伸到部分中间产品的生产，也已经拥有了联想、华为等一系列知名品牌。

2. 在全球价值链中，中国距离日韩的差距逐渐缩小，但这种缩小更多体现在较高附加值的中间产品的生产环节，在更高附加值的研发、营销等环节的差距仍然较大。从双边贸易的数据可以看出，中国在绝大多数中间产品的生产环节相较日本和韩国的劣势均在下降，在液晶显示器、普通电子元器件、轮胎、制动器等技术含量较低的中间产品生产环节甚至已经与日韩基本持平。然而，从反映整体研发实力和营销能力的品牌指标看，中国制造业优秀品牌数量远远低于日本；而韩国虽然高知名度品牌仅仅集中于 IT 等少数产业，但以三星为代表的品牌价值上升幅度快于中国。

3. 韩国部分重点产业在全球价值链中的位势已经追上日本。整体数据的分析表明，韩国在中间产品和资本品的生产环节相较日本仍然处于劣势地位，但差距已经明显缩小。而在韩国近年来重点发展的 IT 产业领域，韩国在液晶面板、部分高端集成电路和零部件等领域已经取代了日本的优势地位，品牌构建以三星为代表已经赶上并超过日本。

二、中、日、韩在全球价值链中所获利益情况对比

2012年，美国国际贸易委员会选择联想、苹果等产品，针对最终产品的品牌营造（价值链的两端）和中间产品的生产相比，何者所获得的收益更大这一问题进行了定量分析和测算。结果表明，包含研发、营销等环节的品牌营造所创造的增加值明显大于中间产品的生产环节，由最终产品生产转向最终产品研发、销售和品牌构建所带来的价值链位势提升要高于仅转向中间产品生产。据此，可以得出以下结论。

在中、日、韩三国均未拥有品牌优势的最终产品领域，绝大部分利润被欧美品牌拥有者获取，但日、韩由于主要从事高附加值的中间产品生产，其所获得的价值要高于中国。

在三国中任一国拥有品牌优势的最终产品领域（如韩国的三星手机、日本的索尼手机和中国的联想手机），绝大部分利润仍被三国各自的品牌拥有商获取，但由于中国企业的品牌价值普遍低于韩国和日本，因此，韩国和日本品牌商从各自品牌中所获取利润比重要高于中国；而在生产环节，日、韩的中间产品生产商所获取的利润也要高于中国。在中国知名品牌产品的价值链中，中国所获得的整体利益要大于日本和韩国。

在品牌价值很小，甚至没有品牌价值的最终消费品领域（如普通的劳动密集型产品），各国所获取的价值则基本由其从事生产环节的复杂程度决定，日韩所获得的价值要明显高于中国。

三、提升我国在全球价值链中位势的对策

（一）适时调整产业政策的方向，将政策激励由生产的产品类型为主转向研发、营销网络、品牌建设等

从日韩的经验看，在现代产业体系构建阶段基本结束后，政府很难确定何种产品、何类产品具有良好的市场前景。随之，针对具体产品的选择性产业政策的实施效果将逐渐减弱，针对企业研发行为予以激励的产业政策则能够有效发挥市场配置资源的决定性作用。同时，这一政策能够有效减少研发

具有较强外部性对企业研发行为产生的负激励。此外，在不断优化国内市场环境的同时，政府完全可以在金融、财政、外事、信息等方面对企业设立海外营销网络、品牌建设推广等行为予以大力支持，激励企业将更多资源投入到营销渠道的建设和品牌构建。

（二）采用“以内促外”的战略，将完善和优化国内市场环境作为提升在全球价值链中位势的重要依托

从韩日等国企业成长为跨国公司的经验来看，一个健康公平的国内市场环境在索尼、三星等企业从小公司变成大公司，进而成为跨国知名企业的过程中发挥了重要作用。这些知名品牌均是从本土市场出发，逐渐进军全球市场。而只有在一个公平、透明、有秩序的竞争性市场环境下，企业才会注重凭借自身的技术、管理和商业模式创新来取得竞争优势，建立优秀的品牌。因此，中国未来提升在全球价值链中位势的一个重要关键在于国内市场环境的建设和完善。

（三）通过“引进来”和“走出去”战略的调整支持价值链位势的提升

目前，中国制造业技术进步也到了以依靠引进技术为主转向以自主创新为主，尤其要着力培育原始创新能力的阶段。一些技术已经相当成熟，但面临劳动力等要素成本持续上升压力的传统产业，已有能力和需要逐步向外转移一般加工制造缓解，着重占据价值链高端。因此，通过有效实施更高水平的“引进来”和“走出去”战略提升中国在全球价值链中的位势已成为当务之急。

（四）夯实中国价值链位势提升的微观基础

一是在加大对科技研发的投入力度，逐步建立和完善更加注重科研绩效、能够充分调动科研人员积极性的科研制度，从根本上提升中国的自主创新能力。二是进一步提高强化基础教育，大力发展中级和高级职业技术教育，优化高等教育，全面提高教育质量，更加注重创新性人才培养。三是继续加强交通、能源、信息网络等相关的基础设施建设，不断完善要素市场体系，为各种生产要素合理流动创造良好的环境条件。

（本文原载《调查研究建议》2014 年第 107 期）

第四篇　改革创新与城镇发展

应建立“医保支付价管理”为核心的我国药价新体制①

国家发展改革委经济研究所课题组

内容提要

药价体制与“医保”性质密不可分。社会医疗保险体系的建立是市场经济国家政府干预药价的主要原因，也使“医保支付价”成为政府药价管理的核心内容。我国正向“全民医保”方向迈进，药价体制也应改“市场价管制”为“医保支付价管理”。主要内容包括：“医保支付价”与市场价分离；实行有利于“医保支付价”管理的药品批零价差管制；停止药品“行政性招标”和医院零差率售药；形成基于专家审议和利益相关方协商的药价决策机制；建立基于公民自治的联合“医保”体系。

以零售最高限价为主的药价管理体系，在我国运行已过十年。十多年来，在医疗体制改革滞后的条件下，面对“药价越高越好卖”的扭曲市场格局，零售最高限价对抑制药价快速上涨势头起到了重要的作用，是当时历史条件下无可替代的药价管理模式。但就其自身特性而言，最高限价适用于对垄断性行业的激励性管制，用于企业众多且素质参差不齐的我国药品行业，则有先天的缺陷：如果市场是正常的，价格自然受到限制，合理的质量和品牌差价体系也可自然形成，规定最高限价没有意义；如果市场是不正常的，最高限价就应“量身定做”，针对不同企业限定不同的价格，而这又为政府所力不能及。所以，那些饱受诟病的药价不合理现象，均无法避免。近 3 年来，随着以全民“医保”体系建立为核心的“新医改”的快速推进，影响我国药价形成的基础性条件正在发生质的变化，改变零售最高限价为核心的药价管理体系时机基本成熟。为此，本报告研究“新医改”条件下的药价形成机制改

① 本课题研究受国家发展革委价格司委托，完成于 2012 年。

革，重点是“医保支付价管理”的引入及相关配套体制的改革。

一、当前药价管理面临的主要问题

（一）如何改变零售价格水平总体偏高的局面

“药价虚高”作为一种流行的说法，其本意是指政府“虚高定价”并导致“药价实高”。近年来我国政府已多次出台降低药价措施，初步抑制了药价快速上涨的势头，但零售价格水平总体偏高的问题仍然存在。

1. 调查结果显示药品零售价格水平总体偏高。较具公信力的政府部门及主流媒体的调查结果显示，我国“药价虚高”问题依然存在。例如财政部给国务院的报告《我国药价虚高的原因及对策》中，以 2010 年北京市非基药集中采购结果为根据，列出了上百个医院售价高于药店售价 6 倍以上的非基药品种。最极端的是央视曝光的湘雅医院“天价芦笋片”案例，该产品实际出厂价为 15.5 元，招标采购价为 185 元，实际零售价为 213 元，流通环节毛利达 197.5 元，是出厂价的 12.7 倍。

2. 若干反常现象表明药品零售价格水平总体偏高。一是药能养“医”。据调查，公立医院运行和医生维持“体面生活”的费用，大部分来自药品的销售。如“天价芦笋片”的 197.5 元流通环节毛利中，就有 100 元是给医生的回扣，50 元是给医院的返利。原本医生和医院的职责是提供诊疗服务，应该靠诊疗服务获取收入，而现在却为“药”所养，说明药价确实偏高。二是小药厂如此众多且能长期维持。当今的美、日等世界制药强国，药品企业不过百余家，且排位前几名的龙头企业市场份额占比达 2/3 以上。而我国现有 5000 余家在运行的药品生产企业，1.3 万家药品流通企业，行业集中度如此之低且“散、乱、差”局面能够维持至今，说明目前的药价水平仍有低效率企业获利的空间。

（二）如何形成合理的质量差价

所谓质量差价，是指同种药品间因质量和品牌不同导致的价格差距。这个问题在发达市场经济国家并不突出，但因我国药品企业众多且素质参差不齐，成为政府药价管理的难点，具体表现为：

1. 原研药与仿制药的关系。目前我国市场原研药与同种仿制药的价差多在 1 倍到 2 倍之间，少数品种达 10 倍左右。对此，国内仿制药企业普遍反对。

有人提出，国内有些仿制药企业的产品质量与原研药没有差距，甚至工艺控制比原研标准还要严格，原研药价格却高出数倍，很不合理。而外资或合资企业却经常抱怨原研药（或未真正受到专利保护的专利药）定价过低，不能体现质量差别，甚至导致其无利可图。

2. 仿制药不同品牌间的关系。品牌与质量密切相关，形成合理的品牌差价，对促进我国药品质量提高具有重要意义。但品牌的价值如何认定？有人建议“以是否通过新版 GMP 认证做判断标准”。但且不说相关监管能否到位，即便新版 GMP 认证通过，也只能说明质量可靠，而不能对价差做出定量的结论。也有人提出“获得省部级奖励的可适当加价”。但现在的省部级奖励争议较多，此外加价多少合适也没有客观标准。其他的办法如“是否通过国外质量标准认证”等，也大多面临相同的问题。

（三）如何处理政府药价管理与招标采购的关系

目前我国存在并行的两套政府管理系统，一套是物价部门规定零售最高限价，另一套是卫生行政主管部门招标采购并以此为基础管制公立医院售药价格。由此也就存在两种药价形成机制，同种药品在药店和医院销售，各循不同的规则，有不同的成本结构，按不同的价格销售。

如果招标定价可行，零售限价管理模式就该调整。如果零售限价模式仍然可用，则招标定价就不应成为主流。如果二者都有缺陷，就应对二者同时调整。总之，目前的二元药价管理格局不仅给市场提供了混乱的价格信号，也给企业提供了混乱的政策信号，不利于企业做出合理的市场预期和投资决策，阻碍医药产业的健康发展，必须尽早改变。

二、药价管理的国际实践

药价管理是一个系统，包括政策目标、管理内容、决策机制、定价方法、执行机构等一系列的制度安排及其相互关系。总体上看，各国的药价制度及管理模式，是其经济、社会发展水平与政治传统等多方面因素综合作用的结果。国家干预药价的强度没有定式，管理模式也不尽相同。这里着重介绍国家管理药价的原因、内容、决策机制、基本方法和相关背景条件。

（一）国家管理药价的原因：“公共医保”体系的建立

“医”和“药”都是可竞争行业，既要保持产业的活力，又要控制医药费用支出，如何取得两个目标之间的平衡，至今仍是世界性难题。据统计，包括药价在内的医疗体制改革，发达市场经济国家平均10年进行一次，可见理想模式远未形成。目前在欧盟及日、韩、澳洲等多数地区，国家均主动对药价进行干预，而在美国，则并不存在国家对药价的管理。我们分析，其主要原因是“医保”体系的性质不同所致。

以“公共医保”为主体的医疗社会保障体系，导致了药品买方及市场结构的变化：一是“公共医保”资金源于公民的强制缴费和国家财政，使药价不再只影响买卖双方的利益关系，还成为影响宏观税负的重要因素，进而关乎公共利益。二是“公共医保”的组织程度较高，具有影响药价的市场支配力，加之患者的用药行为受制于“医保”报销政策而较少受市场价格影响，药价形成存在市场失灵。由此，药价成了既关系公共利益又存在市场失灵的领域，因而国家必须进行干预。

而美国的“医保”体系以私人为主体，“公共医保”只覆盖特定人群如老年人和退伍军人等，其药费支付在市场中所占份额很小，绝大多数人靠购买私人“医保”获取医疗保障。而私人“医保”自主经营，自负盈亏，不需要国家保护，也不允许国家干预。所以在美国，不仅没有对药品市场的价格管制，也没有对“医保”药费支付标准的限制。

“医保”制度差异的背后，是公众的政治理念不同。美国人的主流政治理念，是尽可能地限制公权力的影响，即使是社会保障问题，也要讲求效率，如果市场能够解决，就不要国家参与。而以欧洲为代表的福利型国家，则更重视医疗体制的公平性，追求所有人（不论经济状况差别多大）都能享受大致相同的基本医疗保障，而这一目标在私人保险体系下难以实现。从实际的效果看，美国的私人保险体系及以此为基础的药价不干预制度，利弊皆有。利在美国成为全世界的药品创新中心，患者获得新药的速度和药品产业的发展优于所有国家；弊在药价水平较高，公众的药费支出名列前茅。其他国家的“公共医保”体系及以此为基础的政府药价管理，其利弊之处则与美国相反。如何权衡，取决于公众政策偏好下的政治选择。

（二）药价管理的核心：“医保”支付价格

在法律层面上，“医保”制度属于“医保”承办机构与签约医药机构间的委托合同关系，“医保”支付的价格作为合同中最重要的条款，双方必须遵守。因此，就其一般属性而言，“医保”支付价具有合约性质，即“医保”与其签约机构（医院、药店等）间关于被保险人就医或用药的价格合同。我国台湾地区的“医保”支付价更为典型，由“中央健保局”与药品企业谈判确定，如果双方不能达成一致，该药品不能进入“医保”目录。所谓“医保”支付价格管理，就是政府对“医保”与其签约机构间的价格合同的管理。尽管各国药价管理方法多种多样，但据我们的资料分析和实地考察，所有以“公共医保”体系为主体的国家和地区，药价管理均以保证“公共医保”有效运行为目标，因而都以“医保”支付价格管理为核心。无论是日本的“公定价格基准”，还是德国的“参考价格”，都是用作“医保”机构药费报销的依据。在“医保”支付价格管理制度下，药品的市场价格并不必须与“医保”支付价格相同，如有的国家（如日本）“医保”允许药商低于“医保”支付价水平卖药，“医保”按此较低的实际售价支付；有的国家（如德国）“医保”既允许低价售卖也允许价格高出，但高出部分“医保”不予支付。此外，为便于“医保”支付价格的有效管理，有些国家还对流通环节进行差率管制，如德国药品零售的毛利率是法定的，法国不仅管零售毛利，还对批发毛利进行限制。但无论有无流通毛利管制，药品的出厂价格并不受“医保”支付价管理的限制，完全由买、卖双方自行决定。

上述国家和地区将“医保”支付价作为药价管理的核心，合乎其医疗体制的内在逻辑：既然“公共医保”体系导致药品需方性质和行为发生变化，药价管理就应以“医保”支付价格为核心，通过“医保”报销政策来约束药品价格的形成，使之既保障“公共医保”体系的有效运行，又不过度抑制产业的活力。

（三）药价决策机制：基于公众参与

“医保”支付价格虽并非市场实际交易价格，但由于“医保”报销政策对患者用药选择有决定性的影响，因而实际上主导市场药价的走向，进而影响“医保”机构、药品企业、医疗机构、消费者和政府财政等多方利益。而只有各方利益关系平衡，药价决策才可执行。为此，各国涉及药价决策的各环节均有利益相关代表及其委派的专家参与，并大多依法成立了各利益相关代表组成的自治机构，这些自治机构的决定，有投票表决的，也有协商形成的。如在日本，虽然药价最终由厚劳大臣发布，但此前要经各利益相关方充分协商，报给厚劳大臣的药价建议，则由“中央社会保险医疗协议会”这样的专家机构做出，而厚劳大臣从未否定过该协议会的建议。德国的药价管理更具公民自治性质，拥有决定药品收录、药品参考价组别分配等重要职能的“联邦共同委员会”（G-BA），是独立于政府的德国最高医疗卫生专业决策机构，其成员由专业人士、“医保”机构、医疗机构和患者的代表组成。在法国，“法国卫生最高委员会”（HAS）下属的“透明委员会”（CT）负责对药品的“临床效果”（SMR）和“疗效改善程度”（ASME）进行评估，卫生部和法国“卫生产品经济委员会”（CEPS）依据该评估结果决定药品是否纳入医保目录和制订药品价格。透明委员会的成员分别来自于政府部门、医保基金和医药产业。

（四）药价管理方法：主要基于市场和“成本—收益关系”

由于国家并不直接规定市场成交价格，因而供求关系和竞争决定价格的机能仍起作用。所以，各国制定和调整“医保”支付价格，最主要的依据是市场药价。如德国在制订药品参考价时，主要根据同药品组市场药价分布情况，把参考价定在使同组 1/3 的药品价格处于参考价之下的价格水平上。再如日本，其“公定价格基准”的调整主要基于定期的市场药价调查，新“公定价格基准”以市场价格的加权平均值为依据。至于进口药价的确定，则无一例外地以国外参考地的市场成交价格为依据。

根据“成本—收益关系”判定物品所值，是一切物品价格形成的基础。对新上市亦即尚无市场价格可参照的药品，大部分国家要与现有的相似药品和疗法作对比分析，根据其对相似药品的效用提高程度确定价格。如日本制定了各种疗效改善价格加算法则，达到不同的改善程度，可获得不同程度的药价上调比例。法国也是根据新药的疗效改善程度来确定新药价格，原则上，疗效无明显改善的新药，其价格要低于现有的相似药品价格。近年来兴起的所谓基于药物经济学分析的药品定价，本质上也是基于“成本—收益关系”的原理。

综上所述，各国药价体制与管理模式与“医保”体系的性质密不可分。“公共医保”体系的建立是国家管理药价的主要原因，也决定了“医保”支付价格成为国家药价管理的核心内容。为使药价管理科学、公正，各国均以公民自治作为决策机制的基础。尽管政府或相关公权力机构主导药价的走势，但市场仍发挥着重要的价格决定作用。

三、建立我国“医保支付价”管理体制的基本思路

如前所述，药品的供给具有可竞争性，在发达的市场经济体中，有无“公共医疗保险”为主体的医疗社保体系，是国家管理药价与否的基本依据。

我国已经选择了以“公共医疗保险”为主体的医疗社保模式，“医保”的药费支付及其方式将深刻影响药品的供需关系，加之我国已经步入中等收入国家行列，“医保”的公共保障程度逐步提高，公民强制缴费和国家财政支出的数量也会随之增大，药价对公共利益的影响将日趋明显。因此，随着全民医保体系的进一步发展和完善，我国药价体制也应改“市场价管制”为“医保支付价”管理。

（一）我国“医保支付价”管理的定义与作用

1. 我国“医保支付价”管理的定义。我国的“医保”支付价格管理，是指政府对“医保”支付药费所做的价格限制，即“医保”不能超过政府规定的药价基准支付药费。药品实际售价低于该价格基准的，按实际售价支付，实际售价高于该价格基准的，按该价格基准支付。我国尚未达到发达国家的富裕程度，加之药品企业过多且素质参差不齐，所以，我国的“医保支付价”必须更加突出其报销基准作用，以发挥其市场导向作用。与现行的零售最高限价相比，“医保支付价”管理有三点不同：一是管制的对象不同。零售最高限价管制对象是市场的供方——药品经营者，其药品售卖价格不得超过政府规定的标准。而“医保支付价”管理的对象是药品市场需方——“医保”机构，其药费支付不得超过价格基准；二是影响市场药价的作用机理不同。零售最高限价“管”市场交易价格水平，对市场药价的干预是直接的；而“医保支付价”管理的对象是“医保”报销药费的依据，对市场药价的干预是间接的。三是价格水平不同。零售最高限价以“品牌认可度最高产品的市场价值”为依据，而“医保支付价”管理的依据是“有质量保障且与经济社会发展水平相适应”，因而“医保支付价”水平可能低于零售最高限价。

2. “医保支付价”管理的积极效果。一是可使“保基本”的政策目标更为强化。在仿制药生产企业过多且素质参差不齐的条件下，比之零售最高限价，“医保支付价”的政策目标更加明确，即“医保”只认可一个有质量保障而又与现阶段社会发展水平相适应的价格，并非对不高于最高限价的任一市场成交价皆予支付。二是可增强对市场药价的有效约束。在“全民医保”的背景下，“医保支付价”与市场实际售价的差额，将全部由患者自己负担，比之零售最高限价下的全部药费均由“医保”与患者分担，患者的用药行为可能发生较大变化，由于患者对药价超出“医保支付价”部分敏感度明显增大，对品牌选择的意愿会随之增强，进而产生对市场药价的内在约束。三是有助于形成合理的质量差价和品牌差价。“医保支付价”对市场交易价格不具有强制性，只要“物有所值”，“原研”等质量和品牌认可度高的药品，市场售价可在“医保支付价”之上自主确定，这种通过市场机制形成的质量差价和品牌差价，更能鼓励药品行业的质量提高和科技创新。

（二）相关药价制度的配套调整

1. 实行有利于“医保支付价”管理的批零价格差率管制。与前述实行“医保支付价”的国家不同，我国目前80%以上的药品在医院销售，未来5年之内，药品零售的主市场可能仍在医院，从而医院仍有很大的药品市场支配力。为避免形成医院售价高于“医保支付价”的趋势，应对医院药品售卖建立相应的约束和激励机制：如果医院实际售价不高于“医保支付价”，其售药毛利率不受限制，以鼓励医院降低采购成本，并从医疗机构内部形成约束医生处方行为的机制；如果实际售价高于“医保支付价”，其售药毛利率不准高于政府规定的标准，且须以“医保支付价”为基数核定单位毛利，使医院不能通过抬高价格获利。在此基础上，药品批发环节的差率可完全放开，以鼓励产业的竞争和整合，提高整个药品供应系统的可靠性。

2. 将药品招标采购融入“医保支付价”格管理系统。公立医院招标采购药品，可促进药品企业间的竞争，切断“医”与“药”的利益链条，但应改变目前两套政府管理系统的局面，建议通过以下方式加强二者间的有效协同：一是公立医院招标采购导致的药品出厂价格下降，可按前述激励其执行“医保支付价”格的方法处理，以避免两套价格形成机制并行的局面，并可使招标采购起到巩固、完善“医保支付价”格管理的作用。二是药品招标还其商业属性。招标本属商业行为，即使政府招标，也须受《合同法》等有关商法的约束。目前的药品招标无法做到“招采合一、量价挂钩”，是因为招标由行政机构主导，服从于行政绩效目标，招标制度异化。近期可考虑按医疗机构产权关系或财政隶属关系确定招标主体，省属公立医院招标采购由省级医院资产管理机构负责，地市县属公立医院采购规模足够大的，招标可由同级医院资产管理机构负责，采购规模小的，招标可联合进行或委托给专业的招标机构。

3. 停止医院药品零差率销售。药品零差率销售意在鼓励患者就近医疗，切断医院与药商的利益链条。在“新医改”初期，作为改变旧体制的破冰之举，对推动我国基层医疗机构发展、促进“医、药分开”理念的传播，起到了重要作用。但其历史局限性显而易见：一是不能从根本上破除“药价趋高”的动力机制。众所周知，“趋高药价”的核心机制是“以药养医生”而非

“以药养医院”，在现有体制下，药品企业给医生的“回扣”是其产品销售的必要成本，零差率销售对此无能为力；二是依赖于财政补贴。从宏观税负的角度看，公众的药费负担并未减少，长此以往，还会导致地方财政不堪重负，进而成为基药招标中唯低价论盛行的根源；三是导致药品的医院价格低于药店价格。改变药品销售80%集中于医院的市场格局，是破除“以药养医”的必要条件，但医院零差率售药使药品的医院价格低于药店价格，反而进一步巩固了医院在药品零售市场中的地位，其结果必然是抑制社会零售药店的发展，与破除“以药养医”的改革方向南辕北辙；因此，在药价管理转为以“医保支付价”为核心后，药品零差率销售不宜继续实行。

（三）“医保支付价”管理的方法

1. “医保支付价”的核定。长期看，我国的“医保”支付价格基准也应基于市场，并使用药物经济学评价方法。中近期的初始定价，较为合理的方法是基于标准成本核定。其中，国内多家生产的药品，标准成本以质量管理处于中上水平的标杆企业合理成本为基础。之后的价格调整，则可根据药品零售业的竞争性采购结果确定。进口原研药和专利药的标准成本，以国外参考地的“医保”支付价为基础核定。

2. “医保支付价”的调整。药价调整应该规范化。一是必须定时。现行“适时调整”制度的实质是“随机调整”，政府自由裁量权过大，业者难以预期，应该摒弃。所有政府管理的药价都应定时调整，一般性调整时间最迟不应超过两年。二是建立市场药价调查制度，目录药价更新应以调查结果为依据。确因市场需求、原材料价格变动等不可控因素导致的成本变化，在企业提出申请后，应在规定的时间（如两个月）内对价格及时进行调整。

（四）“医保支付价”管理的决策机制

1. 引入专家审议机制。“标杆企业”、“药价国外参考地”、“高认可度品牌”等专业性指标，应由业内专家（药师、医师、经济学家等）组成的专家委员会投票决定。专家委员会成员应由行业协会等利益相关方派出，并定期更换。对新药所做的药物经济学评价，也应由类似的专家委员会进行预审。

2. 引入利益相关方协商机制。药品定价规则的确定，应与“医保”机构、药品经营者、医药行业、消费者代表等利益相关方进行充分的讨论。每一品种的药品价格，无论“医保”支付价格基准，还是零售最高限价，政府核定过程中都应有药品经营者申诉的程序设定。

3. 决策过程公开。药价涉及多方利益关系，决策过程公开、透明，不仅有利于决策科学性的提高，也可提高公众对药价政策的理解和市场选择能力，进而使新的药价制度更具可行性。为此，“医保”支付价格基准、零售最高限价、医院售药毛利率的确定等重要的规则必须公开讨论，专家委员会的各项决议须向社会公示，“标杆企业”及其合理成本（含正常利润）、质量分档等关键性指标，也应向社会公布。

四、相关配套体制改革

（一）改革处方制度

1. 处方通用名开具并允许外送，由患者自主选择药品品牌。处方制度改革是药价改革最直接的配套条件，不仅为破除“以药养医”所必需，对支付价格基准的执行也有重要影响。因为无论是按标准成本，还是分质量等级核定支付价格基准，都以引导市场需求、促进“优胜劣汰”为重要目标，这就要求药品购买者知晓该药品生产的标杆企业或所处的质量层级，以增强其用药的自主选择能力。为此，必须强制所有医院执行通用名开具药品处方制度，并允许处方外送。同时，所有的药品零售机构都须明示各品、规药品的“医保”支付价格，以进一步降低药品买卖中的信息不对称程度。

2. “医保”自建或委托相关专业机构对医生处方进行审查。为避免不合理处方对药品价格体系的干扰，“医保”机构应自建处方审查机构或委托相关机构对医生处方进行审查，发现不合规范的用药处方，费用由开方医院或医生自己承担。对多次违规开方的医院和医生，应提请相关执法机构给予处罚。为此，必须配套建立相应医疗技术规范体系。可在处方点评的基础上编制处方集和用药指南，近期的用药指南可以负面列表为主，主要针对本地区在用药方面存在的问题，列出应避免的情况和事项。从国外实践经验看，由本地医生共同参与制订的用药指南，实用效果更好。还可应用现代信息技术，建立计算机监督合理用药的辅助系统，促进处方审查的客观性和效率提升。

（二）大力发展零售药店

零售药店发展到必要的层次和规模，不仅关系药价改革的成效，也是整个“医改”成功的关键环节，必须下决心予以推动。

1. 破除阻滞零售药店发展的体制与政策障碍。除前述的处方制度改革外，还应推进相关监管制度的改革，在资质审批、商业网点布局等方面放松对零售药店和网上药店的限制。此外，还可借鉴英国鼓励社区药房的做法，在按服务人口规模合理规划布局的基础上，由政府对社区药店提供定额财政补贴。

2. 鼓励国企、外资进入药品流通领域特别是药品零售业。

为克服药品流通业“小、散、乱”的格局，应加快发展大型药品批发企业和连锁经营零售药店，促进药品流通业的调整重组，提高药品流通的效率和服务质量。应进一步提高药品流通业的对外开放程度，鼓励外资进入药品流通领域特别是药品零售业，把国外先进的管理经验和服务理念带入我国，使药店在售药的同时提供用药咨询和指导、药物不良反应监测报告、会员健康管理等附加服务，以促进我国的药店管理早日与国际接轨。

（三）改革诊疗价格

在强化外部约束的同时，近期还应改革诊疗价格形成机制，为医、药分开建立必要的费用补偿机制。

1. 公立医院诊疗价格分等级核定。诊疗费、护理费、手术费等应体现其服务的价值，必须在补偿合理成本的基础上实行按质论价。从长期看，医疗服务价格应由“医保”与医疗机构协商确定。近期，公立医院诊疗价格可考虑按等级和医生技术级别确定，激励医院和医生专注于提高医疗服务水平而不是协助药商卖药。

2. 非公立医院诊疗价格由市场调节。近期内非公立医院尚难成为我国诊疗市场的主流，其诊疗价格由市场调节，有利于其自身的发展，对公立医院诊疗价格合理确定也有重要的参考意义。因此，在实施分等级核定公立医院诊疗价格的同时，应明确非公立医院的诊疗价格权不受限制。

（四）完善“医保”体系

1. 建立基于公民自治的“联合医保”体系。“医保”机构预算约束的软硬程度，也对市场药价有重要的影响。我国是一个大国，官办“医保”不利于承办机构的预算约束，也难真正实现全国统筹。可借鉴日本的做法，建立基于公民自治的联合保险体系。即在提高风险统筹层次的同时，重在建立对“医保”机构的激励和约束机制，提高“医保”资金的使用效率。

2. “医保”药品目录须及时更新。如前所述，我国药价管理的范围原则上限于“医保”药品，为使“医保”支付价格基准制度有效运转，“医保”

药品目录更新过于迟缓的状况必须改变。一是必须按规定的期限更新，使企业经营决策有所预期；二是在定期更新的基础上，应有特殊情况的补救措施，以确保性价比高的新药能及时进入“医保”范围。三是要适度扩大“医保”用药范围，“医保”药品的选择原则上应以疗效为主要取向，价格高低仅为类似药间选择的依据。

3. “公共医保”药费支出应突出重点。为进一步形成市场药价的有效约束，也为提高“公共医保”的效率，对公共健康有重大影响及对个人或家庭财务带来重大冲击的大病重病药费支出，“公共医保”须重点保障，药费报销比率可相对较高。对一般性非严重疾病治疗的药费支出，药费报销比率可相对较低。

（五）改革医院体制

1. 真正鼓励医院民营和外资进入。既然我国已经确立了全民“医保”的改革方向，亦即走“购买公共服务”道路，医疗服务也就应实行竞争性体制。要破除民间资本和外资进入医疗行业的体制性障碍，放宽社会资本举办医疗机构的准入范围，支持社会慈善组织、境外医疗机构开办医院。在价格、税收、医保定点、土地供应、重点学科建设、人才流动、专业技术职称评定、政府科研投入等方面，也要切实消除所有制歧视。

2. 真正推进公立医院改革。既然全民公共“医保”不需要如此众多的公立医院，我国多数公立医院的改革方向就不应是“回归公益性”，而应走“国企”改革的道路，即采取转制、出售、托管、合资合作等方式实行民营化或国有民营。对少数承担公共卫生服务或医疗普遍服务职能的医院，应纳入政府预算管理，使之成为真正的公立医院。

（本文原载《宏观经济研究》2014 年第 4 期）

市镇建制变更与区划调整的城镇化效应研究

史育龙

内容提要

本文以改革开放以来我国在快速城镇化进程中涉及市镇建制变更和行政区划调整方面的实践为基础，分析行政性因素对于城镇化进程的影响和效力，探索总结市镇建制变更和行政区划调整的城镇化效果，研究提出在中国城镇化发展模式转型的大背景下发挥建制变更和区划调整的积极作用，避免负面效应的基本思路。

一、引言

行政区划是国家根据法律规定，以实施行政管理为目标，通过对国土空间的划分形成与不同层级行政单元相对应空间体系。行政建制则是为各个区划单元确立的不同层级的政权及其行政管理形态。从类型角度，市、区和镇是城市型建制，乡属于农村型建制，省和县则属于区域型建制。乡村地域不断转化为城市地域是城镇化的重要空间表现。对已经或即将完成转化的乡村地域，通过设立城市型建制或纳入城市行政区划及时予以行政性确认，使行政建制层级、区划范围与经济社会发展进程相适应，有利于形成积极稳妥推进城镇化的合力。反之，如果脱离实际设立，变更市镇建制或调整行政区划，导致行政建制设置过高过低、区划范围偏大偏小，都可能带来一定的负面影响，妨碍甚至制约经济社会发展和城镇化进程。

近年来，以城镇化为动力推动我国经济转型升级，推进现代化进程逐渐成为全社会的共识，特别是随着城镇化进入国家中长期发展规划目标，地方制定的发展规划也大都将城镇化纳入发展目标中，一些地方还提出了相当高的年度增长目标。与此同时，在同一区域（如长三角、珠三角、山东半岛等）内、同一规模级（如特大城市）、同一类型（如交通枢纽、加工制造业基地等）

城市间的竞争也日趋激烈，为此，在各级政府普遍追求尽快做大做强城市，加快城镇化进程的情况下，建制变更和区划调整已经成为实现这一目标的捷径。

县（市）与区一字之差，但在经济社会发展领域和管理层面有着显著不同。县（市）作为一级政府拥有完整的行政和经济社会管理权限，对经济社会发展事务拥有较大的自主权和独立性，有时还会在招商引资等方面与中心城市之间形成竞争。区虽然也是一级政府，但在经济社会发展和管理层面的独立性受到很大影响，如原有的公安局、规划局要改为由市局派出的分局，也不享有《土地管理法》赋予市、县人民政府的土地收储和出让职能，因此无法通过土地出让获得预算外收入。显然，把更多的县或县级市，特别是经济发达、综合实力强的县或县级市撤销，改设为市辖区，能够在拓展城市发展空间的同时，迅速使城市统计数据发生显著改观，因此，在面临日趋激烈的外部竞争情况下，越来越多的城市更加倾向于通过撤市（县）设区、多设区、设大区整合所辖行政单元，以此谋取竞争优势。

2001 年浙江省萧山、余杭两个县级市撤市后并入杭州市区，首开中心城市撤县（市）设区的先河，此后这种模式由沿海向内地蔓延，多个省份纷纷效仿。近年来，由于探索推进“省直管县（市）”体制，为了规避经济强县（市）被“直管”的风险，很多地方都积极创造条件撤县（市）设区。事实上，这也是造成 1997 年以后全国城市数量不升反降的重要原因①。从 20 世纪

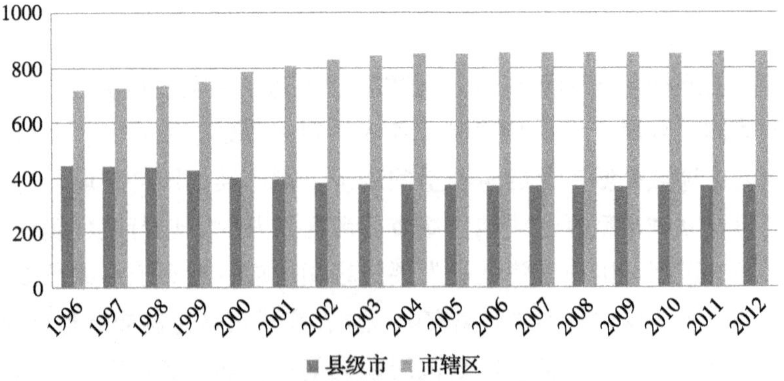

图 1　全国县级市和市辖区数量增长变化对比（1996—2012 年）

资料来源：《中国统计年鉴（2013）》。

---

① 全国县级市数量在 1996 年达到 445 个的峰值后逐年下降，到 2012 年已经减少到 368 个，净减少 77 个。同期市辖区数量逐年增加，由 717 个增加到 860 个，净增加 143 个。新增加的市辖区数量相当于县级市减少数量的将近一倍，是因为减少的县级市绝大多数都是改设了区，而新增加的市辖区还有相当一部分来自于撤县设区。

80 年代普遍的"撤县设市"，到现在日益普遍的"撤市设区"以及"并区"，都是沿着提高行政层级和扩大行政区划的台阶向上走。

二、文献综述

20 世纪 90 年代以后，随着建制变更和区划调整对中国城镇化发展的影响日益显著，国内学者对此开展了大量研究。周一星和史育龙（1990）早在 90 年代初已经注意到由于建制变动和区划调整给城镇人口统计带来的问题，提出在大规模实行县改市、乡改镇的情况下，继续采用市镇总人口口径将产生严重的统计偏差。罗震东（2005）、张蕾和张京祥（2007）的研究认为，以撤县设区为主要手段的行政区划调整不但可以在短期内有效地扩大城市发展空间，实现乡村地域型政区向城市型政区转化，还可以减少不必要的资源浪费和无谓的区域内恶性竞争的消耗，扩大市场运作空间，整合政府间的关系，促进公共效率的提高。但同时也存在损害地方发展的积极性，不利于城市间竞争等负面效果，而且中心城市城区人口、空间规模的"迅速"扩大，形成了一种虚假的城市化，并促发了城市空间的蔓延和设施建设的低效率，过度使用这类集权手段将会减少经济发展能动单元的数量，并使得区域协调对于行政力量的依赖更为强烈。汪宇明、王玉芳和张凯（2008）研究认为，中国行政区划基本格局出现了以地级建制城市与市辖区数量进一步增多，并伴随着基层乡镇规模整合导致乡镇数量减少的发展特征，这种变化在进一步促进中国城市化发展进程的同时，消除了大城市、特大城市规模扩张进程中的体制性障碍，为降低城市行政运行成本提供了新的体制保障条件。渠涛、蔡建明和董玛力（2009）认为，行政区划是我国城市布局和建设的重要手段，但"撤县设区"在扩大城市市区范围、促进城市人口增长的同时，也导致了一些影响城市化质量的负面效果。范今朝等（2011）的研究以浙江省永康市芝英镇为例，分析了 2001 年由建制镇改设街道，到 2009 年重新恢复为镇的过程，将此命名为行政区划的"逆向调整"。认为在政府主导城市化进程的背景下，日趋激烈的城市间竞争使得地方政府倾向于通过行政区划调整获取发展机会，而且此类从有利于高行政级别城市、中心城市或中心城区的角度设计的调整方案有可能会达不到预期效果。行政区划体制一定要适应当地的情况，并非一味地越"先进"、城市化程度越高越好。王国恩和张媛媛（2012）认为，行政区划是政府间关系的直接反映，行政区划变更意味着空间支配权力的调整。管辖范围扩大，意味着发展权利在空间范围的延伸；管辖级别提高，意味着发展权利提升和发展机遇增加。行政区划的内部调整意味着行政区域内部整合及管制范围和发展权利格局的内部整合。

三、市镇建制变更与区划调整对城镇化的影响

（一）市镇建制变更与区划调整影响城乡地域划分和统计的准确性

城乡统计是一个国家或地区的重要基础资料，也是认识判断经济社会发展和城镇化进程的基本依据。目前世界各国和联合国等国际组织普遍采用以城乡地域划分为基础的统计方式。我国曾经长期采用以户籍性质为基础的城乡人口划分统计方法，由于不能准确反映改革开放以来城乡经济社会发展的实际，从20世纪80年代初就不再作为人口普查和年度统计口径。1982年第三次人口普查采用辖区总人口作为城镇人口统计口径，以不包括辖县的市（镇）行政辖区总人口作为城市（镇）人口，相当于用不包括辖县的市（镇）行政辖区作为城市（镇）地域范围。后来由于大量“撤县设市”和“撤乡设镇”，大量县乡在改设市镇建制后，全市（镇）行政辖区内的人口都被统计为市（镇）人口，严重偏离市镇实际人口规模。按照这一口径，当时的《中国统计年鉴》公布1989年全国城镇人口比重就已经达到51%！到1990年开展第四次人口普查时，又不得不退回去采用总人口和非农业人口结合的统计口径，即设区的市采用区总人口，不设区的市采用非农业人口，这在一定程度上解决了大量县级市采用总人口口径造成人口统计偏大的问题。不料此后又出现了大量县（市）改区的情况，设区的市用市区总人口也出现了日益严重的数据虚高问题。1982年后反复调整统计方法和口径后仍然不断出现新的问题，根本原因是市镇行政建制设置和区划范围出现了偏差，导致以行政区划为基础划分的城镇地域范围脱离了城市（镇）实际规模，表明设立适当的市镇建制层级和行政区划对于科学划分城乡地域范围，对于保证统计的科学准确性具有重要的基础性作用。

直到2008年国务院颁布《统计上划分城乡的规定》（国函〔2008〕60号）之前，城乡人口划分和统计一直是根据行政建制类型和层级（如分为设区市、不设区市和建制镇）差别采用不同的办法。因此一个地方在行政上隶属于设区市、不设区市或建制镇，其中人口和经济活动的城乡统计结果可能大不相同。当一个地方出现行政建制层级调整（如由不设区的县级市升级为

设区的地级市）时，其中的城乡人口划分统计也会出现不同的结果。这种不能真实反映当地人口的从业和其他经济社会活动属性，完全由行政建制变更和区划调整造成的城乡人口统计变化，必然会带来统计结果失真问题。

（二）市镇建制变更影响地方政府的经济社会管理权限

市镇建制直接对应不同的行政层级。按照行政分级原则，不同层级的建制政府拥有不同的经济社会管理权限。在包括市、镇两类城市型建制体系中，有直辖市、副省级城市、地级市、县级市和建制镇五个行政层级。各级行政建制分别在经济社会发展的各个领域享有省、地、县和乡镇级别的管理权限，15 个副省级城市在计划单列市基础上被赋予省级经济管理权限。近年来各地探索实行省直管县体制，对一些经济强（县级）市强县也赋予了地级市的经济管理权限，市县政府也仿此对经济强镇赋予县级经济管理权限。

向上级争取政策优惠和支持的话语权与建制层级具有密切的关系。改革开放以来差异化的区域政策使一部分地区率先得到发展机会，受此影响，越来越多的地方政府认识到政策支持在现阶段的重要性。在这方面，建制层级较高的地方往往更具优势，更易得到上级的支持。此外，近年来在各个层级都出现了对少数地方党政主要领导的行政级别高配，这些高配的领导人自然拥有比其他同层级建制地方领导更大的话语权和工作协调力度，往往能够为当地争取到更多的政策优惠和支持。

（三）市镇建制变更和区划调整影响地方政府资源配置能力

在计划经济体制下，从资金、劳动力到能源、原材料等各类资源要素都按照行政层级自上而下实行严格的计划管理，由于激励缺失导致地方经济发展活力不足，不少地方都有过不愿意接受国家投资建设大型工业项目的经历。改革开放初期，实行“划分收支、分级包干”的财政管理体制后，财政运行模式由过去的“统收统支”改为“分灶吃饭”，财力分配也由过去从中央到地方的“条条为主”改为“块块为主”，这一措施极大地调动了各级政府当家理财的积极性，激发了地方的发展活力，并成为 30 多年来中国经济持续强劲增长的重要推动力量。1994 年实施分税制改革，收支规模的关联性进一步提高，同时逐级进行经济增长绩效考核，地方政府的利益主体地位进一步强化，地方政府的经济实力不仅直接影响到本行政区域范围内的城乡建设和公共服务水平，甚至影响到公职人员收入水平等，因此“行政区经济”成为我国区域经济运行和发展的基本特征。在此背景下，决定地方政府配置资源的平台高低和范围大小的建制层级和行政区划，开始受到空前的重视。近年来，市场配置资源的作用不断加强，但“行政区经济”格局始终无法打破，甚至有不断固化的态势。

不同行政层级的城市政府，通常拥有不同的财政资金获取和筹集能力。首先，建制层级影响地方财政收入。中央和地方共享的增值税75%归中央，其余25%由各省根据情况确定在省内各层级的分享比例。城市维护建设税也根据纳税人所在地的行政层级，分别确定税率为市区7%、县城和镇5%、其他地区1%。其次，对地方财政意义重大的转移支付是按照自上而下的路径实现的，一些建设项目的补助资金也按照自上而下渠道分配，行政层级高低自然关系重大。最后，下级财政对上级财政的上解收入，决定了行政层级越高的城市，能够掌控更大规模的资金。除资金安排外，公共服务资源和年度建设用地指标等重要要素资源也具有自上而下配置的特点，因此不仅京、沪等直辖市和省会城市集中了全国最优质的教育、医疗资源和市政基础设施，在一些地方还出现了省会城市用掉全省一半甚至更多用地指标的现象。

在建制层级既定的情况下，扩大行政区划意味着配置资源的地域范围放大。为解决一些城市因为市区范围狭小出现的发展空间受限问题，通常采用从周边划入一些行政单元的方法。值得注意的是，近年来被整合的空间单元有越来越大的趋势。20世纪90年代一般划入几个乡镇，进入新世纪后普遍采用将县市改设为区的方式，现在已经出现以地级行政单元为对象的整合。如长江三角洲南翼的重要中心城市杭州在1996年以前市区面积只有430平方公里。经过多年努力，1996年4月将萧山和余杭各3个镇共253平方公里划入了杭州市区。到2001年3月，国务院批准萧山、余杭撤市设区，杭州市区面积由原来的683平方公里扩大到3068平方公里。两个月之后，广东的番禺、花都两个县级市也改为区并入广州市。2002年，佛山市下属的顺德、南海、高明和三水4个县级市和江门所属的新会市均被撤市设区，由此出现了一轮撤市设区的浪潮。2011年8月，国务院同意撤销安徽省巢湖市，将原巢湖所辖一区四县分别并入合肥、芜湖和马鞍山市。总体上看，行政层级越高的城市，往往是更大空间范围的行政中心，可以调动配置更大范围的资源要素，因此在与周边城市的竞争过程中也更加容易取得优势。

四、市镇建制变更与区划调整的城镇化效应分析

受市场化改革转型时期的阶段性特征影响，虽然市场配置资源的基础性

作用日益增强，但政府通过行政性力量调动、整合、配置资源的作用依然十分显著，特别是在市场化改革相对滞后的内陆地区更是如此。市镇建制变更和区划调整是对地方政府调动、整合、配置资源能力的重新分配，必然会对城镇化进程产生深刻的影响。

（一）正名效应

市（区）镇和县乡是两种不同类型的政区建制。设立市（区）、镇等城镇型政区建制，通常表明本地区具有更高的人口密度、更好的基础设施完备程度和更高的经济社会发展水平。获准设立市（区）镇建制，包括建立街道和居委会等城市型基层组织，都是在法律制度层面对一个地方城镇化发展进程的确认，即具有制度上的“正名”效应。

对于设立的每一个行政建制，必须赋予特定的行政层级以确认社会经济事务管理权限，并通过行政区划明确其行使权限的空间边界。可以说，通过设立建制、确定行政层级和划定区划范围“三位一体”的过程，可以实现对一个区域正名、确权和赋能的效果。从这一点讲，县改市、县改区、乡改镇、镇改街和村改居都属于具有此类效应的建制变更和区划调整活动。开发区等产业功能区改为行政区，也是对产业功能开发区综合发展效果的行政认可，具有显著的“正名”效应，有利于开发区更好地融入城市，发挥区域带动功能。

“正名”是一个区域经济社会发展的新起点，通过“正名”以及在此基础上的确权赋能，为地方政府向上争取政策资源、横向联系整合资源、对内组织配置资源，从而为实现地方经济发展目标创造条件。显然，这种以确权赋能为内涵的正名效应对于体现经济社会发展水平的城镇化进程具有重要的基础性作用。

（二）整合效应

人口和经济活动的空间分布从来都不是均衡的，集聚水平不同形成了城市与乡村两种不同的空间景观形态、两种社会经济活动组织方式和两种居民生活方式，这种差别也是推动社会经济不断发展前进的动力之一。城镇化是人口和各类经济活动向局部地区即各类城镇型居民点集中、不断提高集聚水平的过程。因此，集聚是城镇化的本质要求。2009 年世界银行发展报告《重塑世界经济地理》以密度、距离和分割三个要素刻画分析世界经济格局，人口和经济活动不均衡的空间分布直接表现为密度差异，这种差异代表的发展水平背后，则是要素集聚水平的差异。距离和边界是影响空间集聚水平的两个基本要素，通过调整距离和改变边界实现空间整合是促进集聚、提高密度的有效方式。

从20世纪90年代的地市合并，到现在大行其道的村庄合并，从21世纪初的撤乡并镇，到现阶段越来越多的撤市（县）设区，都是通过改变边界、调整距离，整合相邻行政单元，构建新的空间体系，为作为区域中心的市镇提供更大的发展空间。以新型农村社区建设为代表的村庄合并，同样也是通过改变边界、调整距离实现空间整合，提高了区域范围内的人口和经济要素密度。建制变更和区划调整带来的整合效应，对于城镇化发展具有重要的推动作用。

撤市设区是把已属于城市型政区、但相对独立的县级市，改变为同为城市型政区但独立性较弱的区建制，使其全方位融入城区体系，这种整合采取的不是取消而是弱化行政界线的方式，能够显著扩大城市政府的资源整合空间范围。

（三）"做大"效应

所有的建制和区划变更都会反映为地方经济社会指标的调整，从而对地方城镇化发展产生"做大"效应，即在区域人口分布、就业和经济结构没有发生显著变化的情况下，由于建制变更和区划调整，城镇化水平和城市规模会表现为突变增长，这也是建制变更和区划调整措施经常受到质疑诟病的根源。

"做大"效应主要表现在人口统计、城市规模确定和其他经济统计方面。由于建制变更，原来属于乡村型政区的地域改变为城镇型地域，在人口及其经济活动没有实质性改变的情况下，按照统计规则把原来的乡村人口可以统计为城镇人口，从而造成人口规模被"做大"的现象。如乡改街道、村改居民委员会之前，全乡、村人口都属于乡村人口，但在改变行政建制以后，在与政府驻地的实际建设连接的情况下，就可以进入城镇人口统计的范围。据渠涛等（2007）测算，由于"撤县设区"或"变乡（镇）为区"，使得样本城市的人口和面积在1990—2005年期间提高10%以上，据此推算出行政区划调整对1990—2005年间我国城市化水平的贡献率达5个百分点左右。据笔者在东部沿海某人口大省的调研，全省在2010—2012年三年间农村人口迁往城镇的共161.7万人，但其中58.2%是通过行政区划调整"人为造城"增加的城镇人口。

在经济方面，由于县或县级市改变为市辖区，市区面积大幅度扩大的同时，城市经济实力也会出现统计意义上的大增。这种通过“搬家”方式改变城市经济地位的做法其实并不体现城市自身发展壮大的真实情况，只是对城市形象的人为拔高，而且可能会带来其他的负面影响。

五、适应城镇化发展转型的市镇建制变更与区划调整思路

以告别超高速经济增长、进入中高速发展阶段为标志，中国的发展进程正在经历一场深刻转型。在这一转型过程中，质的提升将成为比量的增长更加优先的经济发展目标，与此同时，探索出适应社会主义市场经济体制的社会治理模式也将成为今后一个时期的重要任务。行政建制及其变更、行政区划及其调整作为基础性的行政、经济、社会工程，必须适应、顺应、助推转型，为城镇化健康发展做出贡献。

（一）制定市镇建制变更和区划调整规则，提高严肃性和科学性

行政建制和区划是国家根据政权建设、经济社会发展和行政管理的需要，遵循有关法律的规定，充分考虑政治、经济、历史、地理、人口、文化等各种因素，按照一定的原则，将所辖国土分划成具有不同层次、不同规模的行政区域管理系统，是一项严肃的工作。无论设立、变更建制，调整建制层级或改变行政区划，都必须做到有法可依，依规办事。建议研究制订行政区划调整办法，对于必须通过行政区划调整解决的情形做出明确限定。修订完善1992 年制定的设市标准并严格执行。对撤市设区、撤县设区、开发区等功能区转变为行政区以及乡镇改街道、村改居等制定管理办法，明确适用情形，变更方式等。

（二）变更市镇建制和调整行政区划务必谨慎

我国是一个单一制国家，在计划经济体制下，行政管理和经济管理以中央高度集权运作，中央政府是唯一的、最高层次的利益主体和投资主体，地方缺乏自主性，无独立的区域经济行为与经济利益。改革开放以来，随着市场化改革不断推进，中央与地方之间、地方与地方之间的经济关系已经发生了深刻变化，但政府掌控的资源和要素分配基本上还是沿自上而下的路径配置，行政层级往往意味着一个地方在体制内调动资源和谋求发展的能力强弱，

而与特定行政建制相关联的区划范围对于城市经济规模、财政实力和未来发展空间都具有重要影响。1994 年分税制改革以后，各级地方政府的经济主体地位不断强化，相邻行政单元之间的竞争日趋激烈，利益冲突也显著增加，可以说，建制类型、建制层级和区划范围决定了一个地方的社会政治属性，也基本可以决定一个地方在以“行政区经济”为目标的区域竞争中的制度化位势。因此，行政建制的设立与变更、行政区划的调整往往会对地方经济发展和城镇化进程产生极其深刻和重大的影响，处置不当极易造成社会震动，应当在方案出台之前经过深入论证，权衡利弊，尽可能避免随意性和盲目性，或者用大动作解决小问题等，以免其负面影响超过积极作用，出现如浙江永康芝英镇这种逆向反复的局面。能通过其他方式解决问题的，就尽量不采用建制变更和区划调整的方式。充分发挥“正名”效应和整合效应的积极作用，消除“做大”效应的负面作用，使每一次行政建制变更和区划调整都能够为推进城镇化做出实实在在的贡献。

（三）鼓励地方在现行行政建制和区划框架下通过合作解决问题

随着市场化进程的不断推进，在社会经济治理过程中，行政力量一家独大的局面正在发生改变。从发展趋势看，市场配置资源的基础性作用在未来还有很大的空间，应当逐步弱化与行政建制密切挂钩的行政层级制度，鼓励各地方依照市场规则平等开展合作竞争，更加科学高效地开发利用资源，可以参照大都市区（Metropolitan Area）的模式组建跨行政建制的合作机制，结合国家关于主体功能区规划、区域生态补偿机制以及土地管理等制度框架，积极探索适合当地特点的合作方式，使城镇化走上更加科学健康的发展轨道。

（本文原载《宏观经济研究》2014 年第 2 期）

地方政府的土地财政及其可持续性研究

刘立峰

内容提要

土地财政是我国经济快速增长的主要动因，是地方政府融资体系的重要引擎。土地财政拓展了地方政府融资制度和政策空间。但是，土地财政也带来了许多风险问题，表现有体制与政策的不可持续性。从国外情况看，政府或以土地所有者的身份，或以公共管理者的身份，通过各种方式或名义获取土地收益从来就没有停止过，但是，国外地方政府更重视公共利益的保护，重视城市的可持续发展。未来，我国地方政府融资模式需要不断调整与优化，更多运用公共土地资源，吸引社会资本进入基础设施和公共服务领域，避免政府过度参与投资与建设，减轻债务负担，同时，轻松得到所需要的公共设施。

一、土地财政及其可持续性的内涵

土地财政不只涉及土地财政问题，还有土地金融问题；不只是财政收入渠道，更是投资建设模式。我国的土地财政是指具有中国特色的地方政府的可支配财力及其融资活动高度依赖土地的运作的一种财政发展模式，是以政府为主体、围绕土地所进行的财政收支和政府投融资活动，是土地制度、财政制度、金融制度有机结合和共同作用的结果。可以说，中国土地财政的真正目的并不是为了简单的收支，而是旨在融资和投资，实现地方经济和城镇建设的滚动发展。

土地财政的可持续性则是指地方政府在利用土地进行融资活动时，要权衡需要与可能、当代与后代、短期与长期、局部与整体、经济与社会的关系，要充分考虑到土地资源的稀缺性和有限性，为未来发展留有足够发展的空间；要通过土地资源开发利用满足公共利益的最大化，而不是追求财政收益的最大化；要顾及土地制度和政策对失地农民利益及城市居民承受能力的影响，防止可能出现的社会稳定问题和房价不断上涨局面；要将土地财政收益切实用于最紧迫的民生领域，真正做到取之于民用之于民；要实现土地债务融资规模与地方政府可支付财力相匹配，有效防范可能出现的债务风险。

二、土地财政的作用与效应

土地财政是我国经济快速增长的主要动因。我们也可以把土地红利算作一种制度红利，因为如果没有我国特有的土地制度的支撑，土地财政就不会有这样大的能量，成为推动中国城镇化跨越发展的主要力量。原因在于：第一，地方政府能够以相对廉价的方式征收大量的建设用地，并通过出让积累起大量的建设资金。第二，地方政府先征地、后整理、再出让的方式运作土地，使级差地租的主要部分留在了政府手中，可以用于满足道路、学校、图书馆等公共投资的需要。第三，普遍通过城镇化和工业化用地价格的双轨制，即用房地产用地高价出让补贴工业用地低价出让，促进了各类产业园区的发展，使得中国产品在国际上保持了竞争力。

土地财政是地方政府融资体系的重要引擎。我国已经形成了较为完备的地方政府融资模式，这一模式可以概括为：土地财政 + 政府融资平台 + 政府背景贷款的组合。在基本模式下，土地财政是引擎，融资平台是枢纽，政府背景贷款是源泉，三者互为依托，彼此支撑，形成了一个相对稳定的融资结构体系。在地方可支配财力有限的情况下，没有土地收益，这一基本融资模式就失去了存在的动力基础。由于政府直接投入和未来还款承诺都是以土地为基础的，随着土地收益的不断增加，注入融资平台的资金规模也不断扩大，这从根本上增加了融资平台的资本实力，即使杠杆率不提高，也会扩大银行资金的投入规模。

土地财政拓展了地方政府融资制度和政策空间。现有法律法规对地方政府融资有着许多的限制，以土地财政为核心的地方政府基本融资模式是被逼无奈和夹缝中求发展的结果。土地财政实现了土地资源向资本、资产和资金的转变，为融资平台的债务融资及其还本付息创造了条件，城市建设融资渠道由窄变宽，融资工具由少变多，融资方式由旧变新，融资空间由小变大。土地财政成功绕开了现行体制与政策的障碍，实现了政府的融资、投资和建设的目标。正如监管部门提到的，“不能不说，地方融资平台是地方政府天才般的创造，是在市场化融资正门不开情况下，地方政府创造出的一条路。相当于地方政府把一个（融资）小窗户弄成一扇（融资）门。”①

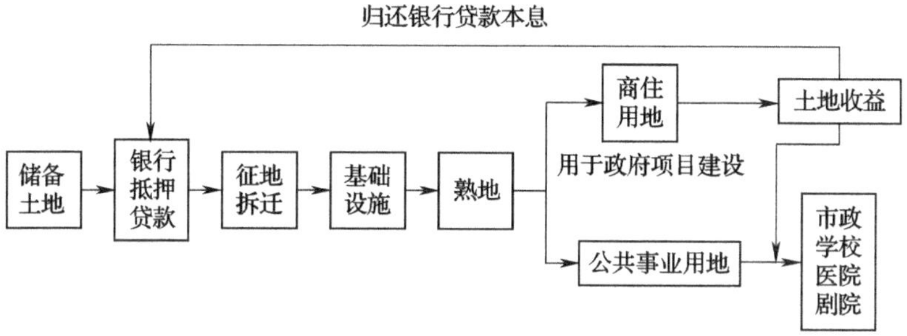

图1 土地财政的流程

必须充分肯定土地财政对于加速推进我国城市化和工业化的积极作用。这一制度安排大大减少了其他国家由于土地私有化以及地方政府在土地开发中的弱势地位带来的扯皮和效率低下问题，使得我国的城镇化和工业化可以更高效、有序地向前推进，地方政府有条件、有手段大规模、一揽子地推进城镇建设，使城镇面貌不断发生着变化。当前以及未来相当长阶段，土地财政仍然是我国经济保持平稳、快速增长的重要依托。

三、土地财政的不可持续问题

土地财政在推动经济与社会发展的同时，也带来了许多风险问题，表现出现有体制与政策的不可持续性。

（1）土地财政推高了城市房价，在很大程度上降低了居民的消费能力和幸福指数。2000—2011 年，全国综合地价的水平上涨了 297%，商业地价的水平涨了 309%，居住用地的价格上涨 528%。地价在过去 8 年远远跑赢房价，带来的直接影响是：商品房的开发成本不断攀升。由于在土地一级市场上，地方政府居于独家垄断地位，以计划经济的低价征地，又按市场经济的高价出让，地方政府能够在这种“低吸高抛”中赚取价差。因此，地方政府普遍存在着推动土地价格尽快上涨的主观动力。另外，房地产开发和交易环节的税费比例也较高，地方政府可以从土地财政中获得丰厚收益。高地价和税费作用于房价，形成房地产市场价格持续上涨，超出了大多数城市居民的承受能力，农民工市民化的门槛显著提高，由此带来的高房贷使得购房者的生活

① 陈昆才、蒋云翔：《地方政府融资要“开正门”》，《21 世纪经济报道》2009 年 9 月 22 日。

负担加重，抑制了内需的增长，居民幸福指数下降。

（2）土地财政加速了城镇规模扩张步伐，造成了土地资源的浪费性开发。在中国城镇化过程中，城镇建成区快速增长，而集聚的人口则明显滞后。按国际公认标准，衡量土地城镇化和人口城镇化关系的城镇用地增长弹性系数，其合理区间在1至1.12之间。而从2000—2010年，我国土地城镇化速率是人口城镇化速率的1.85倍，远超过国际标准。而根据国土资源部的测算，按照现在土地城镇化的速度，如果让人口城镇化的速度跟上来的话，2010年城镇化率应该达到59%。即人口城镇化率与土地容量相比，大概慢了10个百分点。[①] 由于地方政府需要不断增加的财政收入来支撑当地的城市建设，而财政收入的增加又依赖于土地出让收益，促使地方政府无节制地扩张城市用地规模，由于缺乏足够的人气，形成“空城”或“死城”，导致土地资源的严重浪费。

（3）征地补偿方式和收益分配不合理，造成了农民利益受损和民怨增加。根据土地管理法，征收耕地的补偿费用主要包括土地补偿费和安置补助费，“两费”总和不得超过土地被征收前3年平均年产值的30倍。但因农地产值相对不高，导致补偿费用偏低，征地补偿标准提高幅度远跟不上地价上涨幅度，集体和农民土地增值收益分配比例不断降低。相关调查显示，耕地征用之后土地增值部分的收益分配中，投资者和当地政府拿大头，村级组织留下两三成，农民拿到的往往不到10%。我国法定的征地补偿标准远低于土地市场价格，失地的集体组织和农民不能从城镇化的增值收益中获利，由此引起的社会矛盾不断积累与增加。中国社会科学院2013年《社会蓝皮书》指出，近年来，每年因各种社会矛盾而发生的群体性事件多达数万起甚至十余万起，征地拆迁引发的群体性事件占一半左右。

（4）土地出让收入使用方向不能完全反映民意，成为地方政府官员竞争攀比的工具。近年来，地方政府土地收益迅速增加，政绩工程和形象工程也越搞越多，城市建设相互攀比，求新求洋求大。对于普通民众而言，他们并没有明显感受到巨额土地财政增加带来的公共福利提升，看到的却是各地政府办公大楼的拔地而起。地方政府官员在城市建设过程中，只重地面以上建筑的光鲜亮丽，而忽视地下基础设施的建设和功能完善。这些年，一些城市因为一场暴雨造成城区大面积积水、交通瘫痪的情况屡有发生，说明城市排

---

① 于海荣：《土地城镇化快于人口城镇化难持续　转轨思路显现》，http：//magazine. caixin. com/2012 -04 -13/100379397. html。

水管线系统普遍发展滞后。以广州为例，城内排水管网6000多公里，但是，80%的管网只能达一年一遇排水标准，达两年一遇标准的管网不足一成。可见，城市政府每年获得的土地收益并未用在城市最急需的地方。

（5）土地财政模式无形中放大了地方政府的债务负担，加剧了财政和金融风险。土地财政收益增长快、土地升值空间大的地区，城市政府债务规模的膨胀速度也相对较快。但是，通过土地抵押进行的债务融资规模必须要与地方政府的可支付财力相匹配。根据国家审计署2013年6月公布的《36个地方政府本级政府性债务审计结果》显示，2012年底，4个省本级、17个省会城市本级承诺以土地出让收入为偿债来源的债务余额7746.9亿元，占这些地区政府负有偿还责任债务余额的54.6%，比2010年增长1183.9亿元，占比提高了3.6个百分点；而上述地区2012年土地出让收入比2010年减少135亿元，降低2.8%，扣除成本性支出和按国家规定提取的各项收入后的可支配土地出让收入减少179.5亿元，降低8.8%。这些地区2012年以土地出让收入为偿债来源的债务需偿还本息2315.7亿元，为当年可支配土地出让收入的1.25倍。由此造成地方政府与土地相关的债务风险有所增加。

四、国外土地财政模式及启示

从国外的情况看，政府或以土地所有者的身份，或以公共管理者的身份，通过各种方式或名义获取土地收益从来就没有停止过。土地财政是财政收支的重要组成部分，也是支撑城市建设的重要工具。

（一）出售和出租一直是土地财政的重要方式

在美国、加拿大等国家，各级政府都有自己的土地财产，可以出售土地所有权给其他层级政府或私人部门，获取地价收益。如美国独立后，政府就有计划地把国有土地卖给私人。联邦政府及其支持的事业由此获得相当可观的经济收入，整个国家的经济也由此得到突飞猛进的发展。1862年，美国国会通过《莫尼尔授地法案》（Morrill Land Grant Act），向每个州拨付了30000英亩的联邦土地给州政府，要求其用出售这些土地所得的钱至少建立一个学院，今天美国的很多州立大学都是授地学院。美国19世纪快速发展的铁路网也得益于给铁路公司的联邦土地补助，到1873年，联邦政府一共划拨或赠予铁路建设大约16亿英亩（25万平方公里）土地（利维，2003）。

出租土地使用权也是发达国家获取土地收益的最常见方式。在新加坡，法律明确规定不准出卖国有土地所有权，但可以出租土地使用权，并获取租金收益。在澳大利亚，政府向企业、单位及个人提供土地的一个重要方式也是出租土地。在以色列，作为集中管理国有土地唯一机构的以色列土地管理局一般不出售土地，只能通过出租形式获取租金收益，而且一般只出租已规划用地供租用者开发建设。在发达国家，政府按照土地的用途，对公有土地的出租分别采取无限期、长期及短期三种方式，但是，租期一般相当长，长的达到200年，即便是短租，期限也能长达30年。

（二）政府征地体现公益且大多按照市场价格

在许多国家，政府为了纯粹的公共目的而需要土地，如进行城市基础设施和公共事业的建设等，可通过一定的法律形式和法律程序对所需的私有土地进行征用。如美国、澳大利亚、新加坡等国家都制定了相应的土地使用（征用）法。法律规定，凡是公共目的所需要的土地，原土地所有者和使用者应该转让给政府。如果原土地所有者不配合，则政府可以行使土地征用权，将其征为国有，但是其价格必须得到补偿，也就是说，征用带有一定的强制性，但并不是无偿划拨，而是一种交换。征用土地的补偿价格视各国的具体情况而有所不同，在美国和加拿大，政府征地价格同土地市场价格不相上下。而对于经营性用地，政府是不参与征地的，而是由开发商自己谈判获得。

（三）经历了出售（出租）为主向税收为主转变

发达国家土地财政收益由出售（出租）收入为主转为税收为主，是由于土地的私有化进程逐步完成。以美国为例，独立之初，美国财政入不敷出，为迅速增加联邦及州政府的财政收入，通过一系列土地法案将西部土地收归国有，再通过出售和赠予等手段将这些土地转为私有，从而获得土地出售收益。20世纪初以后，美国土地出售收益基本消失。因为，这一时期国有土地比例尽管还高达40%，但主要用于资源环境的保护与公益服务。用于经济建设的土地则基本属于私有土地。此时，地方政府与土地相关的税收收入迅速提高。其他国家的情况也大致如此，当公共设施建设资金缺乏时，政府就可能出让公有土地，因此，公有土地出售（出租）收益就越来越少。

（四）土地税收成为地方政府的稳定财源

房产税是各国地方财政稳定而重要的来源。1994年，在OECD国家中，加拿大的财产税占地方税的比重为85.3%，澳大利亚为99.6%，英国和爱尔兰为100%，新西兰为90.2%，荷兰为66.9%，意大利为42.1%（财政部财科所，2010）。而在地方财政收入中，财产税的地位更加重要。1942年，美国财产税占地方财政收入的比例高达92.2%，到1977年下降到80%，再到2007年下降到72%。虽然比例呈现下降趋势，但是，财产税仍然是美国地方财政的最主体的税源。在发达国家，全部税收收入中有约10%—20%用于了资本性支出，由于税收是混合使用的，我们不知道房产税中有多大比例用于了投资与建设，但是，可以肯定，房产税也是地方政府资本支出的重要来源。除此以外，地方政府还征收某些与土地开发与建设有关的专项税，为资本性支出融资。例如，现在在美国加州圣何塞市就征收建设和转让税（Construction and Conveyance Tax）、建设消费税（Construction Excise Tax）和建筑物和构筑物建设税（Building and Structure Construction Tax）等税种。

（五）额外收费也可视为土地财政来源

在一些国家，有多种针对不动产征收的额外收费，用来支付当地基础设施建设，包括公共用地贡献和建筑密度优惠。

在一些国家的法律中规定，开发商进行土地开发或建设时，如建工厂、商店或住宅，必须按规划将一部分土地用于公共设施建设，如用于修建道路、上下水、绿地、经济适用房等。土地开发者按规划要求建好后，必须将一定比例的公共设施用地无偿交给政府，由政府所有并进行管理。这种方式没有商量的余地。如在加拿大的安大略省，土地开发商开发土地的5%需留作公共用地，开发完成后，必须无偿归政府所有。在加拿大阿尔伯塔省，开发商贡献出来的小区面积占到新开发土地面积的10%。在不列颠哥伦比亚省，开发商贡献的土地必须用于小学和中学的建设。

地方政府也可能提供建筑密度等方面的优惠，促使开发商能够建设保障房、托儿所、修复历史建筑及提供其他服务项目。在美国，也有“红利”或“激励”分区的做法，即如果开发商愿意容纳一些单元，专门标明提供给中低收入的租房户，那么，政府将同意增加居民区的密度。例如，法律规定在某一特定地带只允许每英亩建筑8个单元，如果保留15%给中低收入的租房户，那么，就可以同意他在每英亩上兴建10个单元。开发商从开发密度上获取规模经济，社区也能在满足中低收入住房方面向预期目标靠近。这种方式有谈判和商量的余地。

五、我国土地财政的前景

无论是现在还是将来，土地财政都将是地方政府的重要融资模式，但是，由土地财政暴露出的现实和潜在的风险，地方政府融资模式又需要不断调整与优化，探索一条可持续的土地生财道路。

（一）土地供应不会对土地财政产生明显约束

从土地财政的未来发展看，我国土地供应量的约束并不大。由于我国城市化以及在这个过程中人均用地的节约，由于我国还有较大规模的未利用土地可以加以利用，因此，城市建设用地的供给应该是有保障的。根据我们的计算，在城镇化过程中，由于人均建设用地的节约，将能够多出 1.8 万平方公里的建设用地。另外，我国还有 40 多亿亩的未利用土地，其中包括 5.6 亿亩盐碱地，几千万亩滩涂地，完全可以改造出更多的建设用地。根据对浙江和广东等省的调研情况，各级地方政府手中普遍掌握着大量依法征用的土地。以浙江省为例，截至 2009 年底，14 个县（市、区）累计预征土地面积 79861 亩，部分县市预征土地的数量占政府现有存量土地总数的 2 倍以上（杜良文和吴海洋，2012）。广东省的县镇中，1993 年开发区热时征用的土地仍然有大量的预留。

因此，如果城市建设用地仍然由地方政府统一征收，并通过招拍挂形式进行出让，则地方政府仍将可以获得大量的土地出让收益。2001—2012 年，我国国有建设用地实际供应量由 17.8 万公顷增加到 69 万公顷，国有建设用地出让（招标、拍卖、挂牌）面积由 9 万公顷增加到 32.2 万公顷，有 5 年的市场出让比例超过了 67%。土地出让价款也由 2001 年的 1296 万元提高到 2012 年的 2.69 亿元，年均增长近 20%。根据《全国土地利用总体规划纲要(2006—2020 年)》，2011—2020 年，国有建设用地实际供应量可以达到 350 万公顷。我们以市场出让比例占 65% 计算，得到未来各年能够出让的国有建设用地面积；再以 8%（预期经济增速）作为未来土地价格的增长率，计算到 2020 年各年的土地价格；最后，得出未来各年土地出让价款，10 年合计为 30 万亿元。这意味着每年地方政府仍能获得 3 万多亿元的土地出让收入。

（二）征地制度改革将削弱地方政府土地财政能力

土地征用是政府为了公共目的而强制取得非国有或非公有土地并给予补

偿的一种行为。在许多国家，政府进行城市基础设施和公用事业建设时，可通过一定的法律形式和法律程序对所需的私有土地进行征用，但均明确提出只能为了公共利益的需要。从征用补偿来看，各国也都是站在保障被征地者利益的角度，对由于征地造成的当前和将来的、直接和间接的利益损失进行相当于被征用土地市场价格的赔偿。例如，英国的法律规定征地机构可以依据法律原则强制执行征地，但是，实际上他们的征地过程很少采用这种方式，更多的是采用同土地所有者协商，根据市场价格购买的方式。可见，成熟市场经济国家的征地是在土地产权明晰的基础上进行的，政府的公权受到严格的约束，土地价格由市场决定。

近年来，由于我国中央政府提高了对失地农民利益的保障水平的要求，地方政府征地拆迁成本已经大幅度增加。2010 年，土地净收益达到峰值的 15714 亿元，之后，2011 年下降到 9536 亿元，2012 年再下降到 5797 亿元。土地财政的边际收益显著下降。未来的改革更加不利于地方政府轻松获得土地及其收益。这些改革可能包括，第一，打破土地制度二元结构的现状，实行农村集体土地和城市建设用地的“同地、同价、同权”；第二，严格界定公益性和经营性建设用地，限制政府行政性征地的范围；第三，非公益性的用地需求通过农村集体建设用地直接进入市场加以解决，而不必经过地方政府的征地环节；第四，对公共目的用地，按市场价进行赔偿。这些改革措施的推进，将使得地方政府很难再通过“低吸高抛”的方式赚取价差，土地出让收入下降局面将会出现。地方政府的土地出让可能变得越来越无利可图。

（三）土地税收及收费在资本性支出中的作用将会提高

在上述改革背景下，土地财政将逐步由出让收入为主向出让收入和税收收入兼备转型。① 2001—2012 年，我国土地税收占地方财政收入的比例最高也只有 16.6%，全部土地税收占 GDP 的比例平均只有 1%。与发达国家相比，还有较大的上升空间。房产税更是欧美等国县、市以下政府的主要财政来源，与之相比，我国市县政府的税收结构也有较大的调整余地。在我国现有的住房中，有 60% 的房子在房产税征收范围之内。② 2011 年，全国城镇有 135 亿 m^2 的住宅可以征房产税，平均房价是 5377 元/m^2，房产税税率是 1.2%，那么

① 注：土地出让收入的性质是土地使用权的价格，即政府凭借土地所有者身份对使用权受让人收取的地租；而土地税收是政府作为社会管理者在土地保有、交易等环节强制征收的，二者一个是“租”、一个是“税”，不存在相互替代的问题。

② 注：根据中国人民大学安体富教授的方法进行计算。

住宅部分的房产税可以达到8700亿元，加上商业地产已经征收的房产税1100亿元，整个房产税规模大体上是10000亿元，高于同期土地出让净收益。未来随着住宅面积和房价的稳步增加，房产税有可能逐渐成为地方稳定的主体税种。

长期以来，我国地方政府常以本级财政收入难以满足经常性支出需要为名，把建设性支出责任推给上级政府甚至中央政府。如果我们通过法律形式明确了房产税、与土地相关的专项税以及针对房产（财产）的特别收费作为地方政府的主体财源，地方政府就拥有了相对稳定的财源用于城市的建设与运营，这对于地方政府依赖土地出让收入具有较好的替代效应；这种变化也有利于明确地方政府的支出责任，既中央政府可以要求地方政府在一般预算收入中拿出一定比例资金必须用于投资与建设，而不是像目前这样一般预算收入基本都用于了经常性支出（即所谓的吃饭财政）。

（四）地方政府将趋于选择更为多样化的融资方式

市政债将得到更快的发展。发行市政债有利于转变以土地储备作为抵押支持、以银行信贷为主要资金来源的地方政府融资模式，并将地方政府融资纳入政策与法规的严格监管，增强透明度，构建融资的内在约束机制。发达国家市政债发展与城市化同步。以美国为例，在其城市发展最快的时期，城市建设的大部分资金需要地方自筹，在此背景下，美国市政债券市场得到蓬勃发展，并成为美国州及州以下政府筹集公共性资金的重要渠道。在美国8万多个地方政府中大部分有发行市政债券的权力。目前，发展地方债券市场也已成为新兴工业化、新兴市场的转轨国家及其他一些发展中国家的政策重点。2011年，我国实施地方政府自行发债试点，标志着地方政府发债融资正向规范化方向发展。

公私合作方式将进一步拓展。公私合作在城镇化进程中的应用也可以分为基础设施建设、公用事业提供两个方面。对于新建的基础设施，政府可以采用BOT等形式与民营企业合作。对于已有的基础设施，政府可以通过出售、租赁、运营和维护合同承包等形式与民营企业合作。公用事业领域采用公私合作模式与基础设施领域有类似之处，特别是在污水处理、自来水、煤气、电力和热力供应等方面，采用公私合作的项目，一般可通过使用者付费和政府补贴相结合的方式使投资者能够收回投资并得到合理的投资回报。

城市运营商模式将得到推广。城市运营商在充分把握地方政府战略意图的前提下，充分运用市场化方式和手段，通过开发成片大面积土地，带动城市和区域经济的发展，既以自身经济利益为导向，又注意兼顾长远的社会效益。从这个层面来讲，优秀的城市运营商，已经担当起一个城区“执行官”的重任，直接协助市长们管理、经营一座城市，是城市的组织者和城市文明的有力推动者。推广城市运营商模式，可以打通土地一级和二级市场，在房地产开发的同时，由城市运营商同步完成市政设施建设，从而免去了土地一级开发的成本和招拍挂的复杂程序。从湖南、贵州等地的实践来看，城市运营商减轻了地方政府的债务负担，避免了政府过度参与投资与建设，政府轻松得到了所需要的基础设施。

（本文原载《宏观经济研究》2014 年第 1 期）

完善供水价格体系　改进政府水价管理

姬鹏程　张璐琴

内容提要

现有政府对水价的管理主要是基于水价成本核算，缺乏对水价的系统性、整体性、协同性分析，在水资源管理分散，而水资源配置又日益复杂的背景下，迫切需要对供水价格体系进行整体深入研究。本文从价格体系角度，重点分析不同水源、不同用水户、不同地区供水价格间的比价差价关系，认为需要从完善水价体系的角度来改善政府水价管理，包括拉大不同水源水价间的比价关系，理顺不同用户水价间的差价关系，建立供水价格区域间统筹调整机制。

党的十八届三中全会《决定》指出，要完善主要由市场决定价格的机制，政府定价范围主要限定在重要公用事业、公益性服务、网络型自然垄断环节。水资源是与国民经济发展和人民生活关系重大的极少数商品，具有一定的基本公共服务特性，同时，水市场也具有一定自然垄断经营性质，水利还是重要的公用事业，水资源价格在政府定价范围内。然而，水资源供给又存在水务市场、水权交易市场等，需要放开竞争性环节价格，深化垄断行业改革。供给价格管理既要充分发挥市场作用，又要保障基本民生用水需求，这就需要不断完善政府水价管理，丰富价格调控手段。在现有水资源管理分散，而水资源配置日益复杂的背景下，迫切需要对供水价格体系进行深入研究，以提高政府水价管理的系统性、整体性、协同性。

一、供水价格体系的内涵

供水价格体系是指水资源价值间的结构关系，具体表现为水资源价值间的比价和差价关系，以及与供水价格体系有密切关系的供水价格形成机制及其管理体制。同类水资源价格间的关系是差价关系；不同类水资源价格间的关系是比价关系①。

水资源价值间的比价关系是指不同水源供水价格现状及其比价关系。具体表现为：常规水源（地下水、地表水）和非常规水源（再生水、海水淡化、调水工程）供水工程供水价格。本文侧重研究常规水源中地表水和地下水供水价格间的比价关系、城市再生水与自来水供水价格间的比价关系。

水资源价值间的差价关系是指同一质量的水由于用途、时间和空间上的差异而形成的不同的价格，或同一数量水因质量不同而形成的不同价格。具体表现为用户差价、地区差价、季节差价、质量差价等，各类差价还可以细划分，如地区差价可以划分为不同城市间差价、不同区域间差价、城乡差价等。本文重点研究水利工程农业供水和非农业供水价格间的比价关系，城市居民、非居民和特种行业用水间的供水价格的比价关系，城市居民阶梯水价间的比价关系，非居民超额累进加价的差价关系，不同省区城市供水价格的差价关系。

科学合理的供水价格体系的形成及动态调整与供水价格管理体制机制密切相关，本文分析中还涉及研究水资源配置格局日益复杂背景下，供水价格管理体制存在的问题及相关政策建议。

完善全国供水价格体系的目的是要在价格总水平确定的前提下，研究供水价格内部结构，通过确定合理的供水价格内部结构，进一步改进政府定价方法，提高政府定价的科学性，改善政府价格管理，完善阶梯价格制度，充分发挥价格调整的节约用水、资源配置、公共政策和环境保护效应。

二、我国供水价格体系现状

本文根据调查数据②，对不同水源、不同用户、不同地区的水资源价值间的差价比价关系以及不同供水环节在终端水价中的比例关系进行分析。

---

① 仅从研究方法来看，比价差价概念既可以用来研究同类商品之间的价格关系，也可以用来研究不同类商品间的价格关系，且在水价研究中，有些约定习惯性的叫法与理论上的比价差价叫法不一致。例如：城市居民三级阶梯水价间的比价关系，理论上应归为差价关系，但习惯用比价来反映。

② 本文水利工程供水价格数据来源于2010年水利部在编制全国水利统计年鉴过程中，对全国31省区以县为单元的水利工程供水价格进行的调查。城市供水价格数据来源于2011年底课题组对全国484个城市再生水水价及其利用情况进行调查。

（一）水资源价值间的比价关系

1. 地表水与地下水供水价格间的比价关系

地表水与地下水供水价格的比较可以分为两个层次：第一层次是两者水资源费征收标准的比较。为保护地下水资源，地下水水资源费征收标准应高于地表水水资源费征收标准；第二层次是扣除污水处理费后的地表水水价与地下水水资源费进行比较。由于大多数地下水是可以直接使用的，不需要制水，地表水需要制水才能进入使用环节。从理论上来看，为保护地下水资源，地下水水资源费应大于扣除污水处理费后的地表水水价。

（1）地表水与地下水水资源费征收标准比较。从目前实践来看，我国不同行业和不同地区地下水水资源费征收标准普遍高于地表水水资源费征收标准。城市居民用地下水资源费征收标准是地表水的3倍左右，非居民为2.5倍左右，特种行业为4.5倍左右。

（2）扣除污染处理费后的地表水价与地下水资源费比较。全国大多数地区的居民、工业、城市供水和特种用水地表水水价都高于地下水水资源费。全国居民地下水水资源费仅天津市高于地表水水价0.5元/m^3，其余都低于居民地表水水价，平均差距约为1.3元/m^3。工业地表水水价采用非居民用水地表水水价，平均值为2.77元/m^3，约为工业地下水水资源费的4倍。城市供水企业地表水水价采用非居民用水地表水水价，平均值为2.77元/m^3，约为城市供水企业地下水水资源费的7.49倍。特种用水地表水水价均明显高于特种用水地下水水资源费征收标准，山西省的价格差最大（特种用水地表水水价比地下水水资源费高41元/m^3），倍比关系最明显的是河北（特种用水地表水水价为地下水水资源费的23倍）。

2. 再生水与常规水源供水价格间的比价关系

我国城市再生水水价分为居民用水、非居民用水和特种行业用水三种，已有数据地区的平均水价分别为0.9元/m^3、1.19元/m^3和2.29元/m^3。很多地区的再生水主要用于城市绿化，景观渠补水，暂未制定再生水价格，更多是由供需双方协定。总体来看，与城市自来水终端水价和自来水价相比，再生水价格优势比较明显。

再生水制水成本平均为2.11元/m^3，较之居民和非居民用再生水价格都高。再生水价格目前大都按低于自来水价的一个定价收取，很少按服务费分析即再生水的投资和运营成本来确定。再生水的广泛应用有赖于政府补贴，在所调查的城市中，再生水生产及利用获得政府补贴的城市有：北京市、青岛市、济源市、四川遂宁市城区和银川市，其中，北京市政府补贴力度最大，2011 年达到 3000 多万元。其他地区均没有政府补贴，直接影响到再生水的利用率。

表 1　再生水价与非再生水价的比价关系

类　　别	居民用水	非居民用水	特种行业用水
再生水价（调查 484 个城市平均水平）	0.9	1.19	2.29
自来水价（36 大中城市）	1.78	2.7	12.3
终端水价（36 大中城市）	2.65	3.99	14.35
比价关系	1∶1.98∶2.95	1∶2.27∶3.35	1∶5.37∶6.27

（二）水资源价值间的差价关系

1. 用户差价

（1）农业供水与工业用水的差价关系。水利工程农业供水分为大中型灌区国有骨干工程农业供水和小型灌区供水两种。其中，大中型灌区国有骨干工程农业供水价格较未设立国有管理机构的小型灌区供水价格高。大中型灌区国有骨干工程农业供水价格为：自流灌区 7.42 分/m^3，扬水灌区 10.25 分/m^3和井灌区 20.91 分/m^3；未设立国有管理机构的小型灌区农业供水价格自流灌区 5.83 分/m^3，扬水灌区 12.45 分/m^3，井灌区 15.40 分/m^3。

从取得的 366 个有效城市供水价格调查数据来看，城市工业定额内水价平均为 22.7 分/m^3。比较水利工程农业供水价格与城市工业定额内水价平均值，工业水价是自流灌区农业水价的 3—4 倍，是扬水灌区的 2 倍左右，是井灌区的 1—1.5 倍。

（2）城市不同行业用户供水价格比较。城市居民用水自来水价平均值为 1.62 元/m^3；城市非居民用水定额内水价中，行政事业为 2.25 元/m^3，工业为 2.27 元/m^3，经营服务业为 2.87 元/m^3，市政公用事业为 2.08 元/m^3；城市特种行业用水定额内水价平均值为 6.51 元/m^3。对城市非居民用水按简单算术平均计算，平均值为 2.37 元/m^3，则城市居民用水、非居民用水和特种用水水价的比价关系为 1∶1.46∶4.02。城市非居民用水中，市政公用事业定额内水价最低，以此为基数，则市政公用事业、行政事业、工业和经营服务业定额内水价的比价关系为1:1.08:1.09:1.38。

表2 不同行业供水价格差价关系

城市水价		有效样本数N	平均值	比价	标准差
城市居民自来水价		467	1.62	1.00	0.48
城市非居民定额内水价	行政事业	424	2.25	1.39	0.98
	工业	366	2.27	1.40	1.02
	经营服务业	330	2.87	1.77	1.19
	市政公用事业	225	2.08	1.29	1.14
特种行业		453	6.51	4.02	6.20

（3）城市居民用水三级阶梯水价的比价关系。在课题组调查的全国484个城市中，实行阶梯水价的城市共有133个，占调查样本总数的27.5%。大多数城市以每户用水量作为统计标准，遵循原国家计委和建设部《城市供水价格管理办法》建议的1:1.5:2，水资源贫乏地区三级阶梯水价间的价差较国家规定大，进一步加大了价格约束力度，而一些南方丰水地区的价差更小。

2. 地区差价

（1）不同地区城市居民用水水价间的差价关系。从不同省区比较来看，城市居民用水自来水价均值最大的是上海市，平均为2.8元/m^3，其次分别是重庆、天津、河北，均值分别为2.5元/m^3、2.49元/m^3和2.38元/m^3；城市居民用水自来水价均值最小的是西藏，平均为0.6元/m^3，其次分别是安徽、江西、新疆，均值分别为1.1元/m^3、1.2元/m^3和1.23元/m^3。从同一省区内部不同城市间的城市居民自来水价差价关系来看，内部差价关系最大的是山东，最小的是宁夏。

（2）不同地区城市非居民用水水价间的差价关系。我国城市非居民用水水价实行超定额加价制度，通常分为行政事业、工业、经营服务业、市政公用事业四类，有些地区由于受计量设备改造影响，建筑业用水难以完全计量，建筑业单列出来，按建筑面积来收取水费，还有些地区对城市非居民水价全部实行同一价格管理。

为便于比较，以不同地区城市非居民用水不同行业定额内基本水价为主进行分析，可以发现，城市非居民用水定额内基本水价最高的地区主要集中在北方缺水区。不同地区四个行业的差价都很大，且均高于不同地区城市居民自来水价间的差价，其中差价由大到小依次是经营服务业、工业、行政事业、市政公用事业。从四个行业内部来看，标准差最大的仍然是经营服务业，最小的是行政事业。

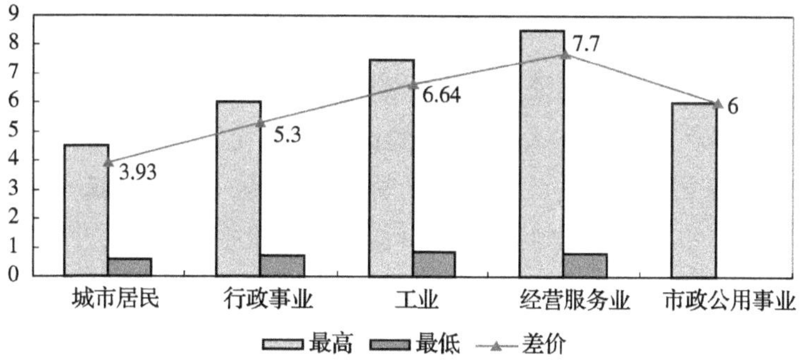

图1 调查城市最高与最低水价的差价关系

(3) 不同地区特种行业用水水价间的差价关系。不同地区城市特种行业用水定额内基本水价差异很大，标准差达到6.2，远超过城市居民和非居民用水价格的差价，是所有不同地区城市不同用水中差价和标准差都最大的行业。

三、我国供水价格体系存在的主要问题

经过多年的供水价格体制改革，我国供水价格组成部分不断健全，供水价格体系日益完善，但水资源价值间的比价差价关系还有很多不合理之处，供水价格管理体制有待进一步理顺。

（一）水价总体水平仍偏低

我国水价总体水平仍偏低，尤其是工业用水价格，城市居民生活用水价格仍有上调空间。

1. 城市居民生活用水价格绝对水平偏低

与国际比较，从绝对价格水平来看，我国36个大中城市居民生活用水的终端水价仅为经济合作与发展组织（OECD）成员国城市居民用水平均价格的14%。从相对水平来看，我国人均GDP仅为OECD国家人均GDP的约13%。从人均水费支出占人均收入的比重来看，我国城镇居民人均水费占人均收入的比重高于我国香港地区（0.4%）；与OECD国家相比，高于希腊、爱尔兰等国，与日本、丹麦、瑞典、美国、挪威、冰岛、意大利、韩国等国家相当，

低于匈牙利等国。据国际供水协会的研究，人均水费占人均收入的比例，希腊、爱尔兰水费负担最低，爱尔兰人均水费只占人均收入的0.3%；日本、丹麦、瑞典、美国、挪威、冰岛、意大利、韩国等为0.6%—0.8%；德国、卢森堡、荷兰、奥地利、法国、比利时、英格兰和威尔士、加拿大、土耳其一向为1%—1.5%；匈牙利为3%左右。

需要注意的是，以上的国际比较主要是运用我国36个大中城市居民生活用水的终端水价数据，而在人均GDP的比较上又使用的是全国数据，因此，对我国人均水费支出占人均收入比重的总体情况是一个高估值。若以一个地区为例，如北京市人均GDP约为OECD国家平均水平的30%，而人均水费支出约为OECD成员国平均水平的20%。因此，我国城市居民用水水价在保障基本用水需求基础上，仍有一定的上调空间。

2. 工业水价仍然偏低

工业用水效率与工业用水价格呈显著的正相关关系。由于历史、体制和成本提高及供求变化等原因，我国工业供水价格偏低，需要适时调整。根据世界银行和一些国际贷款机构的经验，工业水费支出占工业产值的比重为3%是现实可行的。据课题组调研，我国工业企业水费支出占工业产值的比重很难达到3%，基本上在1%左右，很多地区工业水费缓缴、欠缴问题还较突出。一些地区工业、居民水价目前还存在着大量的“倒挂”现象。工业用水价格过低也将导致我国工业企业缺乏进行污水回用、发展再生水的经济动力。

（二）供水价格间的比价关系有待理顺

1. 地下水水资源费征收标准偏低

我国目前虽然地下水水资源费征收标准普遍高于了地表水水资源费征收标准，但全国大多数地区的居民、工业、城市供水和特种用水地表水水价都高于地下水水资源费，且在部分地区，由于供水网络建设不足，水利工程投入不足等原因，长期形成了以地下水为主的供水结构，地下水过度超采，地表水却利用不足的现象。在城镇居民用水上，拥有自备水井的用户，使用自取地下水，由于在很多地方自取水在水资源费的收取、取用水的计量和收费等方面，并非按地下水水资源费征收标准来征收，造成同城不同价，同一用水量而收费差别较大的情况。

2. 再生水价格优势较明显但受多因素制约利用率不高

由于再生水处理成本较高，其价格优势有赖于政府补贴，利用率仍不高。

同时，由于污水再生利用项目一般是新建项目，需额外增加管路系统和专门的处理设施，再加上管网设施建设投资后的单位成本可能高于自来水，低收费不能保证污水再生利用持续进行，这是目前大多数污水再生利用项目所遇到的难题。

（三）供水价格间的差价关系不合理

1．水资源价值用户间差价过小

一是居民阶梯水价基本水量核定过多、阶梯级差过小。2013 年国家发展改革委、住房城乡建设部出台《关于加快建立完善城镇居民用水阶梯价格制度的指导意见》，提出第一级水量原则上按覆盖 80% 居民家庭用户的月均用水量确定，第二级水量原则上按覆盖 95% 居民家庭用户的月均用水量确定，一、二、三级阶梯水价按不低于 1:1.5:3 的比例安排。从调研情况来看，各地在设定基本水量时一般都比较宽松，第一阶基本用水量约覆盖 95% 以上的城市居民。三级水量水价级差明显过小，特别是第三级水量水价设置过低，对高收入家庭难以起到控制其过量用水的行为。

二是工业水价与居民水价差距过小。虽然从全国平均水平来看，工业水价是高于居民生活水价的，但这个高出的幅度显然过小，如果考虑工业用水的机会成本和环境保护成本，我国很多城市普遍存在工业、居民水价倒挂的现象。以我国 2011 年用水量举例，工业用水占总用水量的 23% 以上，居民生活用水仅占 12%，二者拉不开差距的定价不能有效控制用水量大的行业；而一般来讲，用水量大，排污量就大，目前在我国，工业污染物排放总量是高于生活污染物排放的，二者水价差距过小也无助于减排。水价倒挂导致的另一个可能性是：在监管不到位的情况下，工业企业理论上有可能以较低的成本，通过过量的水来稀释排放的水，使得原先不达标的污染物排放指标达标，从而少交或不交排污费，以减少企业的治污力度和排污成本，却可能导致环境损害加剧。

三是城市非居民和特种行业分类水价政策执行不到位。非居民和特种用水超定额累进加价制度未全面实施。部分供水经营单位对混合用水单位既未单独装表计量，也未从高确定水价。对特种行业与经营性混合用水单位，没有执行特种行业用水价格，淡化了使用单位节约用水的积极性，导致水资源浪费现象较为普遍。

2．供水价格地区差价不合理提高调水需求

对于一个地区的供水来说，正常情况是先用本地水源，通过节约用水，确实不能满足用水需求的情况下，再考虑调水，尤其是长距离调水。我国供水价格差价的不合理造成过多的靠调水来解决本地用水需求。总体上看，居民用水基本水价与一个地区的生产总值、人均水资源量、人均供水量、地下水供水占总供水量的比重间的相关性都不大，可见我国供水价格的地区差价关系有待调整。在同一省区内部的不同地区间，城市居民用水基本水价的差异较小，非居民和特种行业用水定额内水价差异较大，尤其是特种行业定额内水价，地区间差异非常明显。

（四）价格引导政策不健全，管理统筹协调不足

1．对不同水源开发利用的价格引导政策不健全

在再生水和常规水水价标准上，水质已经不是再生水行业面临的首要问题，没有明确的价格机制才是阻碍行业发展的绊脚石。我国再生水利用政策的强制性并不高，只有在某些地方或者某些行业强制使用再生水，用户在自愿前提下，要想在充分发挥市场机制的基础作用上推广再生水的利用，就必须形成合理的价格机制。

2．对不同用户和地区供水价格差价缺乏明确的指导

我国城市用水不同行业之间的定价关系没有理顺，对于居民用水价格与工业水价的关系仍缺乏明确的指导思想和意见，如有观点基于效用价值论，认为居民用水价格应该高于工业用水价格，因为单位居民用水的效用是比较高的，而工业用水带来的效用较低。我国是否要从水资源使用的环境外部性、从保障和改善民生的角度，保持居民用水价格低于工业用水价格，仍然存在一定的争议。同样，对于各类非居民和特种行业用水价格也缺乏国家层面的指导意见，不同区域供水价格之间也存在这样的问题。

3．供水价格管理分散，缺乏协调

我国供水价格实行分散管理，区域间和不同用水间缺乏协调，可以说是“一个城市一个价，一个工程一个价”，供水价格管理与部门分割的水务管理体制相互交织在一起，很难推动水资源价值的区域间统筹协调定价。

四、完善水价体系，改善政府水价管理的政策建议

现有政府对水价的管理主要是基于水价成本核算，缺乏对水价的系统性、整体性、协同性分析，需要从完善水价体系的角度来改善政府水价管理，提高宏观调控能力。

（一）拉大不同水源水价的比价关系

1．出台区域水资源费征收指导标准，提高地下水水资源费征收标准

水资源作为特殊的自然资源，具有较强的共享性和外部性，在使用上不可能做到完全以行政区和流域为单位来区分，需要加强区域内的协调和互惠互利。从促进水资源的合理利用和区域内的公平竞争来看，水资源费征收标准宜实行同一区域内统筹衔接。区域内统筹衔接的基本设想是，摒弃单纯以行政区划来确定水资源费征收标准的传统做法，尊重地下水资源和流域的自然分布特征，对处于同一分布特征下的同一区域内应采用相同或相近的水资源费征收标准，并尽量保持征收标准的施行同步协调。尤其是在全省（区、市）范围内不同市县水资源状况、地下水开采和利用等情况差异较大的地区，可分区域制定不同的水资源费征收标准。

按照《关于水资源费征收标准有关问题的通知》，拉大地表水与地下水的水资源费的比价。自来水管网覆盖范围外的地下水水资源费征收标准不一定必须高于地表水水价，但必须高于地表水水资源费征收标准。严格控制工业企业对地下水资源的开采利用，尤其是在地下水资源匮乏的缺水城市，应限制自备井的使用。没有条件使用自来水的工业企业，要上调其水资源费，避免地下水超采，促使其重视节水和再生水的利用。

2．实行再生水“反阶梯水价”，促进水资源循环利用

完善再生水价格政策，按照中水价格一般为自来水价格的50%及以下制定再生水指导价格，促使再生水作为常用水源进入水资源市场。针对耗水量大的行业，制定再生水反阶梯水价，制定“反阶梯水价”，用得越多价格优惠越大，与现行的自来水阶梯水价政策相反。促使工业企业使用再生水代替传统水源，也进一步推动再生水市场的发展。在完善再生水价格政策的基础上，制定针对再生水基础设施建设多渠道融资的支持政策，包括政府的投资计划、市政公用事业特许经营规定、相应的贷款贴息等方面。有条件的地方应严格规定使用中水的领域，对不用中水洗车、绿化等的一律处于重罚，直至取缔。

（二）理顺不同用户水价间的差价关系

1．拉大阶梯水价间差价，科学合理设置城市居民用水基本水量及水价

基本用水量的设置可从目前的覆盖95%以上居民逐步调整到覆盖90%左右居民，再逐步调整到覆盖80%左右居民。鉴于高收入户对水价具有较强的承受能力，拉大二、三级阶梯之间的价格差距十分必要，近期可逐步调整为

按1:1.5:3的比价关系实施阶梯水价，随着经济发展水平的提高，逐步调整为1:2:5的比价关系。水价调整要与完善社会保障制度、建立财政补贴机制相衔接，实行优惠价格政策等措施保障低收入群体的实际生活水平不过多地受价格改革的影响。

2. 提高工业和经营服务业水价

进一步健全并落实城市非居民用户和特种行业用水定额和超定额累进加价制度。实行工业和经营服务业水价同价，适当提高工业和经营服务业水价，使工业和经营服务业水价占产值的比重近期提高到2%左右。调整城市非居民用水水价，城市非居民用水水价应由低到高依次为市政公用事业、行政事业、工业和经营服务业。

3. 提高特种行业用水价格

对群众基本生活影响不大、用水量多的特种行业用水要大幅度提高价格，拉开与其他各类水价的差价。特种行业水价应按其占行业生产总值的3%以上来确定，具体标准及其上限随国家宏观调控和产业政策变动而调整。对于某些如高端取用水行业，如桑拿洗浴、豪华型游泳池、洗车场等特殊行业水价通常是一般标准的10倍左右。对高耗水、高污染行业在非居民用水价格基础上实行差别水价，提高其用水价格，使再生水或其他非传统水源能够获得更多工业企业用户的青睐。

4. 对农户的农业水费支出总水平实行上限控制

虽有研究论证：农业水费占产值比例以5%—15%较合理，但调研情况表明：我国很多地区，尤其是欠发达地区，农户的农业水费支出占年农业产值收入的比重为2%—4%的情况下，农户水费支出压力已较大，因此，为保护农业生产和农户利益，提高农村居民收入，缩小城乡差距，应对农户的农业水费支出总水平实行上限控制，以农业水费支出占农业产值比例最高不得超过5%为上限。

（三）建立供水价格区域间统筹调整制度

1. 调整不同地区间水价关系，保持相对合理的地区差价

调整不同地区城市非居民和特种行业定额内自来水价。我国现行不同地区城市非居民和特种行业定额内基本水价的差距很大，且北方缺水区的定额内基本水价普遍高于南方丰水区，由于我国经济发展条件越好的一些地区主要集中在南方丰水区，那么从承受能力来看，表现的结果是：越是经济发展水平低、各方面承受能力较低的地区定额内基本水价越高。因此，有必要均

衡不同地区城市非居民和特种行业定额内基本水价的差距，在经济发展条件好、水源相对充足的地区，提高城市非居民和特种行业定额内基本水价，这不仅有利于保护经济发达地区的水资源环境，促进节约用水，还可以推动产业结构升级，促进优化开发。

2．建立全国水价总体监控平台

整合现有分散的水价监控平台，形成水价监控部委联席制度。利用统一的数据标准和数据规范，使用数据交换的手段，将分散的数据资源一并纳入基础数据库，建立全国统一的水价总体监控平台，达到信息存贮共享，灵活调用，综合利用的目的。基于城市水业相对垄断经营的行业特征，借鉴国际水业行业监管的经验，建议由国家组织力量建立全国性的水业绩效评价平台，统一评价指标和考核办法，为各级监管部门实施成本监管提供参考依据。

3．建立供水价格区域间动态调整制度

不同地区供水价格要随着经济社会发展水平、水资源供求关系、水资源供给成本等主要因素进行变动。应对不同地区水资源价值的主要影响因素进行跟踪分析，建立定期浮动，动态调整机制。现阶段，首先应对不同地区供水价格进行协调统筹。可先以省为主，优先调整省内不同地区供水价格，形成合理的地区差价，再采取过渡性的缓慢调价方式，调整省际的差价关系，避免同等条件下的供水价格的过大不合理地区差距。

（本文原载《宏观经济研究》2014 年第 7 期）

当前促进城镇化低碳发展的空间对策

欧阳慧

内容摘要

促进我国城镇化空间布局低碳发展，要以“高效集约便捷生态”为基本导向，借鉴“精明增长”、“紧凑城市”规划理念，大力推进空间的紧凑发展、土地的有效混合使用；大力推进“城市增长边界”管理、限制用地无序扩张；大力推进公共交通廊道建设，以 TOD 引导城市用地布局；大力推进生态建设和保护，构建碳汇生态系统。

城镇化地区是人类活动强度最大的区域，其温室气体排放占全球总量的75%。目前，我国城镇化空间仍然以粗放式扩张为主，大量占用土地，蔓延式空间拓展，城市管道、交通线路加长，步行空间减少，绿地碳汇系统遭到破坏，导致城镇化的建设成本不断上升，资源消耗不断增加，碳排放量与日俱增。空间作为一种稀缺资源，具不可交换性，优化城镇化空间布局与形态是促进低碳城镇化发展的重要途径。

一、引起我国城镇化高碳排放空间布局的突出问题

（一）城市群分工合作的空间格局尚未形成，设施重复建设和低效利用问题突出

城市群由于政府间缺乏必要的协调，基础设施的规划布局中普遍地存在着各自为政、恶性竞争、对接不畅等突出问题，导致基础设施的重复建设，机动车出行距离大幅增加，无形增加了大量碳排放，主要表现在以下几个方面。

1. 属地化管理导致城市群交通设施共享性差。城市群的大型交通基础设

施管理上虽然隶属于所在城市，但其服务范围却是整个区域。因此，这些设施应按服务区域的原则来组织交通网络，但目前的属地化管理使设施以所在城市为主构建其交通组织系统，无法按照设施的服务范围进行规划和组织。结果导致设施服务的恶性竞争和低水平重复建设，引发的碳排放量大量增加。以机场为例，珠三角城市群方圆200多公里的面积内，却建设了香港、广州、深圳、澳门及珠海五个机场，另有惠州机场也正在建设中，导致有些机场运营能力严重不饱和。此外，城市群生产力空间布局规划统筹不够，也是造成交通等基础设施重复建设的重要原因。

2. 城市交通与城市群区域交通组织协调衔接不畅。在城市群，随着城市空间的拓展，区域交通与城市交通逐步成为一体，呈现了“区域交通城市化、城市交通区域化”的特征。由于缺乏应对交通特征转变的规划，缺乏区域层面的交通组织，城市交通和区域交通还是采用各自的规划和组织。这种各自为政的状况与目前城市群交通发展趋势不相符，一方面不利于城市群的发展，另一方面增加了城市间的交通量。

3. 以中心城市为核心的城市群交通通道组织模式增加了次级城市间的交通距离。中西部以省会城市为核心的单中心城市群交通，次级中心城市经济规模和地位处在较低的发展水平，因公路、铁路主干线布局较为单一，次级中心城市间的衔接不畅，城市之间的联系必须通过省会中转或经过省会，交通距离明显增加。如滇中城市群，次级城市曲靖、玉溪、楚雄间的联系不便捷，它们之间的联系必须依托高速公路通过省会昆明中转，这导致在城市群城市间的出行不得不增加了不少交通量。

（二）城市空间蔓延增长矛盾突出，职住分离问题显现

1. 城市空间蔓延在侵蚀生态空间、浪费土地资源的同时增加通勤距离。

一般来说，当城市用地规模增加速度超出城市人口规模增加的速度时，就称城市空间拓展存在蔓延现象。通常情况下，用城市用地规模增长弹性系数（即城市用地增长率与城市人口增长率之比）来说明城市化过程中城市用地是否蔓延，合理限度在1.12，如超过1.12就存在蔓延增长问题。2001年全国城市建成区面积2.4万平方公里，2012年达到4.65万平方公里。2001—2012年，城市建成区面积增长93.7%，远高于城市人口53%的增长速度。其中41个特大城市的城市用地规模增长弹性系数达2.28，超过合理限度的1.12的1倍以上，并远高于同期美国的1.58、印度的1.62、南美的1.25。伴随城市空间的蔓延增长，我国城市建成区人口密度呈下降趋势。1997年，我国城

市建成区人口密度平均约16200人/平方公里，到2008年已经下降到约9700人/平方公里，下降了40%。

城市空间蔓延侵占了周边的农业空间或生态空间，浪费了土地资源。与其他用地类型相比，建设用地的碳排放总量和强度均为最高，是其他用地类型碳排放强度的几十甚至上百倍。我国建设用地的碳排放强度达到55.8吨碳/公顷，而农地的碳排放强度为0.37吨碳/公顷，生态用地反而吸纳碳强度为0.49吨碳/公顷。与此同时，城市空间蔓延，城市空间尺度大幅扩张，拉大了居民的出行距离，城市中心城区尺度的增大带来了居民平均出行距离的成倍增长（表1）。

表1 中心城区尺度与平均出行距离

城市	中心城区尺度（公里×公里）	现状中心城区出行距离（公里）	现状外围出行距离（公里）
北京	17×18（四环）	10	18
上海	7×7（浦西）	4	10
广州	4×8（内环）	5	
西安	9×9（二环）	4	
郑州	5×7（核心）	4	7

资料来源：彼得、杨保军、张泉等著，TOD在中国——面向低碳城市的土地使用与交通规划设计指南，中国建筑工业出版社，2013年。

2. 日益突出的“职住分离”大幅增加了机动车交通发生量。城市空间形态与城市碳排放中最重要中介要素——交通出行碳排放。改革开放以来，大量的开发区、新区、新城、大学城、物流园等经济功能区规划布局在城市近郊。受开发模式和规划布局的影响，这些经济功能区功能单一，居住、公共服务、就业、医院学校等配套不完善，不得不依赖老城，就业和居住在城市空间结构上的分离，导致大量的“潮汐流”、钟摆式通勤流、被动式的交通需求，导致能源资源和碳排放的产生。城市居住与就业地点空间分离的结果是居民通勤距离和时间的增加。如美国是典型的蔓延性城市，居民通勤时间较长。据2005年美国人口统计局数据，2005年美国通勤时间最长的城市是费城，时长是38.3分钟，其次次是纽约、华盛顿的时长分别为34.2分钟、33.4分钟；与美国相比，北京的单程通勤时长平均达到38分钟，其中通勤时间超过40分钟的人群占比为43.7%。

（三）小城镇空间布局不紧凑，空间低效利用问题突出

小城镇是中国特色城镇体系中的重要环节，是城镇化低碳发展的重点地区。由于规划的滞后、规划意识的淡薄等方面原因，目前我国小城镇编制城镇总体规划的比重依然较低，“有建设、无规划”现象较为普遍。特别是有些小城镇发展重点模糊、建设指导思想混乱，加之建设者法制观念淡薄、资金不足、管理水平低下等，以非集约化方式扩展镇区面积成为我国小城镇较为普遍的现象。一是不少小城镇镇区框架大、以路代市、建筑布局混乱，许多边边角角的土地由于规划原因处于低效利用和不合理利用的状态；商业用房、住宅用房仍沿用农村旧习，自建小平房或独家二层小楼房，不仅主体建筑用地多，而且配套设施占地面积也大，土地集约利用程度低。二是由于受房地产行业极度膨胀的影响，有些小城镇往往不顾及本地区城镇发展的特点及土地市场的实际现状，对房地产企业开发方向和用地也不加以控制，出现大面积的高档商品房因经济购买力不够出现闲置浪费。三是有些小城镇用地普遍存在着重平面扩张、轻挖潜改造的问题，导致土地资源浪费。根据住建部研究认为，我国人均城镇建设用地标准应在120—125平方米/人，然而2012年我国小城镇人均工矿用地达到206平方米/人。

二、城镇化空间布局低碳优化的基本思路

城镇化低碳发展依赖三个方面的共同作用：降低碳来源（源头减碳）、消减碳排放（过程减碳）和加强碳捕捉（结果减碳）。从城镇化规划角度看，可以通过合理的空间布局达到上述低碳发展目标。通过紧凑布局、土地有效混合使用减少交通出行行为，降低碳来源；通过构建适应城市公共交通运行的空间结构，降低私人交通工具使用，减少碳排放量；通过构建生态单元与城市绿地碳汇系统，加强碳捕捉。

基于此，促进我国城镇化空间布局低碳发展的基本思路可概括为：坚持以人为本，以“高效集约便捷生态”为基本导向，深入贯彻“精明增长”、“紧凑城市”规划理念，大力推进空间的紧凑发展、土地的有效混合；大力推进“城市增长边界”管理、限制用地无序扩张；大力推进公共交通廊道建设，以TOD引导城市用地布局；大力推进生态建设和保护，构建碳汇生态系统，加快实施分层次的空间策略，促进城市（镇）引导形成“有机分散、分片集中、分区平衡”的集约紧凑型空间结构，促进城市群引导形成“形态上分离、

功能上一体、联系上便捷”疏密有致、开敞组团式空间结构，为我国城镇化低碳发展奠定良好基础。

三、城镇化空间布局低碳优化的策略应对

（一）创新规划理念

1. 倡导“精明增长”，控制城市的无序蔓延

“精明增长”的目的就是控制城市蔓延，在拓展满足经济社会发展用地需求途径的基础上控制土地粗放利用，实现“城市有边界的增长”。核心内容是用足城市存量空间，减少盲目扩张；加强对现有社区的重建，重新开发废弃、污染工业用地，以节约基础设施和公共服务成本；城市建设相对集中，密集组团，生活和就业单元尽量拉近距离，减少基础设施、房屋建设和使用成本。因此，精明增长的城市发展模式能综合体现节地、节能、节水、节材为目标的低碳型城镇化空间模式。目前我国已经进入城镇化快速发展期，城市蔓延问题已经成为我国城镇化过程中较为突出的问题。在城镇化相关规划中，树立精明增长理念，提倡一种较为紧凑、集中、高效的发展模式，将有利于控制我国城镇化地区的无序扩张，提高土地利用效率，有效减少 CO_2 排放。

2. 倡导“紧凑型城市（镇）”建设，建立土地利用的集约模式

紧凑型城市强调土地混合使用和密集开发的策略，主张人们居住在更靠近工作地点和日常生活所必需的服务设施的地方，是一种基于土地资源高效利用和城市精致发展的新思维。紧凑城市具有土地利用率高、功能多样及有利于减少居民出行距离和次数等特点，是引导城镇化空间布局低碳发展的较为理想的空间模式。低碳型城镇化空间布局模式必然是节约用地、集约发展的模式。面对我国城镇化面临巨大的人口、资源和环境压力，我国必须珍惜土地资源、减少 CO_2 排放，借鉴紧凑型城市（镇）理念，尽可能集中连片、内涵扩张，限制城市（镇）布局的过度扩散和城市郊区化，城市居住区具有较高的容积率，不能过多地建设大户型住宅，大力提供基础设施的利用效率。

（二）完善规划策略

1. 实施分层次的空间规划引导总体策略

按照空间尺度与规模的不同，在不同空间层面实施不同的规划引导策略。

一是在城市群层面。推进各城市集约紧凑式布局，构筑保护开敞空间，以快速交通系统联系各城市。二是在城市层面。结合绿色交通体系，倡导公交导向发展、引导大城市空间组团化、中小城市空间集聚化、沿交通走廊发展。三是在城市组团层面。通过基础设施，尤其是交通设施布局，引导城市空间向综合交通枢纽集中，避免城市组团规模的过度扩张和功能的单一化。四是在社区层面。强调混合功能和适度的高密度地区开发，导致人们生活在工作地和日常设施附近，减少交通出行，降低必要的出行距离。五是在城市、城市组团、社区之间。依靠轨道交通和常规公交联系，减少小汽车使用。

2. 充分利用现有建设空间，提高城市密度

较高的城市密度可以容纳更多的城市发展活动，从而保护郊区开敞空间，缩短交通距离，保障公交系统的利用效率，提高基础设施效率，从而降低能耗。一是充分利用现有建设空间。各类开发活动要充分利用现有建设空间，并尽可能利用空闲地和废弃地。工业项目建设要按照发展循环经济和有利于污染集中治理的原则集中布局，交通建设要尽可能利用现有基础扩能改造。二是倡导建设高密度混合化社区。在组团和社区层面发展以轨道交通或快速交通站点为中心的高密度混合化社区，通过提高土地利用密度、混合使用，增加土地利用及交通的整合，推动就业与住房的平衡，减少交通出行次数，提高公交使用率，以实现节能减碳的目标。

3. 划定城市增长边界，控制蔓延增长

划定“城市增长边界”，控制城市空间过度扩张，阻止城市无序蔓延，控制碳排放。一是划定城市增长边界。划定生态控制线，明确界定各类自然保护区、水源保护区、生态公益林区、森林公园、湿地公园、基本农田保护区、风景名胜区、地质地貌风景区，重要江河湖泊、水库、海岸、沼泽湿地，大型城市绿地、生态廊道以及重要野生动植物资源的保护控制范围，严控城市建设用地增长边界。二是划定城市群生态红线。统筹城市群生产生活生态空间，将各类保护区及重要生态功能单元、区域生态廊道、生态保育区和城镇建成区绿地等划为生态红线予以保护，构建点线面结合、点状开发、面线保护的基本生态格局，维护区域生态系统的稳定性和完整性，对各城市共同开展生态空间保护提出要求，构筑城市群碳汇系统。以各城市生态空间的连接为着力点，统筹规划生态廊道。

4. 提倡土地混合使用，促进混合功能发展

在新加坡，“白地”的引入使得居住商业和无污染的工业可以在同一地块上发展，实现职—住—娱在地平衡，每年直接减少的交通碳排放在 16 万吨以

上。华盛顿州希望通过社区规划和设计，增加建筑，居民以及经济活动的多样性，从而减少1150万吨碳排放。借鉴新加坡、华盛顿的经验，提倡土地混合使用，推进混合功能发展，大力减少碳排放。一要推进区域服务功能混合配置。在城市组团内建立集办公、居住、教育、商业、休闲等为一体的区域混合配置，尽量满足地区内就业岗位及教育资源与居住人口之间的平衡，减少出行次数，使公共交通的使用最大化，并通过其带动其他设施布局的紧凑，实现降低碳排放的目的。在此过程中应避免重复建设和盲目设置。二要推进独立经济功能区混合开发。对新城新区及各类开发区，鼓励集约用地、混合开发，促进职住平衡，合理配比和布局居住用地和产业用地，科学确定道路和街区的规模和尺度。三是倡导土地有效混合使用的规划设计。将居住、商业和办公等混合性功能，布置在人们从住所至轻轨、地铁或公交站点的步行范围内，从而减少人们因日常生活需要而造成的重复交通。商业区、就业区和使用频率高的区域布置在公交站点周围，便于居民使用公交出行。以公交枢纽和公交站点为中心展开城市组团和社区布局，将交通、就业与生活设施配套之间的空间布局得到综合考虑。

5. 以TOD引导城市用地布局

TOD发展模式是以各公共交通站点为社区中心，将居住、就业、商业服务设施混合布置于适合步行的范围之内。通过合理的设计，鼓励人们少使用汽车，更多地乘坐公共交通，并且强调公共交通站点为紧凑、功能混合、高密度的社区，对减少碳排放具有重要作用。一要构建围绕综合交通枢纽站场紧凑布局的城市（镇）空间形态。加强对综合交通枢纽站场建设和站场用地布局的统筹力度，合理布局居住、就业和消费休闲等功能区，引导城市（镇）重要功能区逐步向综合交通枢纽站场周边集聚。加强建设枢纽周边的步行与自行车网络，推进与周边用地功能相衔接。二要着力推进城际轨道站点周边地区的土地综合开发。依托城际轨道交通站场，引导人口和产业集聚发展。高效组织轨道与其他城市公共交通方式的接驳，并构建安全、舒适的立体化步行网络。

（三）健全政策措施

1. 城市群层面

一是制定城市群规划导则。明确城市群建设条件及规划范围界定原则。确定城市群规划的主要内容，重点对城市群的空间布局、园区建设及港口、机场等重大基础设施的布局进行重点统筹规划，对交界地区道路衔接、生态系统的整体规划与保护要进行统筹安排。二是实施城市群生态红线保护制度。制定城市群生态红线保护的具体措施，科学界定范围，实施分类管理，严控开发活动，提高管护水平，对城市群内的各类保护区及重要生态功能单元、区域生态廊道、生态保育区、建成区绿地等划为生态红线予以保护。三是建立基础设施共建共享协调机制。破除基础设施属地化管理障碍，建立协调机制，突破行政区域，推进大型交通基础设施在城市群内共建共享。通过相互参股，实现联合运营，提高整体大型交通设施的服务水平。在整体规划的基础上，通过城市群内部城市规划管理部门在城市总体规划、边界地区分区规划、详细规划上的相互参与，实现在开发上的一致。建立由城市群各城市规划管理部门共同组成的规划实施监督机构，监督都市区内各城市交通规划、空间发展规划的实施情况，加强相互之间的协调。通过公共交通市场化改革，建立城市群公共交通管理机构，实现城市公共交通在都市区内部跨行政区界运营。建立城市群统一的交通规划、建设信息平台，通过平台或者定期的信息发布，实现城交通规划和建设信息共享。

2. 城市层面

一是推进大城市特别是特大城市编制实施城市更新规划。科学管理城市存量，各类开发活动要充分利用现有建设空间，引导大城市或特大城市编制实施城市更新规划，激励填充式发展。二是将城市增长边界纳入城市规划管理系统。城市规划管理是城市政府的重要行政管理职能之一。要适应新形势，将城市增长边界纳入城市规划管理系统，充实到建设项目选址规划管理以及建设用地的规划管理内容中。三是在城市规划中实施城市功能空间紧凑度管理制度。推进紧凑型城市（镇）建设，在城市详细规划中，引进城市功能空间紧凑度指标管理土地利用布局和促进低碳发展，建立城市功能空间紧凑度动态监测制度，根据监测结果提出相应的城市规划调整策略。四是促进城际及城乡之间公交一体化规划与实施。大力发展公共交通，推进城际、城乡公共交通一体化规划与建设，尽快开通城际公共交通，促进城市公共交通向乡村延伸。

3. 小城镇层面

一是提高建制镇总体规划覆盖率。针对我国小城镇总体规划覆盖面较低的现实，加强政府资金支持力度，依据《建制镇规划建设管理办法》（建设部令〔2002〕第112号），结合小城镇的低碳发展，加强建制镇总体规划，全面提高规划覆盖面。二是严格执行小城镇人均建设用地国家标准。严格执行镇规划标准（GB 50188—2007），新建镇区的规划人均建设用地指标应在人均

80—100平方米/人；对现有的镇区进行规划时，其规划人均建设用地指标应在现状人均建设用地指标的基础上，按此国家标准规定的幅度进行调整。三是加快推进绿色低碳重点小城镇试点示范。完善《财政部 住房城乡建设部关于绿色重点小城镇试点示范的实施意见》，将低碳发展纳入小城镇试点的重要内容，出台由发改委、财政部、住建部共同参与的《进一步推进绿色低碳重点小城镇试点示范的实施意见》，扩大试点范围，加快支持力度，总结推广经验，完善绿色低碳重点小城镇建设评价指标体系。

（本文原载《调查研究建议》2014年第90期）

第五篇　交通能源与市场风险

我国政府与社会资本合作（PPP）中存在的主要问题、障碍与初步政策建议

孙学工　刘国艳　杜飞轮　杨　娟

内容提要

PPP在我国公用事业、基础设施等多个行业得到较为广泛的应用。但现有PPP模式不适应新形势发展要求，有关PPP的制度框架与法规体系体制还不健全，社会信用基础薄弱，现行金融体系不适应PPP项目融资，投资回报机制与项目收入模式仍不完善。为促进我国PPP的进一步发展，迫切需要进行相应改革，并尽快开展新型PPP模式试点。

PPP（Public－Private Partnership），中文译为公私合作伙伴关系，目前还没有一致公认的定义。广义讲，PPP是指公共部门和私营部门为提供公共产品或服务而建立的各种合作关系的总称，包括BOT及其各类变种、私人融资倡议（PFI）以及合资、合营等方式。在我国由于国企大量参与PPP项目的实施，把PPP理解为政府与社会资本合作更符合现实情况。我国自20世纪80年代开始实施了一大批以BOT为主的PPP项目，对促进我国基础设施建设发挥了重要作用。在当前新形势下，继续推进我国的PPP发展对提高我国财政资金使用效率、发展混合所有制经济、调动民间投资积极性、提升公共服务质量都具有重要意义。

一、我国PPP发展中存在的主要问题与障碍

我国自20世纪80年代开始实施以BOT为主要形式的PPP项目，开始主要针对外资，后来逐步向国有企业和私营企业扩展。其范围有高速公路、桥梁隧道、电力能源、轨道交通、供水、污水处理等多个基础设施领域，极大地推动了基础设施建设进程。据世界银行统计，1990—2012年期间，我国共

实施1065个基础设施建设PPP项目，在世界上居于前列，不仅比印度、菲律宾、印尼等发展中国家高，也高于英国等发达国家。

与此同时，我国PPP发展中也存在着不少问题与障碍，制约着PPP模式更广泛的应用。据亚行统计，自2005年以来，与全球趋势相反，我国PPP活跃程度开始减弱，PPP项目投资在GDP中的占比持续下降。出现这种情况的主要原因有以下几方面。

（一）制度环境与体制不健全

1. 没有形成完善的PPP制度框架与法规体系

亚行认为我国PPP的制度框架与法规体系的完备程度只达到20%左右。一是有关PPP的法规多为部门和地方制定，缺乏国家层面的立法，法规层次较低，法律效力不高，有些法规还存在着操作性不强难以实施等问题。二是PPP涉及财政、投资项目管理、招投标、融资、价格管理和公共服务等多方面的工作，而目前普遍缺少针对PPP的专门规定，更没有形成完整的政策体系，使PPP项目实际操作难度很大。三是相关部门规章、地方政府规章和地方性法规之间不协调、不配套甚至相互冲突。

2. 现有的管理体制不适应PPP自身的特点

一是我国政府内部没有设置专门负责PPP项目统计、政策制定和协调的常设机构，PPP决策处于一事一议的状态，缺乏综合谋划和长远考虑。二是PPP项目的立项审批仍沿用一般政府投资项目流程，没有针对PPP项目特点设计专门的审批流程与项目评估标准。三是对地方政府实施PPP项目缺乏规范与指导，导致PPP发展地区间不均衡，各地政策差异大。

（二）社会信用基础薄弱

1. 地方政府在PPP项目实施过程中不守信问题突出

调研中发现，地方政府以政府换届、规划变更或财政困难等理由违反合同、不履行合同规定的法定责任的现象非常普遍，从而失信于项目投资者。也有些政府违约是由于经验不足导致合同中商务条件不合理，政府事后发现无法承受而被迫违约。尽管依据合同和相关法律法规，对待地方政府的不诚信行为，经营者可以提起诉讼，但在考虑到今后的合作与企业未来的发展而不愿走法律程序。

2. 企业在PPP项目实施中也存在诚信缺失现象

部分项目建设企业尤其是民营企业在PPP项目招标中以超低的价格参与

项目的公开竞标，等到中标后，再以各种理由提价，如果条件得不到满足，就以拖延施工或干脆退出相威胁，由于此类项目涉及公共服务，地方政府无法承担项目中断的后果，因而往往在博弈中处于被动地位，有些民企甚至以此恶意敲诈政府。这也导致部分地方政府主要依靠国有企业实施 PPP 项目。

（三）现行金融体系不能适应项目融资的要求

1. 缺乏项目融资支持

项目融资是国际上通行的 PPP 项目融资方式。与公司贷款不同，项目融资是以项目资产和预期收益或权益作抵押发放贷款，因而 PPP 项目的债权人只对项目发起人具有有限追索权或无追索权。我国提供项目融资贷款的金融机构较少，也缺乏与项目融资相适应的保险、担保等配套支持政策，使 PPP 项目融资难度增大，融资成本增加。

2. 项目融资缺乏多样化手段

目前，我国 PPP 项目中通过股票上市、战略投资者参股、成立私募基金、银团贷款、发行债券等方式筹集资金的比例较低。这主要是受到我国金融市场发育还不完全、金融管制比较严、资产运作水平相对有限等多种因素影响，因而权益性融资困难，导致项目风险过多地集中于银行。

3. 项目融资缺乏广泛的中长期资金来源

基础设施建设周期长、投资回收慢，迫切需要引进更多的中长期资本用以满足 PPP 项目的资金需求。而最合适的养老与保险资金受到相关监管与项目管理制度的影响，参与积极性并不高。受相关监管部门对投资领域严格的限制，基本养老金不允许其投资基础设施领域；由于现行项目担保制度不健全、项目运作机制不透明、股东权益得不到保障等多方面原因，社保基金、企业年金和保险资金参与基础设施建设存在种种顾虑。

4. 投资的退出渠道不畅通

我国当前 PPP 项目投资退出的审批十分严格，而且周期长，也没有一套完整、规范的制度，相关退出平台如资产证券化、股权交易市场受多种因素影响发展滞后，不能适应社会投资者退出的要求，在一定程度上制约了 PPP 项目参与者的资源合理配置和可持续发展。

（四）投资回报机制与收入模式不健全

1. 投资回报不确定性高

我国大部分 PPP 项目属于政府价格监管行业。目前我国价格监管体系尚不完善，价格调整的规则性差，价格变化缺乏可预见性，导致长期收益不确定性高，投资者不敢贸然进入。一些已进入的，也纷纷退出，如因电价问题我国曾经历过两次外资大规模退出发电行业的浪潮。此外，对公益性行业政府承诺的补贴资金不到位，收费公路的绿色通道、节假日免费等政府请客、企业买单等做法也影响投资回报。

2. 政府付费项目缺乏稳定的资金来源和规范的支付机制

一些 PPP 项目收益来源于政府付费，政府付费项目的资金来源有两种。一是用户缴纳的污水处理、垃圾处理等专项收费。二是一般预算资金。目前许多地区尚未开征污水处理费、垃圾处理费，而已开征地区的收费标准和收缴率普遍较低。并且，代为收缴的费用有时不能及时拨付给特许经营企业，影响项目正常运营。而来源于地方财政预算的付费资金，受现行财政预算体制影响，一些地区存在来源不稳定以及不能及时足额支付的问题。

3. 捆绑经营项目的收益缺乏有效监管

对于收费不能补偿项目方合理收入要求的项目，除直接补贴外，还有一种形式是授予其他项目的经营权，允许通过这些捆绑项目的收益补偿特许项目的亏损，如物业开发、广告等。但是，捆绑项目一般为竞争性业务，企业同时经营管制性业务与竞争性业务，降低了财务透明度，加大了监管难度。

4. 个别地区项目也存在回报过高损害公共利益的问题

一些地方政府为吸引投资违规做出固定高回报承诺，部分地区 PPP 项目被国有企业或地方政府融资平台垄断，存在着地方保护和竞争不足的情况。以上种种又导致项目回报超出合理水平，损害了公共利益。

（五）现行 PPP 模式不能适应新形势的需要

与英国等国 PPP 项目以由政府付费的 PFI 模式为主不同，长期以来，我国 PPP 项目以由用户付费的 BOT 模式为主。但是，随着我国经济性基础设施向不发达地区延伸和社会性基础设施的需求不断上升，越来越多的项目自身收益不能弥补其投入或根本就没有用户付费，客观上限制了 BOT 方式的应用，迫切需要大力发展适应新形势要求的新 PPP 模式。

二、完善我国 PPP 政策的初步建议

（一）健全和完善 PPP 制度框架与法规体系

1. 加快国家层面的 PPP 立法

正在起草的《特许经营法》应引入 PPP 的概念，并能满足各种不同形式 PPP 的法律要求，明确 PPP 应用范围，政府审批权限、流程和管理程序，政企的核心权利和义务，合同框架和风险分担原则，退出机制和纠纷处理机制，财政规则与会计准则，政府监管与公众参与制度等，建立起较为完善的国家层面的 PPP 法律框架。

2. 制定和完善 PPP 政策体系

要努力构建一套完整的 PPP 政策体系，覆盖 PPP 涉及的财政、投资、融资、价格、市场准入、服务质量监管等多个方面与环节，加强部门间的相互配合与协调。

3. 制定 PPP 的操作指南

制定全国性的 PPP 项目实施指南，包括上述 PPP 法律各方面内容的更具体的操作程序和细则，并提供项目评估、参数设定等方面的工具，以及制定标准合同等，以提高项目实施的效率与规范性。

4. 构建有效的组织管理体系

为加强 PPP 的立法与政策制定、组织协调、规范指导和信息统计等方面的工作，应借鉴英国基础设施局等国际经验，结合转变政府职能和机构调整，设立专门的 PPP 管理机构。建议在我国负责政府固定资产投资项目审批、基础设施建设规划等相关工作综合性部门下设立这一机构，统一负责组织、管理协调全国 PPP 项目有关事宜。地方政府也设立相应机构。

（二）拓宽项目融资渠道

1. 设立 PPP 项目担保基金

为更好地调动银行发放项目贷款的积极性和保险、养老资金投资基础设施的热情，加快设立 PPP 项目担保基金，规定对因地方政府的失信行为而给银行造成的不良贷款或给保险公司造成的投资损失，基金将给予相应的资金赔偿。

2. 进一步放宽养老、保险等资金的限制

可适当放宽基本养老保险的投资领域限制，允许其拿出 5% 左右的资金用于基础设施投资，进一步放宽保险基金、社保基金等投资于基础设施的相关限制条件，使上述基金能参与基础设施 PPP 项目建设，改善基础设施 PPP 项目长期建设资金不足的局面。

3. 积极开拓多元化的融资渠道

积极引入产业投资基金、信托资金等方式，引导私有资本进入公共投资领域，同时也可以采用资产证券化（ABS）的方式盘活基础设施存量，引入民间资本，减轻地方政府的债务负担。借鉴国际经验，政府可尝试设立适应性缺口补偿基金（VGF）补助社会效益大，而短期存在资金缺口的PPP项目。

（三）完善市场准入和退出机制

1. 完善市场准入机制

进一步放宽私营部门进入基础设施领域的准入限制，改善私营部门的市场准入环境，放宽民营企业投融资领域、登记事项、前置审批等市场准入领域的限制。要出台优惠的特许权支持政策。

2. 建立项目退出机制

要建立PPP项目产权交易市场和股权转让系统，为企业提供便利的产权和股权流转服务，使私人部门能通过股份转让实现投资回收的合理退出。

（四）建立有效的风险分担和信用约束机制

1. 建立合理的风险分担机制

由对风险最具有控制力的一方承担相应的风险，政府应承担法律政策变更等风险，社会资本承担项目建设、运营过程中的成本、工期、服务质量等方面的风险。同时，收益应与承担的风险相匹配，平衡好各方利益。

2. 优先在PPP项目领域建立信用约束机制

要加快推进社会信用体系建设，可优先在PPP项目领域建立信用约束机制，严格约束政府和企业的不守信行为，保障PPP项目的稳定性和持续性。

（五）尽快开展新型PPP模式试点

在原有BOT模式越来越不适应当前新形势要求的情况下，应借鉴英国私人融资计划（PFI）等国际经验，积极开展以政府购买公共服务为核心的新型PPP模式试点，重点探索新模式下PPP项目的管理与运营模式，并通过试点中发现的问题进一步完善整体PPP政策环境。

（本文原载《调查研究建议》2014年第80期）

国际能源形势展望及“十三五”期间我国对外能源政策思考

朱跃中　梁　琦

内容提要

当前，全球能源形势和供求格局出现了一些新的变化，全球能源供应格局正朝着多极化趋势发展，能源资源定价机制区域化趋势增强，天然气可能成为主要能源消费品种，各方对新的国际能源治理机制需求增强。“十三五”期间，我国应着手制定针对性的能源对策，进一步完善多元化利用全球资源的能源供应体系，大力提升能源企业“走出去”水平；推动以上合组织为载体的区域能源合作上新台阶；妥善处理能源地缘政治关系。

一、国际能源形势的新变化

（一）全球能源供应格局正朝着多极化趋势发展，利用国际能源资源的环境趋于宽松

根据IEA的最新预测，在未来一、二十年内，亚太等新兴国家将成为主要的油气消费国，能源消费重心明显东移。新的能源供给带正在形成。主要表现在，围绕东亚地区消费国的能源供给网络已基本形成；中亚和俄罗斯为主的油气供应圈发挥越来越重要的作用；非常规油气开采和利用技术的应用催生新的油气供应区。

这种多极化趋势将直接带来油气供应量的不断增加。预测2020年前后，当北美将成为新的油气生产中心，中亚、东亚、东欧、拉美等国家供应量因页岩油气等开发利用技术进步升级而逐渐增长时，全球能源供应总量会达到一个新的水平。

可以预见，“十三五”期间，除了中东地区的石油供应在国际市场占据较大份额之外，中亚地区能源交易额度也会提高，美洲地区天然气供应能力有可能进一步外溢。这些变化将为包括中国在内的新兴经济体利用国际资源创造较为宽松的外部环境。

（二）能源资源定价机制区域化趋势增强，将对固有国际市场能源定价体系产生冲击

能源供应与消费格局的多极化发展会促使能源生产大国与消费大国积极加强双边或区域性合作，并有可能形成区域性价格。从未来发展看，随着美国减少对中东、北非地区油气资源的进口依赖，该地区产油国必将加强与中、日、韩、印以及东盟等亚洲国家的接触；俄罗斯、中亚地区的油气供应重点随着“新丝绸之路经济带”合作的加深，也将逐渐东移；美国将逐渐成为石油天然气出口大国，欧盟与日本利用与美国传统关系，将从美国进口更多包括天然气在内的优质资源。新的能源消费国和生产国都要求改变现有的能源定价机制。未来，能源资源定价机制有可能进一步区域化。这将对固有的全球能源定价体系产生冲击。

（三）非常规化石能源供应将不断增加，天然气可能成为主要能源消费品种

美国非常规油气资源成功开发的示范效应，常规油气资源供应偏紧与消费持续增长的市场需求，激发了国际社会非常规油气资源开发热潮，世界各国积极探索非常规能源开发模式。同时，越来越多的金融资本投入上述领域，将大大推动具体项目的进展。预期在未来 10 年非常规油气的供应量仍将进一步大幅度上升。

全球化石能源供应总量将保持在相对稳定并日趋充足的水平，这让我们有更多绿色化的能源消费选择。在生态环境恶化、城市雾霾严重和气候变化压力增大以及可再生能源存在着开发技术与经济性制约的现实下，天然气因其低碳和清洁的特点将成为未来一定时期内的主要能源消费品。

（四）新兴国家能源需求增长，对海外能源资源市场争夺的竞争会更加激烈

在看到全球能源供应量会逐步增加的同时，也要看到全球能源需求持续增长的现实。根据预测，2020 年和 2030 年的全球一次能源需求将分别达到

159 亿吨标油和 177 亿吨标油，比 2010 年增长 20.4% 和 34.1%。新兴经济体是推动国际能源需求增长的主要力量。这些国家都面临着社会发展的重任，短期内很难实现能源消费的绿色转型，因此新兴国家，特别是加快步入工业化进程的南亚、东盟、中东等地区国家对能源需求量将持续增长，对海外能源资源市场竞争也将更加激烈。

（五）国际能源地缘政治因素增加了能源市场不稳定，也对全球能源治理格局提出新要求

地缘政治因素对能源市场稳定性的冲击依然存在。一方面，美国实现能源独立的阶段性目标，在国际能源地缘政治领域的战略腾挪空间更大，下一步利用控制能源资源地和能源通道遏制潜在对手的力度会加大，这将引发能源资源区域形势趋于紧张。

另一方面，中东地区动荡的根源并未消除，非洲部分国家政局动荡，某些能源运输通道受突发事件影响的可能性不可忽视，能源地缘政治将更为复杂。同时，页岩气革命导致欧洲市场上液化天然气和来自美国的低价煤炭供应增加，俄罗斯天然气所占份额和影响力下降，俄罗斯需要改变地缘政治偏向为天然气寻求市场，这些都增加了能源市场的不稳定性。

面对以上所说的各种潜在威胁，原有的以美主导、以欧日等为主要力量的全球能源治理已经很难适应现实发展的需求，治理机制改革迫在眉睫。在此过程中，各国的利益诉求不同，各个区域的发展阶段不同，矛盾在所难免，这也会在一定程度上影响全球能源市场的稳定。

二、我国能源安全面临的挑战和机遇

全球能源形势出现的新变化，给我国能源安全战略带来了新的挑战，也蕴藏着不少机遇。

（一）做好应对三方面挑战的准备

（1）如何应对某些大国利用能源问题遏制中国，平稳度过经济转型和发展关键期。我国的发展备受传统大国的关注和警觉，多年来也面临不同程度的遏制和围堵。在有些国家看来，利用能源作为遏制工具是很有效和现实的做法。特别是近几年，加大在能源通道沿线的战略布局，在能源供应地推行西方的价值观，搅动南海等资源蕴藏地的和平局面，挑动某些地区国家和中

国搞对立，都是这种做法的表现。可以预见，未来10年，有关国家在这方面的力度还会加强，必须从战略高度，统筹兼顾、制定预案。

（2）如何利用国际技术提升国内供应能力和加快能源效率水平，推进能源生产和消费革命。打铁还需自身硬，维护国家能源安全，除了一如既往地推进节能降耗，也应当稳步提升国内供应能力，特别是清洁和低碳能源的开发与生产。我国在非常规油气勘探、可再生能源开发利用和核能安全利用方面拥有巨大的潜力。欧、美、日等国在能源生产和消费方面拥有较为先进的技术和经验，值得我们吸收和借鉴。但有些故意设定的技术进口壁垒阻碍了中国和这些国家的合作，需要我们探索更加有效的技术合作模式，扩大合作范围。

（3）如何通过参与全球能源治理和区域能源合作维护能源安全，探寻共赢发展之路。积极参与国际能源机制、加强区域能源合作已经是维护国家能源安全的现实要求。对中国来说，关键是考虑怎么参与、参与的程度以及能源区域合作的重点是什么。如果一味地只是参与到目前西方主导的既有治理机制中去，不但很难提高话语权，反而会受其限制。我们要有选择、有战略目标的、逐步地参与并积极谋求完善一些全球治理机制，使其能在一定程度上满足我国和大部分新兴国家的安全需求。加强区域能源合作也要选定好区域，确定好目标。目前比较可行的就是“一远两近”，即非洲、中亚和东盟邻国。在非洲和中亚都要从能源项目合作提升到能源区域合作水平，在东盟邻国要加强能源通道建设的合作，特别是和缅甸的合作，战略意义重大。上述工作均需在“十三五”期间加以思考和规划。

（二）提前做好工作，抢抓机遇

（1）外部环境在一定时期内宽松，多元化供给增多。美国能源实现独立，成为未来潜在的油气出口大国，北极油气资源的逐步开发，非常规油气资源产量提升，世界能源资源供给多元化发展，为我国能源需求提供了一定时期内的宽松环境，能源供给多元化在一定程度上缓解了我国能源安全面临的严峻形势。

（2）能源供应量增加，能源资源价格短期稳定。世界能源供给虽然长期内仍然处于偏紧，但是世界能源供应格局的变化，短期内使世界能源供应量增加，使能源价格在短期内保持稳定，有利于我国加快调整生产方式，有利于我国加快调整能源结构，有利于我国调整对外贸易结构。

（3）新的供应和消费带有利于我国能源安全战略布局。目前，已经出现了俄罗斯、中亚地区供应和消费带。未来一段时期将出现美洲、北极等新的能源供应圈，能源供给渠道增多，在一定程度上可形成买方市场，增加了我国在国际能源市场上的话语权与筹码，为我国能源安全战略布局提供了新的机遇。

（4）新的能源区域定价机制有利于规避价格波动。中国及亚洲地区未来能源布局和合作圈的发展，已经具备构成中东、中亚，俄罗斯、东亚、西亚地区的大能源圈的新区域局势，由此新的能源区域定价机制也将形成，能源区域定价机制有利于规避全球能源价格波动，稳定的能源价格，有利于为我国经济社会健康稳定发展。

三、对策建议

（一）大力提升能源企业“走出去”水平

自20世纪90年代初期提出充分利用“两种资源、两种市场”的战略举措，我国能源企业“走出去”已历经20多年。下一阶段，应该大力提高“走出去”的综合水平。首先，要剔除盲目性。要有针对性地“走出去”，应该先规划、后评估，要从战略角度考量“走出去”的投入和收益关系。其次，要带着平台走出去，不能单打独斗。应集合银团、企业、政府和社会精英团体的力量，尽可能吸收有利因素一起“走出去”。最后，要有多层次的目标。不能仅仅停留在项目层面，而要以项目促发展、以发展促合作、以合作建机制。

（二）充分发挥能源地缘政治优势，推动国际能源合作

继续推动世界能源合作。充分发挥中国能源地缘政治优势，在更大范围、更广领域、更高层次上参与多边和双边国际能源合作与竞争。加强中美相互交流，增强彼此理解，扩大互利合作，实现共同利益，维护两国能源安全，促进世界能源可持续发展，特别是要充分考虑到新兴国家的能源安全需求，呼吁建立更加合理的、能反映大多数国家需求的国际能源合作机制。下一步的阶段性目标有两个方面，一方面应该继续加强与IEA、能源宪章等国家组织的合作，积极探讨国际能源治理机制改革的具体方案；另一方面要加强和新兴国家的交流，了解他们的诉求，使我们的倡议更具有代表性。

（三）进一步完善多元化利用全球资源的能源供应体系

多元化利用国外资源。形成多国家、多地区、多形式、多途径利用国外资源，形成中国油气供应多样化保障、多元化供应来源和多种方式输送通道的全球配置机制。要坚持与油气生产国和出口国保持良好关系。油气生产国和出口国多为新型经济体或欠发达国家，与中国具有天然良好地缘政治关系，我们要进一步巩固和这些国家的关系。同时要积极开拓新的石油基地，特别是和新兴的能源供应圈国家的合作，同时要注意能源通道建设，我国现在的能源供应通道还是比较单一，要积极拓展通道，在港口、海上运输基础建设方面加大和缅甸等周边国家的合作，提早布点，稳步实施。

（四）推动以上合组织为载体的区域能源合作上新台阶，扩大区域能源治理覆盖面

长期以来“亚洲溢价”严重损害亚洲国家的竞争力，亚洲国家有联合起来形成新的能源区域定价机制的需求。从目前看，中亚、俄罗斯、中国、韩国之间的能源交易量不断增长，以上合组织为载体的区域能源合作机制进展顺利。下一步可以考虑进一步几个方面的合作。首先，是加强能源基础建设投融资平台建设。中国应发挥积极作用，在推动中国的银团牵头吸收相关国家参与的前提下，建立针对能源基础建设的投资的“开发投资银行”。其次，要抓紧建立覆盖该地区的能源资源金融交易平台，实现货币互通。最后，可以考虑建立能源资源期货交易中心，形成区域能源资源定价机制。除此之外，还要加强区域治理方面的合作，如实现信息共享、建立应急机制和防范价格波动风险等。

（五）妥善处理能源地缘政治关系，寻找问题突破口，为扩大亚洲能源合作创造良好氛围

目前来看，亚洲特别是东亚区域能源合作的氛围并不是很好，这一方面和某些国家政策倒退有关，另一方面也是亚洲能源地缘政治矛盾的反映。中国作为石油和天然气净进口国，在亚洲同印度、日本、韩国存在利益冲突和竞争。但国际经济发展的规律表明，竞争对手同时往往是合作伙伴，我们应妥善处理这些复杂关系，以能源为突破口，围绕能源供应安全，开展包括能源来源、分配和运输安全等方面的合作。与其他国家建立磋商、协调与合作机制首要目的是避免相互之间代价过高的竞争，二是与石油输出国进行政策

协调，三是可在必要时对原油市场采取一致和有效的应对措施。

这种合作可以先从中、日、韩之间开始，然后吸纳印度，逐步和中亚、俄罗斯的合作联系在一起。具体工作可以从亚太经合组织领导人多次达成的共识着手，通过定期的交流、沟通，建立战略互信。然后考虑构建亚洲共同石油市场和石油战略储备，应对石油安全危机，形成亚洲能源合作大机制。

（本文原载《调查研究建议》2014 年第 29 期）

关于我国沿海港口转型发展的思考

王东明

内容提要

我国沿海港口传统功能即装卸能力提升较快、港口延伸功能则拓展不足，面临转型发展的关键时期。应从全局上摸清家底、合理布局、优化结构、把握趋势、引导建设；在推进市场化改革发展上，多元参与、整合提升、适度竞争。

一、我国沿海港口发展现状与评价

改革开放以来，我国沿海港口不论是基础设施还是完成的吞吐量都称得上港口大国。2012 年完成的人均吞吐量达到近 8 吨，超过许多欧洲发达国家，与美国基本持平。

（一）发展历程

我国沿海港口的发展与改革开放密切相关。改革开放以来，沿海港口完成的吞吐量年均 10.8%，同时我国外贸进出口总额的增长速度为 13.6%，比值为 0.8，具有高度相关性。同时，改革的力度也彰显发展的速度，1978—1984 年为冲破计划经济禁忌阶段；1984—1996 年为市场化改革起步阶段，以港口下放地方属地化管理、政企分开为主要特征；1996 年至今为市场化改革推进阶段，以多元化建设和管理，建立和完善现代企业制度为主要特征。

（二）发展规模

截止到 2012 年底，我国沿海港口拥有生产用码头泊位 5623 个，比 1978 年增加 18.1 倍。其中，万吨级及以上泊位 1517 个（10 万吨级以上 232 个）。2012 年，沿海港口吞吐量达 68.8 亿吨，比 1978 年增长 34.5 倍。其中，煤炭装船7.4亿吨、接卸进口原油2.5亿吨、接卸进口铁矿石7.2亿吨、集装箱吞吐量1.6亿标准箱。沿海港口中，货物吞吐量超过亿吨的港口达到19个；集装箱吞吐量超过100万标准箱的港口达到18个。

（三）发展评价

（1）支撑和带动了我国经济社会健康快速发展。港口和港口区域是我国经济腾飞的最初也是最强有力的引擎。据有关研究，2010年天津港口经济活动创造增加值约为853亿元，占天津市地区生产总值的9.4%，港口直接经济贡献占滨海新区地区生产总值的17%。直接、间接、诱发经济贡献的比值为1:0.68:1.18。

（2）是交通运输业内市场化程度最高、发展最健康和活力的行业。20世纪90年代以来，在政府性资金不再投入码头等经营设施的情况下，外资、民间资本大量进入港口建设领域，实现了投资主体多元化，从我国17家上市的港口企业经营状况来看，近5年经营状况相对稳定，整体处于盈利的状态，而且大多盈利水平逐年上涨。

（3）港口传统装卸业务向现代衍生业务不断拓展，泊位大型化、专业化、系统性功能不断完善。

总体来看，港口运力已开始超过运量需求，结构性矛盾依然存在。同时，局部地区港口建设显现人为超前的苗头与现象。

（四）港口的代际划分

港口代际划分最早始于1994年联合国贸易与发展会议（UNCTAD）。根据港口发展阶段和特征，对港口代际划分为三代。1999年，UNCTAD在港口民营化、码头公司国际化的背景下，在之前代际划分的基础上提出了“第四代港口”的概念。前三代港口的代际主要依据港口功能丰富程度不同进行了区分，而第四代港口与前三代港口最大的区别则在于“港城分离”和“网络化”。有关四代港口的特征对比（见表1）。

表1　港口代际的划分及特征

代际	大致年代	特　　征
第一代	1950年以前	海运换装点：货物装卸中转、临时存放和保管
第二代	1950—1980年	在第一代港口功能的基础上，增加了工业、商业服务活动，港口成为加工和服务的中心

续表1

代际	大致年代	特　征
第三代	1980—2000年	在前二代港口功能基础上建设港口社区，强化港口与所在城市及港口用户间的联系，提供许多超出港区范围的服务，整合信息资源并提供服务。港口成为物流平台
第四代	2000年以后	通过同一运营商或同一个管理机构连接在一起，地理上相互分离的港口网络

根据UNCTAD对港口代际的定义，我国沿海主要港口大多已经成为第二代港口，并将随周边产业的发展而不断成熟。与此同时，上海、天津、大连等港口通过保税区、保税物流园区、保税港区、航运交易市场以及电子口岸的建设，物流配送和资源配置能力不断增强，初步具备了第三代港口的雏形。其中，诸如上海、天津等大型港口的经营，通过“走出去”战略大力构建港口服务网络、延伸港口服务范围，具备了一定程度上第四代港口特点。尽管如此，我国港口传统功能即装卸能力提升较快，而港口的延伸功能则拓展不足。

二、我国沿海港口发展面临的新形势新要求

（一）步入工业化后期，货运需求增速趋缓

随着我国改革开放的深入和加入WTO以及工业化进程的加快，我国大宗原材料需求膨胀以及集装箱适箱货量迅速增加（见表2）。根据钱纳里和赛尔奎的方法判断，我国将步入工业化后期，货物运输需求特征是增速明显减缓，运输质量要求提升。我国经济社会发展中目前也面临着环境污染、冶金炼化等行业产能过剩等现实问题。可以预见，进口铁矿石已接近峰值；原油进口量会平稳增长；进口煤炭与北煤南运是替代关系，考虑铁路直达及高压输电的影响，其总量将缓慢增长；集装箱海运量受产业升级和转移以及向西开放的影响，若适箱货种没有大的变化，其吞吐量也已接近峰值，若集装箱铁海联运取得突破则将迎来新一波增长。

表 2　我国大宗原材料需求相关情况

	单位	2000 年	2012 年	增长倍数
铁矿石进口量	亿吨	0.6	7.2	11
原油进口量	亿吨	0.63	2.51	3
煤炭进口量	亿吨	0.232	2.92	125
北方港口煤炭下水量	亿吨	1.3	6.1	4
集装箱吞吐量	亿标准箱	0.21	1.6	7.5

（二）新型城镇化步伐加快，港口要发挥“以港兴城”的作用

改革开放以来尤其步入新世纪，我国新开了许多港区或港点，毗邻后方冠其名曰海港开发区、新区、工业区等，零零总总有近百个，但大多是港区开发风生水起，园区产值节节攀升，而集聚人口少得可怜。港口带动产业，产业带动就业，才是符合以人为核心的新型城镇化目标。应拆除港城互动的制度性樊篱，以港兴城、以城促港、港城互动、港城共荣。新开港点和港区要以服务临港产业和带动自身城市发展为目标，动辄定位枢纽港的发展目标，将脱离实际发展的需要。

（三）港口自身发展转型升级的要求，从做大到做强

目前我国已发展成为港口大国，以完成的货物吞吐量衡量，世界前十名中我国占据八位；以完成的海运集装箱吞吐量衡量，世界前十名中我国占了六位。据测算，我国单位吞吐量的经济贡献率在 200—400 元/吨，不及香港的 1/3、新加坡的 1/4、伦敦的 1/5。我国港口吞吐量大但对经济的贡献率偏低。港口要从做大到做强，就是不仅追求港口功能完善，更要做出港口特色；不仅港口自身有良好的财务盈利能力，更要带动产业链的延伸和腹地经济的健康发展。

三、我国沿海港口转型发展的思路与建议

（一）加强宏观调控

1. 摸清家底，心中有数

摸清家底心中有数是宏观调控的基础。虽然台账很清楚，但始终存在对

港口设计通过能力和实际完成能力的不同看法，往往出现码头实际完成的吞吐量超过设计通过能力的 50% 以上甚至翻番。主要原因有三：一是拼设备拼人力；二是装卸货种的改变（主要是件杂货改为干散货）；三是技术改造后设计能力未及时调整。用设计通过能力衡量和评价港口是科学合理的，关键是要取得客观实际的数据，提高数据的严肃性和权威性。实际完成的吞吐量超过设计能力也从另一侧面说明需求的旺盛。

2. 合理布局，优化结构

合理布局优化结构是宏观调控的目标。按照主体功能区战略要求，与区域经济发展和城镇化格局、资源分布和产业布局等要求相适应，合理布局不同区域、不同层次的港口体系；因地制宜，顺应船舶大型化趋势，发挥大中小泊位的优势，优化码头结构，促进各类港口协调发展。重视锚地资源紧张和后方集疏运通道瓶颈以及海洋自循环功能退化等问题。我国岸线资源利用依然粗放，岸线利用矛盾严重，要通过统筹规划、提高标准、优化设计等一揽子手段去解决。目前一些地方港口功能定位动辄就是国际综合大港，泊位等级不顾自身条件盲目攀比。功能雷同，腹地交叉严重，服务和维护成本大幅提升，造成同质化和低水平竞争。我国枢纽港布局已基本完成，要发展特色鲜明、规模适度、为临港产业发展服务的港点和港区，做到小港口带动大产业。枢纽港则要延伸和拓展港口功能。

3. 把握趋势，引导建设

把握趋势引导建设是宏观调控的手段。要对行业内和相关行业及地方政府定期发布形势分析报告，发行年度白皮书，指出发展方向，提示风险预警，不是“控制重复”而是“避免盲目”；研究制定发展规划和建设规划，国家、省、市的规划各有侧重，但要协调和衔接，要有弹性和刚性的控制指标，强化规划的权威性和指导性。要应用先进适用技术，采用封闭运输和储存，减少作业环节，发展专业化泊位，提倡集装箱运输和管道管廊化集疏运，提高装卸效率。随着我国电力、石化、冶金等行业其产业结构调整和布局优化，继续完善和优化煤炭、原油、铁矿石、集装箱等几大港口运输系统，在运输供应环节确保国家经济运行安全。

（二）深化市场化发展改革

1. 多元参与

多元参与是深化市场化发展改革的基础。目前我国港口参与建设的主体有地方政府、央企国企、大型民营企业以及外资的进入，参与主体是多元的，市场化程度较高，但也有跑马圈地和盲目跟进的情况，尽管有不同的声音，但市场开放是最重要的，开放才能搞活，开放才能破除垄断。

2. 整合提升

整合提升是深化市场化发展改革的目标。现代港口业是资金、技术以及经营经验都要求较高的行业，市场进入门槛客观上就要求较高。市场开放为参与主体的多元化创造了条件，同时也鼓励充分竞争。要以资本为纽带，资源整合为方向，鼓励跨所有制、跨区域联合与重组，打破地域范围和企业界限，提高防范风险的能力和经营效益。

3. 适度竞争

适度竞争是深化市场化发展改革的手段。竞争有利于提高效率和效益，竞争有利于优胜劣汰。要减少行政垄断，减少行政干预。适度竞争，关键是这个“度”，要研究和创新观测和衡量的指标，不要产需平衡的计划经济思想，摒弃静态平衡的观念。适度竞争造成创造性的迸发所带来的“价值剩余”要比适度竞争造成能力剩余所带来的“损失”大得多。

（本文原载《调查研究建议》2014 年第 11 期）

交通发展和改革：机制、问题及方向

李玉涛

内容提要

当前深化交通体制改革，首先要厘清发展转型与体制改革的基本关系。这就需要转变交通运输业的发展思路，摒弃高投资、高运量的政策导向，降低经济社会对交通运输的过度依赖，进而通过全方位、市场化的体制改革推动发展方式的转变。

党的十八大以来，改革的紧迫性与关注度剧增。交通体制改革面临着政企分开、价格、债务、节能减排等诸多难题。从深层次看，大多改革任务的难点、重点都源于发展与改革之间关系如何协调。因此，如何识别交通发展的基本问题、重大问题，就成为当前交通体制改革顶层设计的关键。

一、改革是交通发展的基本动力

科学发展主题与加快转变发展方式主线清晰，内涵丰富。发展和发展方式是相对于增长和增长方式而言的。在交通行业的政策中，发展往往会聚焦到基础设施建设和运输能力提高上。在过去的20多年里，我国交通实现了跨越式发展，基础设施里程规模和运输量得到较大提升。从制度角度理解所取得的交通发展成就，行业内外皆有原因。

从外因看，改革开放是交通发展的基本动力。改革开放带来了经济的快速增长，产生的交通需求带动着行业高速发展。同时，经济增长也从根本上缓解了交通发展的资金瓶颈。在1998年和2008年两次国际金融危机中，交通行业抓住了国家利用基础设施建设提高投资需求的历史性机遇，实现了加快发展。

从内因看，交通行业主导制定了一系列促进发展的特殊政策。公路发展有赖于早期实施的收费还贷、开征车辆购置附加费、提高养路费标准政策。其他运输方式也分别实施了铁路建设基金、民航发展基金、港口建设费等相应的促进政策。同时，各种运输方式在发展过程中都不同程度地采取了向地方分权的改革。公路建设坚持以地方为主，港口、机场实施了属地化管理，铁路行业推出了“部省合作”。权力的下放，极大调动了地方政府投资基础设施建设的积极性，开启了各种交通方式竞相发展的热潮。

各种运输方式构成的交通网络扩展，也为今后更长远的经济社会发展提供了必要的基础设施保障。

二、交通政策规划存在明显的“重发展、轻改革”倾向

“科学规划、引领发展”，交通发展和交通主管部门推进的工作往往是通过规划来表达和实现的。交通发展长远规划的指引，是交通大发展的重要动因。通过解读交通规划文本，可以大致理解交通行业的发展与改革思路。

从最初的基础设施建设布局规划，到现在的运输服务规划，直至各种专项规划，交通规划重在体现发展的技术逻辑。相反，政策和体制等内容则基本处于交通规划报告的末尾，单向地服从于能力提高的发展要求。也就是说，交通规划大多从技术角度来论证发展的科学性，再据此对体制改革提出要求。改革本身则缺少一以贯之的制度逻辑且外生于发展的科学体系。这种现象所带来的深层问题是：交通主管部门依赖行政力量和计划手段来主导发展，忽视、轻视市场机制和公众参与的作用。

目前大交通运输部改革事项属于行政管理体制改革范畴，探讨交通管理体制多是从无缝衔接、零换乘这样的技术逻辑上来寻求合理体制模式。这种技术专业性的语言概念和思维模式，使得交通行业的改革情况难以被社会理解认知，甚至交通行业自身都难以准确掌握和表述。

深化交通投融资体制改革是目前交通运输部面临的另一项重要任务。近两年，以设立铁路发展基金、铁路运价改革为代表的铁路投融资体制改革广受关注。按照目前的常规理解，投融资体制改革面临的问题就是解决基础设施建设发展的资金保障问题。但是资金是不是投放到有效率的项目上，似乎没人关注。事实上，把投融资定位于为建设筹集资金的狭隘认识，容易助长过度投资和错误投资的激励扭曲。

相反，公众关注的工程腐败、雾霾天气、收费困境、债务问题等，并未进入交通发展与体制改革的主流政策议程。这些问题显然都没有同目前交通

部门推进的改革任务结合起来，也无法改变交通的发展逻辑与发展目标。

过去的交通改革，促进了交通大发展。今天交通行业重启改革，面临的核心任务依然是如何正确处理改革与发展的关系，所不同的是经过大发展之后的行业基础发生了巨变。我们既要看到里程规模增长的成就，也不能忽视收费公路、铁路改革等各种矛盾和难题。处理好交通改革与发展关系，不仅仅是对决策层的考验，更是理论工作者亟须破解的研究课题。

三、调整行业定位及导向是发展主题主线的必然要求

如果把改革定位于完善发展的制度激励，那么深化交通改革就必须先明确交通转型的方向。

长期以来，国内交通政策规划的出发点是基础性、公益性。但是，不可否认运输服务和基础设施供给都要消耗资源、能源，并产生多种负外部性。交通建设是经济发展的引擎，但是过度超前带来的债务也蕴含着极大的财政金融风险。转变交通发展方式，需要对行业有一个客观的定位并建立合理的目标导向，使之从根本上符合科学发展主题与加快转变发展方式主线的要求。

几乎与我国改革开放同期，欧美国家开始反思交通发展在环境破坏和经济利益非公平分配方面的教训。在理论研究与实践认识的互动推进下，西方交通政策规划发生了重要的范式转变，从过去单纯强调满足需求，转而从经济、社会和环境的多维视角来看待交通发展。这给我们理解转变交通发展方式与深化改革提供了重要的思想源泉和实践基础。

国内的低碳交通政策目标旨在不影响交通发展的前提下通过投资补贴鼓励技术创新，以提高运输能效、节约土地资源。实证研究表明，技术手段的节能减排效果，同交通发展和运输量增长所引致的能耗排放相比，根本不在一个数量级别上。如果不对运输需求进行管理调控，通过技术手段所做出的努力会迅速被机动化和交通量的增长所淹没。显然，追求高投资、高运量的政策导向是不符合科学发展主题、转变发展方式主线和生态文明建设要求的。

转变发展方式就要降低经济发展对资源、能源的依赖，而交通运输业恰恰是资源占用、能源消耗、环境影响的大户。从长期来看，基础设施规模的扩大必然导致运输量的上升，加剧经济社会发展对交通运输业的依赖。因此，转变交通发展方式，不能仅仅定位于交通运输业内部的运输效率提高，更要从降低经济增长对运输的依赖角度来研究制定策略。

交通行业要真正落实发展主题主线要求，需要从根本上改变交通发展的

基本目标导向。单位 GDP 能耗和排放是衡量经济增长与资源环境的协调性、实现可持续发展的综合目标。交通网络的扩张会引致运输量的激增，所产生的资源、能源消耗和环境影响，与单位 GDP 能耗和排放目标的实现相矛盾。因此，转变交通发展方式，可从经济社会全局出发，以单位 GDP 运输量取代投资里程规模和运输量来考核交通运输的整体绩效。指标值越低，说明经济发展对运输的依赖越小，从而越有利于生态文明建设。这样的意义在于，它可以使交通运输业在促增长、降消耗等相互冲突的目标之间取得总体上的平衡。通过进一步分解指标、细化政策，既保持了传统运输业内部通过技术创新提高能效、降低物耗的激励，又可以促进从经济社会整体上引导社会各行业降低物流、运输成本，减少交通需求。

四、深化交通体制改革的基本原则思路

体制改革不是独立于科学发展之外的。交通运输业按照发展主题主线要求，更新明确了行业基本定位和目标导向后，其改革目标应定位于为加快转变交通发展方式创造更多激励。深化交通体制改革，需在以下基本原则上取得共识。

1. 深化交通体制改革，应改变单纯满足需求的发展逻辑

目前以满足运输需求为目标原则的交通政策规划，很少从社会经济系统的更大范围对运输需求进行管理调控，在一定程度上等同于交通部门自身在交通运力、设备与服务的供给。过分强调某一需求并不利于人民综合生活水平的提高。因此，只有把交通发展置于更大的经济社会背景下考虑供求关系，相应的体制改革才能找准方向。

2. 深化交通体制改革，应理性看待改革与发展之间的辩证关系

现在的发展成就，是过去的改革红利。同样，现在的问题成因，也可能是前期某些环节的改革不到位、制度不完善，抑或是政策体制已难以适应今天的发展形势所形成。解决问题，就要根据发展形势来调整发展政策、推进体制改革。当前的改革也许并不能够立即解决眼前的发展问题，甚至短期内可能影响发展。但是只要把这种短期影响控制在社会稳定可接受范围内，今天的改革一样可以为未来的长期发展创造制度红利。这个道理不仅适用于经济社会整体，同样适用于投融资、运价机制、铁路政企分开等交通体制改革。

3. 深化交通体制改革，应夯实相应的理论基础

当公共决策放弃制度改革而采用单纯的技术路线时，技术很容易丧失客

观独立性。改革需要的知识基础不能局限于发展的技术逻辑，更要强调经济学、政治学等社会科学与行业技术特征的结合。当前交通理论和政策研究工作的一项重要任务是，把相互关联却分散在各学科中的碎片化知识整合起来，构建交通体制改革的理论体系，以指导改革实践。

4. 深化交通体制改革，关键是正确处理政府与市场的关系

政府主导的交通发展强调技术进步，对制度基础缺乏足够重视。交通市场化改革的根本问题在于，交通发展如何体现市场规律、遵循市场规则，实现技术与制度的统一。价格是一种平衡制约机制，合理定价既能为发展提供资金，同时又能够合理引导需求、促进有效竞争。如果不解决发展的软预算约束问题，价格机制就很难真正发挥作用。不论基础设施，还是运输服务，其价格都应按照资源价格改革的要求，发挥对加快转变经济发展方式的促进作用。民营化并不是解决交通问题的灵丹妙药，期望通过引入私人投资来解决融资问题不完全现实。民营化比融资贡献的更重要之处在于可以促进政府自身的绩效管理改革。因此，设计出以市场为导向的制度结构，以便私人投资者参与并促进政府改善管理，从整体上提升运输效率和服务质量，才是民营化改革的实质。

5. 深化交通体制改革，应以提高运输效率为出发点

运输效率包含了技术效率与经济效率两个方面。近年来的交通政策规划，其实质都是在行业内部的技术角度来寻求提高运输效率，相当大的程度上忽视了从制度层面考量资源配置的经济效率。特别是政府以技术规划方式主导的各种运输方式发展，牺牲了竞争性市场应有的激励作用。交通行业要实现发展与改革工作的统筹，必须把技术效率与经济效率结合起来。

6. 深化交通体制改革，需正确处理宏观调控与微观监管之间的关系

市场经济首先是法治经济。要发挥市场在资源配置中的决定性作用，关键是正确处理好宏观调控与微观监管的关系，宏观政策不能损害微观规则。政企分开迈出了铁路改革的重要一步，但是更为困难的是相应的经济性监管。因为价格等经济手段的运用是处理铁路改革与发展的核心内容。铁路债务、收费公路债务等交通债务的处理，也需按照市场化方向改革。

（本文原载《调查研究建议》2014 年第 28 期）

房地产市场风险对金融系统的影响

任荣荣　李泽正

内容提要

初步估计，目前银行系统和信托公司投向房地产的资金规模约为21万亿元，房地产企业资金来源中六成以上来自于银行。研究认为，目前银行传统业务的房地产信贷质量总体较好；房地产信托风险的影响总体可控；通过券商、基金子公司流向房地产的银行表外业务是高风险区，且券商、基金子公司的资管项目年底将迎来兑付高峰。整体上看，要警惕房地产贷款抵押物价值大面积缩水从而难以变现和刚性兑付带来的局部性金融风险。

一、房地产信贷状况

（一）房地产企业资金中60%以上来自于银行

银行资金进入房地产企业和项目的渠道主要包括直接贷款、个人按揭贷款、各项应付款中的银行贷款、银行表外通道业务等。2013年，房地产企业资金来源中，银行直接贷款和个人按揭贷款占比分别为14.1%和11.5%；房地产企业各项应付款中60%左右是施工单位和供货商通过各种途径获取的银行贷款，由此计算得出各项应付款中的银行贷款在房地产企业资金来源中占比为10.5%；银行借助信托、券商、基金子公司投向房地产行业的资金约为2.92万亿元，占房地产企业全部资金来源的24%。上述各项合计，房地产企业资金来源中有60.1%的资金来自于银行（见图1）。

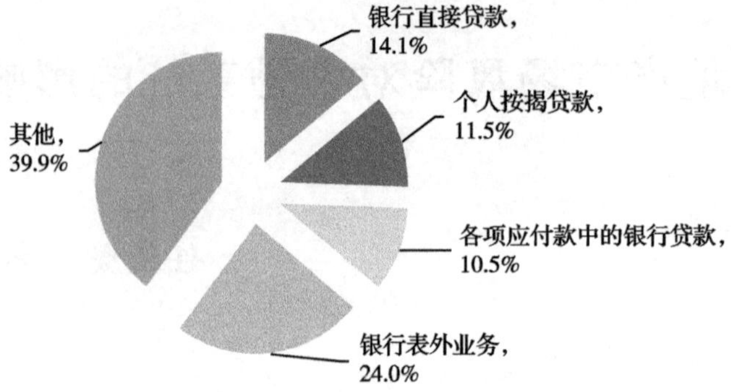

图1 2013年房地产企业资金来源中银行资金占比

资料来源：国家统计局，中国信托业协会，中国证券业协会，中国基金报。

（二）房地产信托经历快速增长后趋于稳定

2010年信贷政策收紧以来，银行直接贷款在房地产企业资金来源中的占比由18%左右下降至14%左右。与此同时，信托业投向房地产的资金规模快速增加。2010年和2011年房地产信托发行规模分别达到2000亿元和3139亿元，分别比上年增长335%和57%。2011年下半年以来，银监会加强房地产信托业务监管。2012年房地产信托发行规模下降30%，回落至2010年的水平。2013年房地产信托发行规模回升，达到4000亿元。从房地产信托规模在房地产企业资金来源中占比来看，2011年该占比达到峰值3.7%。随着监管部门思路的调整，房地产信托的发展将趋于稳定。

（三）银行表外房地产业务规模急剧膨胀

随着房地产信托业务监管的加强，银行以券商、基金子公司为通道的表外业务规模急剧膨胀。2012年四季度以来，券商、基金资管业务井喷式发展。券商资管规模由2011年的2818.68亿元增加到2013年底的5.2万亿元。据统计，券商资管业务中，90%以上为定向资管。根据2014年新发产品统计，我们估计投向房地产的业务占比为63%。由此估算，2013年银行通过券商定向资管流入房地产企业的资金规模至少为1.9万亿元。

基金子公司业务起步于2012年底。截止到2014年一季度，基金子公司资产管理规模从零增至1.38万亿元，其中90%以上为银行通道类业务。根据基金子公司专业人员的估计，这些业务中80%以上是银行借助基金子公司的通道将资金投向房地产。由此估算，2013年银行通过基金子公司投向房地产的资金约为 0.88 万亿元。

2012 年和 2013 年，银行借助券商资管、基金子公司投向房地产的表外业务规模分别约为 0.9 万亿元和 2.78 万亿元，分别占同期房地产企业资金来源的 9.4% 和 22.8%。2013 年，房地产企业银行表外融资规模已超过银行表内开发贷款。

（四）目前银行系统投向房地产的资金规模接近20万亿元，信托公司投向房地产的资金规模约1万亿元

截至 2014 年一季度，银行表内房地产贷款余额为 15.42 万亿元；券商和基金公司资管规模分别为 6 万亿元和 1.38 万亿元。按照上述方法估算，银行借助券商、基金子公司的表外房地产融资规模约为 4.4 万亿元。综合表内和表外业务，估计目前银行系统投向房地产的资金规模约为 19.82 万亿元，占银行业总资产规模的 12.7%，相当于银行全部贷款余额的 25%。

截至 2014 年一季度，信托行业资金规模达到 11.08 万亿元。其中，投向房地产的资金信托规模为 1.15 万亿元，占比为 10.4%。资金信托投向房地产行业比例在 2011 年三季度达到 17.24% 的峰值，之后明显下降并稳定在 10% 左右。

二、房地产市场风险向金融系统的主要传导途径

房价大幅下降主要通过三个渠道影响金融系统（见图 2）。

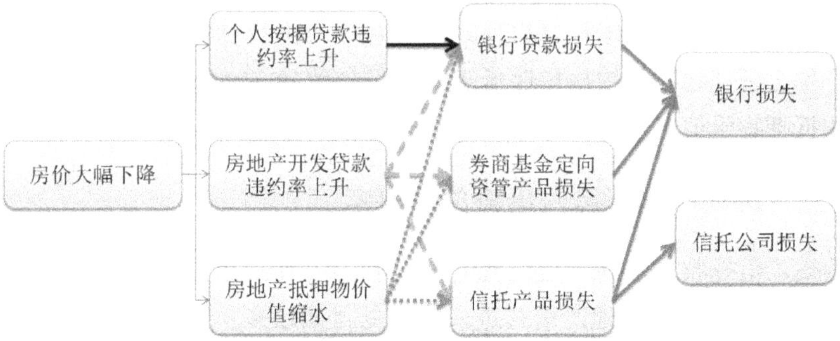

图 2　房地产市场风险向金融系统的主要传导路径

一是个人按揭贷款渠道。个人按揭贷款一般由商业银行提供。房价大幅下跌将提升购房者还款的机会成本，促使贷款的违约率上升，并最终导致银

行贷款和银行损失。

二是房地产开发贷款渠道。房价大幅下跌会提高开发贷款的违约率，严重时出现房地产开发贷款违约。房地产开发贷款不仅来自于银行，还包括信托产品和券商基金定向资管产品的投入，因此房地产开发贷款的违约将引起这三类金融产品的损失。

三是房地产抵押物价值缩水渠道。房地产抵押物价值的缩水将影响相关贷款的违约率，并对银行贷款、券商基金定向资管产品以及信托产品造成损失，最终使银行和信托公司发生损失。

三、房地产市场风险对金融系统影响的总体判断

（一）银行传统业务的房地产信贷质量总体较好

（1）居民部门负债率低，个人按揭贷款质量较好。截至 2014 年一季度，银行表内房地产贷款余额中个人按揭贷款占比为 68%，这部分贷款的不良率仅为 0.26%，贷款质量较好。而且，目前居民部门负债率总体较低，居民按揭贷款余额仅相当于居民储蓄存款的 20%，远低于发达国家水平。

（2）房地产业不良贷款率低于全部行业平均水平。2013 年底，房地产业不良贷款额占商业银行全部不良贷款额的 3.6%，房地产业不良贷款率为 0.48%，远低于全部行业 1% 的平均水平。

（3）商业银行发放抵押贷款时将贷款价值比控制在较低水平，降低了抵押物价值缩水的影响。银行对房地产企业和项目进行贷款时几乎都拥有房产或地产作为抵押物，且往往按照低于其市场价值的 30%—50% 进行估价，因此，由抵押物价值缩水导致银行发生严重损失的可能性较小。

（二）房地产信托风险影响总体可控

房地产信托收益率高，是信托公司盈利的主要来源，也是信托兑付风险的高发领域。2012 年房地产信托进入密集兑付期以来，个案信托项目风险事件时有发生，引发了社会对信托业系统性风险的担忧。我们认为，房地产信托风险影响总体可控，不会引发信托业系统性风险。一是房地产信托资金对开发企业影响有限，在房地产企业资金来源中占比不到 4%。二是房地产信托在整个信托行业中占比不高，截至 2014 年一季度，房地产信托余额在全部资

金信托中占比为10.4%，比2011年三季度的高峰下降了6.84个百分点。三是信托公司在投资房地产项目时的“432”资质标准（四证齐全、30%以上自有资金、二级及以上资质），提高了其抗风险能力。

（三）通过券商、基金子公司流向房地产的银行表外业务是高风险区

2012年以来，银行通过信券商和基金子公司投向房地产行业的资金急剧增加，并在2013年超过银行表内贷款规模。从存量角度看，截至2014年一季度，银行借助券商、基金子公司的房地产表外融资规模达到4.4万亿元，仅次于银行表内房地产开发贷款余额（4.9万亿元）。通过券商、基金子公司流向房地产的银行表外业务，是当前房地产市场风险向金融系统传导的高风险区。一是与银行传统业务相比，券商、基金子公司的资管计划受政策限制较少，而且没有风险准备金和净资本充足率的约束，抗风险能力较低。二是多数资金在2013年房地产市场高位集中进入房地产企业和项目，加大了市场调整引发资金损失的风险。

（四）总体判断：发生系统性金融风险的可能性不大

尽管大量资金通过各种渠道进入房地产领域，但现阶段由房地产市场调整引发的金融风险总体可控，判断依据如下。一是目前银行投向房地产领域的资金中，占比接近80%的表内直接贷款质量总体较好，且直接贷款受到外部监管和内部风控的双重影响，对风险具有较强的抵抗力。二是自2010年以来国家层面出台一系列防范房地产风险管理的措施，在近几年房价高峰时期进入房地产项目贷款的资金占比不高，2013年银行新增房地产贷款在房地产贷款余额中占比为16%，比2009年高峰时下降了11.3个百分点。三是目前我国银行仍然属于垄断性行业，进入门槛较高，无论是显性的资本金还是隐形的可动用资产较多，行业整体抗风险能力较强，此外，资源性垄断也造就了目前我国银行业的市场垄断，除银行外，居民可选择的资金资产储存和投资渠道较少，只能将大部分资产和资金投入银行尤其是国有大型商业银行，从而在一定程度上降低了银行尤其是大型银行的挤兑风险。

整体上看，现阶段房地产市场调整引发系统性金融风险的可能性较低。但要警惕抵押物价值大面积缩水从而难以变现和隐性刚性兑付的双重影响下，可能发生的局部金融风险。

四、政策建议

（一）加强对银行借助券商、基金子公司通道业务的监管

券商、基金子公司的资管项目是银行表外业务流向房地产行业的主要渠道。这部分业务监管力度相对较弱，且短期内急剧增长，积累了较高的风险。券商、基金子公司的资管项目是从2012年底快速发展起来的，2014年底将迎来兑付高峰。建议继续关注银行表外业务的发展趋势，重点加强对银行借助券商、基金子公司通道业务的监管，防范房地产市场调整对银行表外通道业务的冲击。

（二）完善金融机构理财业务兑付机制

我国金融市场制度的不完善，再加上一些金融机构在销售产品时为追求业绩，对投资者进行了误导，使得产品发生损失时，投资者要求金融机构承担损失。据此，建议完善银行理财、信托理财等中间理财业务的兑付机制，加强投资者理财产品投资的宣传和培训，规范相关金融机构的理财业务操作流程，打破刚性兑付，消除因刚性兑付带来风险向金融机构的转移。

（三）提高抵押物处置效率

从我们对温州和鄂尔多斯房地产金融风险的调研情况来看，抵押物处置效率是影响银行不良贷款率的一个重要方面。建议改善房地产抵押物变现机制，增加抵押物交易机制和变现渠道，降低抵押物变现过程中的成本，提高抵押物拍卖成功率。如采取灵活的拍卖降价幅度，减免抵押物处置过程中的相关税费。

（本文原载《调查研究建议》2014年第104期）

严加防范房地产风险引发地方债危机

林勇明

内容提要

从系统性风险的角度看，我国短期内发生系统性风险的可能性不大，但房地产与地方债风险的治理会在经济体内可能留下一定的后遗症，长期性风险仍不容小觑。基于此，防范房地产与地方债风险相互作用而引发系统性风险，应为我们的主要应对之策。

一、房地产风险引发地方债务危机的具体路径

（一）土地财政让地方政府成为重要的风险传导主体

由于我国地方政府在其资产负债表中拥有较高的土地资产比率及其土地资产上与房地产、下与金融机构的高关联性，在分析房地产风险对宏观经济的传导机制时，与别的国家不同，我国地方政府，是一个很重要的需要加以详细分析的风险传导主体。房地产市场风险显然会加剧我国的地方债风险，而房地产市场下行幅度越大，房地产相关收入在地方政府总的资产——收入中所占的比重越高，这种影响也就越大。

地方债务本应依赖未来长期的常规财政收入增长（“可再生财源”），而不是当下的可集中提取、使用的非常规收入（“不可再生财源”）。地方财政与融资的“土地财政化”会在经济与房地产周期的上升期推高房价，而在下降期放大其金融风险。

（二）某一地方政府陷入债务危机的临界条件

地方政府偿债一般来说有两个来源：财政收入与再融资。作为一独立财务主体，不出现债务违约的前提条件是：当期财政收入＋可举债规模≥当期

财政支出+待偿债规模。也就是说，地方政府自主机动财力——收入减去支出后的财政盈余，再加上能借来的新债，要大于已到期的债务。

从现实情况看，这几年地方政府没有出现较大范围的违约，正是因为地方融资平台仍继续得到了银行系统表外业务源源不断的“输血”。“借新还旧”能帮地方政府度过流动性风险，银行也得以自救。但是，伴随房地产市场下行程度的加大，这一再融资操作空间将会不断收缩。

（三）“泡沫”风险演变的两种可能

从国际上看，房地产泡沫与地方债务风险会演化出什么样的后果，一是要看泡沫有多大，二还要看泡沫（风险）是一下破了，还是能被逐渐缓慢稀释了。从政府债务来看，风险的骤然爆发，往往伴随国际金融外部环境的变化而导致其再融资难以为继。因此，当债务结构中外债所占比率较大时，一个经济体的抗债务风险能力要小于内债为主的结构。而从房地产泡沫来看，国际资本“兴风作浪”导致大量资金的撤出，往往会加速泡沫的破裂。

我国的房地产泡沫程度与地方债务风险度，已不容忽视。目前我国的政府债务主要是内债。在一般情况下，地方政府获得再融资较容易。同时，我国的资本项目管制也起着十分重要的防止外部冲击的风险阻隔与减压器的作用。因此，如果并未发生全面性的房地产泡沫，宏观基本面的下行若仍在合理区间内，这时通过温和的刺激政策，以及多种再融资手段的运用，是有助于我国房地产风险与地方债风险以缓慢稀释的方式得到逐步缓解与解决的。

（四）两种房地产风险对应着两种不同程度的地方债风险

从相关国家的经验看，房地产风险可分成两类。一是过度繁荣后的投资量持续回落（如韩国20世纪90年代初）。二是房地产泡沫的破裂，房价大幅下跌，投资量与交易量全面萎缩（如日本、香港地区的泡沫破裂）。因此，我们也需要对这两种风险所对应的地方政府债务风险及其影响路径、影响程度，并分别做出判断分析。

一般而言，房地产市场下行会对地方政府财政产生三方面的影响，即导致土地出让收入、房地产及相关产业税收以及新增融资的下降。第一种风险主要影响前两者，而第二种风险对三方面都有显著影响。

（1）第一种风险的传导。如果发生房地产投资量下行风险，地方政府的财政收入将会受到影响，进而其机动财力与还款能力也将受到影响，主要是因为房地产投资量下降，市场对土地需求减少，导致地方政府的土地出让收入、房地产相关税费减少，同时，房地产投资具有的前后关联效应，也会在一定程度上导致其他行业的相关税收有所下降。

（2）第二种风险的传导。如果发生房地产泡沫破裂风险，首先，与第一种风险一样，地方政府的财政收入、机动财力与还款能力都将受到影响，但其影响程度会更大。其次，这种风险将影响金融系统的不良贷款率与流动性，进而影响地方政府的再融资。因此，与第一种风险相比，引发地方债务违约风险的可能性要大许多。因此，我们应重点考察第二种风险的传导与后果：

如果出现房地产泡沫破裂风险，金融系统在不良贷款大量增加的情况下，还要面对不少地方政府违约的压力，地方政府获得贷款展期的可能性会下降，地方政府再借新债的成本与难度也将加大。如果出现再融资困难，第二种房地产风险将很有可能导致地方政府实际违约率大幅度上升，由此引发较严重的地方债危机。房地产泡沫破裂，伴随较高的地方债违约率，这两种风险叠加在一起，金融系统的"安全线"很可能就会被突破。

二、对当前与未来风险的总体判断

（一）判断爆发系统性风险的衡量指标与方法

（1）从短期内能否防止泡沫破裂来看。就中央政府防范系统性风险的干预空间与能力而言，我们可以大致分出有以下三种不同的风险变量组合——它们分别是：强泡沫压力对应弱干预能力的组合、强泡沫压力对应强干预能力的组合、弱泡沫压力对应强干预能力的组合。

风险变量组合之一。第二种房地产风险 + 较严重的通货膨胀 + 国家资产负债率已在高位。这是强泡沫压力对应弱干预能力的组合，存在爆发系统性风险的可能性很高。

风险变量组合之二。第二种房地产风险 + 温和的通货膨胀 + 国家总体资产负债率仍在可控范围内。这是强泡沫压力对应强干预能力的组合；存在爆发系统性风险的一定可能性，且风险治理会在经济体内留下比较大的后遗症。

风险变量组合之三。第一种房地产风险 + 温和的通货膨胀 + 国家总体资产负债率仍处在可控范围内。这是中等泡沫压力对应强干预能力的组合；爆发系统性风险的可能性不大，但风险治理会在经济体内留下一定程度的后遗症。

（2）从是否会演变成长期风险来看。即使中央政府采取了有力的干预而防止了泡沫的一时破裂，但这只是延缓了泡沫的发生时间，所积累的风险因素并不会自动消失，而是在时间（拉长风险释放的时间）与空间（不同部门之间）中形成了转移。整个经济要恢复健康的资产负债状态，还需在后续的时间里逐步修复各部门的资产负债表，将前期所形成的风险因素化解掉。如果一个经济体后续增长潜力不足，同时利率水平较高，这些风险因素将仍留存在经济体中，且可能越积越多，伴随中央政府干预空间的收窄，而最终就有可能爆发长期性的风险。我们知道，判断一个经济体债务长期风险的核心指标是 GDP 增速与利率之比。因此，从长期看，未来经济增长潜力与国民储蓄率是化解泡沫而不发生长期性风险的重要因素。

（3）结合长短期来看，当前的国家总体资产负债率与通货膨胀率，及未来长期内的经济增长潜力及国民储蓄率，是防止泡沫破裂并防止泡沫演变成长期系统性风险的重要衡量指标。1998 年前后我国政府成功处理银行系统风险的实际经验也证明了这一点。虽然当时银行不良贷款率较高，但因为那时房地产和地方债尚未积累足够风险，政府总体债务率并不高，且各级政府拥有着较多的土地资产，国家总体的资产负债率仍处在较健康的状态，在短期内，中央政府有着较大的干预空间；而在长期中，由于我国之后迎来了长达 10 年的经济高增长期，同期的高储蓄率也使利率水平明显低于 GDP 的增速，经济高增长带来了政府收入增加的大幅空间，因而，从银行部门转移到政府部门的泡沫风险，很快就被逐步化解掉了。后续经济增长潜力空间，是以未来财力稀释当前泡沫从而化解长短期风险的重要前提。

（二）对我国未来风险形势所做的判断

依据上述分析框架，结合对当前与未来主要风险变量的分析与预测，我们得出了以下三点判断结论：一是短期内发生系统性风险的可能性不大。二是房地产与地方债风险的治理会在经济体内留下一定的后遗症。三是长期性风险仍不容小觑。

（1）短期内发生系统性风险的可能性不大。从目前的情况看，目前我国第一种房地产风险已出现，但具备避免其向第二种风险转化的条件，各级政府特别是中央政府拥有很大规模的资产（2012 年，中央政府资产规模为 27.2 万亿元）是应对风险的重要保障。由于国家总体资产负债率仍在可控范围内，政府仍有较大的政策干预空间与化解局部风险能力。如果我国经济不出现严重的通货膨胀，货币与财政政策就没有只能紧缩的压力，那么，过度的紧缩而刺破泡沫的风险就能避免。综合判断，我国近期内的情况应基本属于上述所说的第三种风险变量组合。

（2）房地产与地方债风险的治理会在经济体内留下一定的后遗症。在防范第一种房地产风险向第二种房地产风险转化的过程中所采取的干预政策以及地方政府靠再融资稀释即期还款压力，都是会有副作用的，将在宏观经济体中留下一定的后遗症。这是稀释（或推延）当前风险的代价。

目前，部分地区已出现了房地产泡沫破裂与地方政府债务危机的症状。房地产与地方政府债务风险叠加，也已在较大程度上限制了中央政府宏观调控的操作空间，比如再遇到外部冲击、经济下滑时，不太敢使用大规模刺激政策了。

从全局看，房地产泡沫与地方债问题，即使并未“爆发”出来，也是“风险潜能”。对于整个经济体来说，中央政府的干预，并不是把风险因素去掉了，而是加以推延与转移。地方政府与金融系统降债务率的后果是：中央政府升债务率及通胀率。目前，中央还有加杠杆的空间，但这不是无限的。未来中央政府债务率的上升，将导致国家总体资产负债率的上升。所有这些都将增加或加剧宏观经济的潜在风险，使未来抗击进一步风险的能力降低，抗压空间缩小。

（3）长期性风险仍不容小觑。从国家总体资产负债水平、后续增长潜力及未来利率水平的角度，对比 1998 年，我国当前及未来面临的风险形势更为复杂。首先，房地产市场下行形势已显现。根据有关调查研究，全国 70 个城市里的 68 个城市土地市场交易量都在下降。与 1998 年相比，目前的风险也已不是单独一个部门的局部风险，而是各部门风险叠加在一起，且需要短期风险与长期风险共同来防范、治理，这对决策层采取正确应对策略的考验是十分严峻而富有挑战的。根据审计署最新普查的数据，政府整体债务占 GDP 的比率已经攀升至56%，意味着政府的干预空间已明显收窄了。而如果未来房地产形势持续向下，伴随其风险向多部门的传递，干预空间还将不断变窄。此外，其他几个重要的宏观经济变量，都有可能出现不利的变化。从中长期经济增长潜力看，房地产、基础设施投资与外贸出口几大增长动力源都在削弱其增长势头，经济增长率下台阶已难以避免，而居民部门的高储蓄在未来是否能继续维持，从而保证较低的利率水平？

因此，如果未来房地产市场持续下行，导致各部门的资产负债表总体上恶化，而在中长期，经济增长又不能实现内生性的复苏增长，且储蓄率下降与利率市场化等因素导致实际利率水平上升，而随着泡沫压力的趋于上升及干预能力的趋于下降，“风险组合”的形势也在“嬗变”之中，那么，我国经济爆发金融系统长期性风险的可能就会明显加大。

三、未来改革的主要政策导向

（一）从短期视角看需防止泡沫破裂

一是要围绕着稳定房价不急剧下跌以及保证地方政府适度的再融资，采取相关救市措施，关键是不要让多年积累的风险一下被刺破，以此“治标”之策为后续改革的“治本”赢得时间。

二是要建立风险在部门间传播的阻隔机制，如存款保险制度，防止金融风险过度向政府部门的转嫁；地方政府破产制度，防止债务风险过度向中央政府转移。

三是在泡沫稀释得差不多之前，要谨慎开放资本项目，避免资本外逃，减弱来自对外部门的风险冲击。

（二）打造地方投融资升级版，化解长期风险

防范长期性风险，关键是如何防范房地产风险与地方债风险最终演化为“中等收入陷阱”风险，实质是如何通过新一轮改革建立起能够保证经济增长长期可持续性的制度环境。

一是推进政府间财税体制改革。以此减少地方政府对土地财政的依赖度，切断地方政府与房地产市场的利益纠缠与捆绑，从根本上解决房价过快上涨的根本性原因，如将目前的“卖地模式”逐步转为国际通行的“租地模式”。

二是推进地方性政治体制改革。建立与现代市场经济相适应的地方政府治理结构体系，提高地方政府法治化的治理水平。

三是促进地方政府向公共服务型政府转型。将地方政府投资行为纳入公共财政的轨道，逐步理顺地方政府与实体经济之间的关系。

四是为地方政府开辟正规的市场融资渠道。完善地方债务的市场化约束机制，如建立债券市场的地方政府信用评级制度、建立规范透明的地方政府财政会计制度与信息披露制度等，让地方政府成为合格、负责任的独立财政主体与债务主体。

（本文原载《调查研究建议》2014 年第 105 期）